B2B
영업전략

B2B
영업전략

구자원 · 최용주 · 전중원 지음

한나래플러스

B2B 영업전략

2014년 8월 10일 1판 1쇄 펴냄
2019년 9월 30일 1판 3쇄 펴냄

지은이 | 구자원·최용주·전중원
펴낸이 | 한기철

펴낸곳 | 한나래출판사
등록 | 1991. 2. 25 제22−80호
주소 | 서울시 마포구 토정로 222 한국출판콘텐츠센터 309호
전화 | 02−738−5637 · 팩스 | 02−363−5637 · e−mail | hannarae91@naver.com
www.hannarae.net

ISBN 978−89−5566−172−9 13320

* 이 도서의 국립중앙도서관 출판시도서목록(CIP)은 e-CIP 홈페이지(http://www.nl.go.kr/ecip)와
국가자료공동목록시스템(http://www.nl.go.kr/kolisnet)에서 이용하실 수 있습니다.
(CIP제어번호: CIP2014020300)

■ CONTENTS

PART4 전략적 가치영업의 외부환경 분석

'전략적 가치영업'의 길을 제시하는 B2B 영업전략 지침서!

기업이라는 거대한 조직은 일견 우리의 신체와 유사합니다. 두 뇌가 신체에 명령을 내리는 것처럼 기업에는 조직의 향방을 설정하고 움직임을 지시하는 부서가 있습니다. 그런데 만약 모든 조직이 지시만을 내리려 한다면, 그 기업의 생존은 분명 위태로워질 것입니다. 신체에는 명령을 수행하고 때로는 반사 신경을 통해 명령보다도 빠르게 행동으로 이행할 팔과 다리가 필요하니까요. 신체에 팔과 다리가 있다면, 기업에는 영업이 있습니다. 조직의 앞길에 놓인 진흙탕을 뛰어넘고 가시덤불을 헤쳐 나가는 최전방에 영업이 자리하고 있습니다.

그러나 한국에서 영업·영업사원·영업부라는 말은 왠지 긍정적 의미만을 지니지 못하는 듯합니다. 여전히 많은 분들이 영업부의 배후에는 리베이트나 접대 같은 관습이 은밀히 동행할 수밖에 없다는 생각을 가지고 있습니다.

물론 이 땅에서 영업이 그러한 관습을 통해 생존하던 시기가 있었음을 부정하기는 어렵습니다. 하지만 그간의 방식만으로 영업이 충분히 영존할 수 있고 기업 또한 꾸준히 이익을 창출할 수 있다면, 누구도 영업에 대해 고민하지 않을 겁니다. 오늘날 영업은 끝없이 어려움에 부딪히고, 넘어지고, 고민하고 있습니다. 인맥으로 형성된 관계, 그 관계에 의존하는 영업방식에는 명백히 한계가 있음을 스스로 증명하고 있습니다. 그래서 정말 다양한 영업기법이 개발되었습니다. 영업기법은 기업이라는 조직이 존재하는 한 앞으로도 꾸준히 개발될 것입니다.

이 책은 B2B 영업의 실무와 이론을 효율적으로 접목시킨 영업 전략 지침서입니다. 저자들은 영업·마케팅·컨설팅·연구원 등 다양한 직군에서 쌓은 실전경험과 연구활동을 통해 얻은 전략적 이론을 접목하여 B2B 영업의 새로운 패러다임인 '전략적 가치영업(strategic value sales)'의 개념을 본서에서 제시하고자 했습니다. 한때의 유행으로 남을 단순한 기법이 아닌, 이론적 근간을 통해 탄탄히 다진 영업의 전략적 방향을 소개하고자 했습니다.

그리하여 독자들은 이 책을 통해 단순히 영업사원 한 개인의 문제가 아니라 조직의 생존에 작동되는 큰 틀로서 B2B 영업의 위치를 확인하고, 최고 경영층에서부터 하위 직군까지 통합적 변화를 통해 경쟁우위를 달성할 수 있는 기반을 마련할 수 있을 것입니다. 영업직군들은 실무적 인사이트를, 경영자 및 임원들은 기업의 신성장동력으로 영업을 활용할 수 있는 가이드라인을 이 책에서 발견할 수 있을 것입니다.

항간에 '영맨'이라는 말이 있습니다. '영업사원'의 '영'과 영어단어 'man'을 합쳐서 만든 신조어로 보입니다. 주로 자동차 영업사원을 '영맨'이라고 부르는 일이 많은 모양입니다. 어딘지 영업사원 전반에 대한 비하 또는 영업사원 스스로 자기를 비하하는 말 같다는 느낌이 없지는 않습니다. 그러나 한편으로 그 어감만은 참 재미있다는 생각도 듭니다. 연륜과 경험의 관점이 아니라 열정과 에너지의 관점에서 어딘지 '젊은 사람(young man)'을 가리키는 말로 들리기도 하기 때문입니다.

그렇습니다. 영업은 정녕 나이가 무색한 '젊은 사람'들의 일입니다. 그들은 기업의 성장을 이끄는 전문인들이자 전문조직이어야 합니다. 우리 또한 한 사람의 '젊은 사람'으로서 여러분을 응원하겠습니다.

2014년, 연구실과 영업현장에서

구자원 · 최용주 · 전중훤

'전략적 가치영업'의 길을 여는 B2B 영업리더들의 10가지 룰

Rule 01   Sales + Strategy의 개념을 이해하라.
일반영업의 스킬에 목표를 결정하고, 내부 및 외부 환경을 분석하며,
자신의 산업과 고객에게 적합한 전략적 방향을 수립하라.

Rule 02   마케팅적 역량을 키워라.
시장을 이해하고, 타깃고객을 식별하고, 그에 맞는 포지션을 설정하라.

Rule 03   자신이 속한 분야에서 전문가 수준의 기술력을 확보하라.
전문지식을 바탕으로 전략적 기술영업을 시도하라.

Rule 04   고객을 리드하라.
고객의 숨어 있는 욕구를 파악해 먼저 제안하며,
이를 통해 고객이 달성할 수 있는 성과를 제시하라.

Rule 05   고객에게 가치를 제공하라.
단순히 제품이나 서비스를 파는 단계를 넘어 고객에게 제공할 수 있는
'가치'를 영업직군 스스로 발굴하고, 그것을 통해 고객과 함께 성장하라.

Rule 06   O.B.J.E.C.T 프레임워크를 통해 B2B 영업전략을 이행하라.

Rule 07   P.E.R.S.O.N 프레임워크를 통해 가치 기반의 영업 성과관리 전략을 수행하라.

Rule 08   I.N.T.E.G.R.A.T.I.O.N 프레임워크를 통해 전략적 통합 수주 영업을 이행하라.

Rule 09   T.E.C.H.N.O.L.O.G.Y 프레임워크를 통해 가치 기반 기술영업을 이행하라.

Rule 10   B2B 영업의 단계별 전략을 분석·실행함으로써 수주 가능성을 높여라.

PART 1

전략적 가치영업의 재발견

영업의 핵심 활동을 수주와 판매에 집중하면 그에 따라 성과가 분명히 올라가야 한다. 그런데 참 이상하게도 좀처럼 실적이 오르지 않는다. 많은 기업의 관리자들과 영업인들이 그 이유를 제품이나 서비스의 품질 문제에서 찾고, 조직의 지원이 약한 것에서 찾기도 한다. 때로는 영업사원 스스로의 자질이나 스킬에서 문제점을 발견하려 애쓰기도 한다.

물론 이 역시 틀린 말은 아니다. 다만, 좀 더 근본적인 문제가 있다는 사실을 인지해야 한다. 그것은 바로 고객으로 하여금 구매행위를 결정할 수 있게 하는 '가치'를 제공하지 못한다는 것이다. 다시 말해, 수주나 판매활동을 고객이 아닌 나(영업사원)를 중심에 두고 하기 때문이다. 고객 각자의 특성을 분석하고 그에 맞는 대응전략을 세워야 하는데, 화려한 언변만 앞세워 구매를 강요하니 고객은 피로감을 느끼고 마음 한쪽에 불신을 품게 된다.

사실 오늘날 대부분의 영업직군 종사자는 고객에게 가치를 제공해야 한다는 점을 이미 잘 알고 있다. 그럼에도 불구하고 실행되지 않는 이유는 '고객의 가치를 어떻게 찾을 수 있는지' 그 방법을 모르기 때문이다. 특히 B2B 영업에서 고객사에 제공해야 하는 가치는 단순히 제품이나 서비스의 기능을 통해 문제해결을 꾀하는 수준을 넘어서는 것이어야 한다. 고객사의 사업에 대해 전반적으로 이해하고, 고객사가 성과를 이룰 수 있도록 함께 고민해야 한다. 그러기 위해서는 '전략적 접근'이 필요하다. 나의 수주 목표를 설정하고 그것을 달성하기 위해 집중하기 전에 고객의 목표를 먼저 확인하고, 고객에게 어떠한 방향을 제시해야 하는지에 중점을 두어야 한다. 이것이 곧 '전략적 가치영업'이 필요한 이유이다.

영업에서
가장 관심사항은 무엇일까?

저자가 영업직군 교육에서 언제나 첫 번째로 던지는 질문은 "당신이 영업활동을 하면서 가장 관심을 두는 사항은 무엇입니까?"이다. 스스로 한번 생각해 보자. 영업을 하고 있는 우리의 최대 관심사항은 무엇인가? 대부분은 수주, 고객, 시장, 기술, 환경변화와 같은 사항을 꼽는다. 때로는 우스갯소리로 법인카드, 총알(접대비), 손(휴대전화), 발(차량지원) 등을 꼽기도 한다.

저자가 영업직군에 있을 때 선임들은 항상 장난처럼 이 말을 했다. "영업에게 수주는 곧 인격이다." 이 말인즉슨 영업사원이 수주를 못하면 사람 취급을 못 받는다는 것인데, 그게 차츰 농담이 아닌 현실로 다가오는 날이 있다. 바로 연말이다. 차년도 사업계획을 수립하기 전 성과평과를 할 때는 이 말이 장난이 아닌 현실이 되고 만다. 역시 '수주'는 영업활동에서 가장 중요한 키워드임에 틀림없다.

왜 영업실적이
나오지 않는 것일까?

영업직군에 있는 사람이라면 누구나 '어떻게 하면 영업을 잘할 수 있을까?' 혹은 '왜 영업실적이 나오지 않는 것일까?'라는 걱정거리를 안고 살아갈 것이다. 그 이유를 직설적으로 몇 가지 나열해 보자면 다음과 같다.

- 고객이 없다.

- 인맥도 없다.

- 숙맥이다.

- 경쟁이 치열하다.

- 시장도 그만그만하다.

- 누구나 다 할 수 있는 것을 한다.

- 고객이 이미 알고 있는 것이다.

- 고객에게 필요 없는 것이다.

- 고객이 원하는 것이 아니다.

그렇다면 이런 어려운 상황 속에서 어떻게 영업활동을 해야 경쟁자보다 탁월한 성과를 창출할 수 있을까? 그리고 그 성과를 어떻게 하면 지속적으로 유지할 수 있을까? 특히 B2B 영업에서 직면하는 경쟁환경, 산업환경, 고객사의 새로운 요구 등에 관한 다양한 고려 사항들을 어떻게 관리해야 할까?

영업은 이러한 고민을 늘 머릿속에 담고 살아가야 하고, 영업활동이 정체되지 않도록 변화를 꾀해야 한다. 그러지 않으면 결국 급변하는 영업환경 속에서 단순히 수주 실적만을 올리기 위한 단편적이고 자극적인 영업활동에 매몰될 수밖에 없다.

영업환경의 현실적 문제를
어떻게 극복할 것인가?

과연 어떻게 해야 영업환경의 현실적 문제들을 극복하고 좀처럼 오르지 않는 실적에 터닝포인트를 찾을 수 있을까? 고객을 생각해 볼 때, 과연 누구를 만나야 하고 어떤 것을 준비해야 하는가? 제품에 대해 어떻게 제안하고, 차별화를 이끌어 낼 수 있을까? 판매를 성사시키려면 어떻게 상담을 하고, 어떻게 협상을 하며, 계약은 어떤 조건으로 해야 하는가?

이제 4가지 영업의 타입을 통해 어떠한 영업이 고객에게 새로운 가치를 줄 수 있는지 생각해 보자.

- 일반영업
- 기술영업
- 전략적 기술영업
- 전략적 가치영업

일반영업은 우리가 흔히 알고 있는 개인의 역량을 기초로 하는 B2C 영업의 근간이 되는 형태의 영업이다. 고객과의 상담기술이 중요하며, 개인적인 친밀도와 판매 역량이 성공의 핵심이다. 하지만 이러한 형태의 일반영업은 기술적 수준이 높은 기업의 제품이나 서비스를 판매하는 데는 다소 무리가 있다. 그렇기 때문에 이때 B2B 영업에 필요한 것이 곧 '기술영업'이다.

기술영업의 관건은 기술적 기반을 통해 고객의 문제를 해결하고 이를 판매로 이어지게 하는 것이다. 그러므로 영업사원 개인의 역량을 넘어 경쟁사 제품에 대한 기술적 스펙과 장점·단점을 정확히 분석하고 고객에게 차별화된 가치를 전달하는 일이 무엇보다 중요하다. 하지만 이러한 기술영업 역시 기술이 변화하고 경쟁사의 기술적 우위 제품이 등장하면 그 실효성을 보장받기 어렵게 된다.

이러한 제약을 극복하기 위해 필요한 것이 '전략적 기술영업'이다. 전략적 기술영업에서는 기술영업을 바탕으로 한 문제해결 중심의 솔루션 영업이 필수적이다. 즉 고객이 찾고자 하는 문제해결 방안에 대해 고민하고, 이를 자사의 제품을 통해 어떻게 해결할 수 있는지 고객에게 지속적으로 이해시키고 설득하는 활동이 필요하다.

현실적으로 많은 영업조직이 기술영업을 도입하고 이를 실현하고 있으나, 전략적 기술영업에 대해서는 아직 '문제해결 중심의 솔루션 영업'의 수준에 미치지 못하는 실정이다. 그보다 한 단계 더 나아가서 이제는 고객이 직면한 문제를 해결할 뿐만 아니라 고객을 리드(lead)하고 고객이 놓친 부분을 먼저 제안하며, 이를 통해 고객이 달성할 수 있는 성과를 제시하는 '전략적 가치영업'을 달성해야 하는데, 그러한 단계에 도달한 기업의 영업조직은 더더욱 많지 않다.

영업은 어떤 모습으로
변모해야 할까?

'전략적 가치영업'을 실현하기 위해서 영업직군은 어떻게 변모해야 할까? 일반영업이 보유하고 있는 스킬이 여전히 전략적 가치영업에서도 중요한 부분을 차지하고 있는 이상 일반영업 또한 결코 소홀히 할 수 없다. 이제 영업은 이러한 일반영업의 스킬에 목표를 결정하고, 내부 및 외부의 환경을 분석하며, 자신의 산업과 고객에 적합한 전략적 방향을 수립할 수 있는 능력을 키워야 한다. 즉 'Sales + Strategy'의 개념을 이해해야 하는 것이다.

또한 영업은 시장을 이해하고 판단하는 지식을 보유해야 한다. 고객을 세분화(segmentation)할 수 있어야 하며, 타깃 고객을 식별하고(targeting), 그에 맞는 포지션을 설정(positioning)해야 한다. 이러한 마케팅적 역량은 전략을 믹스(mix)하는 데 많은 도움을 준다.

마지막으로 영업의 역량을 극대화시킬 수 있는 가장 중요한 요소 중의 하나는 기술력이다. 단순히 특정 제품이나 서비스 혹은 솔루션을 이해하는 것이 아니라, 전문가 수준의 기술력을 바탕으로 고객을 리드할 수 있는 가치사슬(value chain)상의 요인들을 분석하고 이를 구성하여 가치를 제공해 줄 수 있어야 한다.

결국 영업직군은 이제 슈퍼맨이라도 되어야 하는 것일까? 슈퍼맨까지는 아니더라도 오늘날의 영업직군은 기본적인 영업 소양을 갖추는 것에 더해서 전략, 마케팅, 기술을 넘나드는 멀티플레이어가 되어야 한다. 이는 단순히 영업직군 관점에서 이해할 수 있는 수준을 넘어서는, 고객이 바라보는 영업의 모습을 기초로 하는 개념이다. 즉 영업이 희망하는 고객의 모습과 고객이 희망하는 영업의 모습 간에 차이가 존재하고, 그 차이를 좁히려는 노력을 통해서 고객을 리드할 수 있기 때문이다. 고객을 리드하는 선제(先制) 영업은 아직 많은 영업직군에서 시도하지 않은 전략적 활동으로, 이를 통해 자신만의 경쟁우위를 확보할 수 있다.

그렇다면 영업이 원하는 고객의 모습과 고객이 바라는 영업의 모습에는 어떠한 차이가 있을까? 오랜 시간 기업체에서 영업 관련 교육을 진행한 경험에 비춰 볼 때, 영업이 제일로 꼽는 고객의 모습은 역시 자사의 제품이나 서비스를 잘 구매해 주는 것이다. 또한 업무 면에서는 트집 잡지 않고 공정하고 빠르게 일처리를 해 주길 바라며, 알아서 척척 일거리를 주고 일이 있을 때면 곧바로 불러 주길 원한다. 가끔은 경쟁사의 정보를 사전에 알려 주며, 필요한 자료를 그때그때 요청하는 고객의 모습을 기대하기도 하는데, 이 모든 것은 그저 희망사항일 뿐이다. 이러한 고객이 많다면 어느 누가 힘겹게 영업활동을 하겠으며 영업전략에 대해 고민하겠는가.

반대로 고객이 원하는 영업직군의 모습은 어떠할까? 고객의 입장에서는 자신들이 구매하는 제품이나 서비스를 통해 자사의 목표를 이루거나 새로운 비즈니스 기회를 창출할 수 있는 기회요인을 탐색하기 마련이다. 이는 단순히 특정한 기능을 통해서 업무를 쉽고 빠르게 처리하는 것을 넘어서는 개념이다. 또한 자신들이 생각지도 못했던 부분의 문제를 영업직군이 해결해 주고 제안해 주기를 바란다. 시장 변화에 대한 이해를 바탕으로 전략적 방향이 담긴 해결책을 제시해 주기를 바라는 것이다. 업무 면에서 뿐만 아니라 개인적인 부분에서도 많은 도움을 주기를 원할 수도 있다.

이처럼 영업이 원하는 고객의 모습과 고객이 원하는 영업의 모습에는 차이가 존재한다. 물론 영업직군이 원하는 고객의 모습은 희망사항에 그칠 수밖에 없다는 점을 스스로도 잘 알고 있을 테다. 중요한 것은 고객이 원하는 영업의 모습을 곰곰이 생각해 보고 어떻게 하면 갈수록 높아지는 고객의 눈높이를 넘어설 수 있을지 고민하는 것이다.

[표 1-1] 영업직군과 고객

구분	영업이 원하는 고객	고객이 원하는 영업
제품 및 서비스	제품이나 서비스를 구매해 줌	제품이나 서비스를 통해 비즈니스 가치를 달성해 줌
업무	고객이 해야 할 제반 업무를 공정하고 빠르게 처리해 줌	자신들이 생각하지 못했던 일을 영업직군이 제안함
활동	일이 있을 때, (구매 의사가 있을 때) 불러 줌	필요한 것을 미리미리 알아서 챙겨 줌
정보	고객사 및 경쟁사에 관한 정보를 챙겨 줌	시장 변화에 대한 정보를 신속하게 전달함
자료	필요한 자료를 요청함	전략적 방향이 담긴 자료를 전달함
성격	트집 잡지 않고 시원시원함	나의 성격과 취향을 파악해 맞춰 줌

영업현장에서 가장 많이 듣는 얘기 중에 하나가 요즘은 고객이 너무 똑똑해졌다는 말이다. 다르게 표현하면 오늘날의 고객은 단순히 외부에 존재하는 수많은 제품이나 솔루션을 제공하는 업체들에 의존하지 않는다는 것이다. 고객 스스로 새로운 사업의 방향을 고민하고, 새로운 지식과 경험을 습득하기 위해 많은 노력을 기울이고 있다. 그러므로 이러한 고객의 변화 속도를 따라가지 못하는 영업직군은 갈수록 더 어려운 영업환경과 수주 상황에 봉착할 수밖에 없다.

전략적 가치영업

아직도 많은 영업이 영업현장의 현실적 한계로 인해 전략적이고 가치 지향적인 영업활동을 하지 못하고 있다. 바쁜 업무에 쫓기다 보면 고객을 생각할 여력이 없을뿐더러 새로운 고객을 발굴하는 중요한 활동조차도 하지 못하는 경우가 발생한다. 새로운 고객을 찾아 나서기보다는 누군가 소개해 주면 찾아가 인사를 하고, 대개는 하루하루 바쁜 일상에 쫓기듯 지낸다. 영업활동이 그야말로 주먹구구식이 되어 버리는 경우가 많다. 몰라서 못하는 것이 아니라 알고는 있지만 녹록하지 않은 현장의 상황 앞에서 단기적 성과에 몰입되어 장기적 관점을 잃고 지내는 것이다.

이러한 이유로 접대에 치중하고, 다람쥐 쳇바퀴 돌듯 고객사 홈페이지를 방문하는 것이 영업의 일상이 되기 일쑤다. 고객이 요청한 자료를 작성할 때도 기존의 지식과 자료를 참고해서 그만그만한 자료를 만들 수밖에 없는 실정이다. 이러다 보니 고객과 영업직군이 서로에게 기대하는 요구 수준에 격차가 발생하게 된다.

그러나 반대로 생각해 보면 쉽지 않은 현실은 우리에게 새로운 기회가 될 수 있다. 아직까지 많은 영업직군에서 전략적인 가치 기반을 다지고 영업활동을 시도할 엄두를 내지 못하고 있기 때문이다. 이제 영업은 고객에게 가치를 제공해 줄 수 있는 영업목표를 수립하고, 구매영향력 구조를 분석하여 고객을 이끌어 갈 수 있는 전략적 대안을 모색해야 한다. 중간중간 현재 실적에 대한 추진성과를 분석하고, 존재하는 경쟁자에 대한 잠재적 상황을 고려한 분석을 해야 한다. 내가 만나는 고객의 성향을 분석하고, 대상 고객별 전략을 수립하여 경쟁에서 이길 수 있는 나만의 차별화 포인트를 발굴해야 한다.

이러한 '전략적 접근'을 우리의 새로운 기회로 만들고 실천한다면 경쟁에서 우위를 선점할 수 있는 원동력으로 작용할 것이다. 즉 기존 영업이 지니고 있는 패러다임을 한 수준 높일 수 있으며, 이는 영업활동 자체뿐만 아니라 영업직군의 특수성을 인정받을 수 있는 새로운 기회가 될 수 있다.

[표 1-2] 기존 영업활동과 전략적 가치영업

기존 영업활동의 한계	전략적 가치영업
• 누가 소개해 주면 그제야 고객을 찾아간다. • 주먹구구식이다. • 영업은 접대 잘하고, 고객을 자주 찾아가는 것이라고 생각한다. • 차별화되지 않은 자료를 전달한다. • 고객이 요청하면 움직이고, 그렇지 않으면 루틴(routine)하게 활동한다.	• 목표를 수립한다. • 구매영향력 구조를 분석한다. • 추진성과를 점검한다. • 존재하는 잠재적 경쟁을 파악한다. • 고객의 성향을 분석한다. • 대상 고객별 전략을 통해 영업전략을 차별화한다.

위에서 소개한 전략적 가치영업의 근간을 이루는 다양한 이론적·실무적 배경을 통해 영업은 기존 방식의 한계를 극복하고 틀을

깨는 작업을 해야 한다. 앞으로 소개할 O.B.J.E.C.T, P.E.R.S.O.N, I.N.T.E.G.R.A.T.I.O.N, T.E.C.H.N.O.L.O.G.Y와 같은 저자가 개발한 프레임워크는 이러한 전략적 가치영업을 이루고자 하는 많은 영업직군과 기업에 큰 도움이 될 것이다.

◇◆◇ 조직의 지원

영업활동을 하는 데 애로사항 중 하나는 개인의 노력과 조직의 지원 간에 발생하는 인식의 차이다. 쉬운 예로 개인이 성과를 내려면 조직의 충분한 지원이 뒷받침되어야 한다는 견해와, 상황이 어렵더라도 헝그리 정신으로 어떻게든 성과를 내면 그 다음에 조직의 지원이 뒤따른다는 견해가 대립할 수 있다.

영업사원들이 주장하는 바는 기본적으로 법인카드, 고객관계 형성 비용(일명 고객 접대비), 휴대전화, 차량, 유류비 지원 같은 영업활동에 필요한 것을 조직 차원에서 충분히 지원해 줘야 자신들이 이런 기본적인 것에 스트레스를 받지 않고 오로지 영업활동에만 신경을 쓸 수 있다는 것이다. 반면 조직의 관점은 영업사원은 어떠한 어려움이라도 스스로 극복하는 능력과 동기부여를 통해 성과를 달성해야 하며, 그제야 비로소 조직에서 충분한 지원과 그에 상응하는 대가를 지불할 수 있다는 것이다.

이처럼 상호 이해관계가 충돌하는 문제는 현실이기는 하지만 정답도 없고 명확한 해결책도 없다. 비단 이러한 상호 이해관계의 충돌은 영업직군에서만 나타나는 현상도 아니다. 다만, 분명한 것은 이러한 갈등 상황에서 서로의 이해관계를 긍정적으로 조정해 나가는 조직이 있는가 하면, 부정적인 방향으로 악순환을 반복하는 조직도 존재한다는 점이다.

요컨대 이러한 조정에 관한 체계는 중장기적인 관점에서 접근해야 한다. 조정에 필요한 상호 요구에 대한 리스트를 식별하고, 계획을 수립해서 하나씩 해결해 나가는 절차를 마련해야 한다. 또한 이 과정에서 이러한 조정 작업을 담당하는 팀 혹은 개인을 지정해야 한다. 물론 규모가 크지 않은 기업에서 별도의 팀이나 개인을 지정한다는 것은 관리비용에 부담이 따르고, 조정담당 인력의 스트레스를 유발할 수 있다. 하지만 조정 작업을 위한 일정 수준의 프로세스를 형성한 이후에는 영업직군 스스로 긍정적인 조정 방안을 도출할 수 있는 일종의 규범 내지 문화가 형성되며, 그 이후에는 관리 인력에 대한 비용이나 스트레스가 크게 경감되기 마련이다. 영업과 지원 부서의 갈등 비용보다는 이러한 조정 비용을 통해 긍정적인 선순환 방안을 도출하는 것이 보다 더 효율적인 접근이 될 것이다.

PART **2**

전략적 가치영업
프레임워크

　지금까지 우리는 왜 기존의 영업방식을 벗어나 전략적이고 가치 기반적인 영업을 해야 하는지에 대해 중점적으로 다루어 보았다. 그렇다면 어떻게 전략적이고 가치 기반적인 영업활동을 구체화할 것인가에 대한 문제가 남아 있다. 이번 장에서는 전략적 가치기반 영업활동을 실무에서보다 체계적으로 실행할 수 있는 몇 가지 프레임워크를 제시하고자 한다. 또한 각각의 프레임워크를 구성하는 요소에 대해서는 Part 3에서 Part 6까지 총 4개의 장을 통해 각각의 개별 요인이 어떠한 분류와 체계를 가지고 상호작용하는지 살펴보고자 한다.

　본서에서 주로 다룰 프레임워크는 4가지로, 각각의 프레임워크는 때로는 동일한 구성요소를 포함하고 있다. 각각의 구성요소의 동질적인 형태를 감안하여 Part 3에서는 전략적 가치영업의 내부역량 강화에 대한 요소를 소개하고, Part 4에서는 외부환경 분석에 대한 기준을 제시하고자 한다. 또한 Part 5에서는 영업의 가장 중심에 있는 고객 분석에 대해 다루고, Part 6에서는 영업단계별 전략을 통해 B2B 영업의 실행능력을 높일 수 있는 사항들을 구체적으로 다루고자 한다.

　프레임워크를 사용하는 이유는 기억하기 쉬우며, 특정한 목적을 달성하기 위한 기본적 도구를 제공해 주기 때문이다. 이러한 프레임워크는 우리가 평소 생각하지 못했던 부분을 정리하는 데 많은 도움을 주고 사고의 확장을 이끌어 주는 유용한 방안이다.

앞으로 살펴볼 4가지 프레임워크는 O.B.J.E.C.T 프레임워크, P.E.R.S.O.N 프레임워크, I.N.T.E.G.R.A.T.I.O.N 프레임워크, T.E.C.H.N.O.L.O.G.Y 프레임워크이다. 이는 저자가 기업에서 연구원, 영업, 마케팅, 컨설팅, 프로젝트 매니저(Project Manager) 등의 다양한 직무를 경험하며 깨달은 바와 영업교육을 진행하면서 구상한 내용을 바탕으로 만든 것이다. 각각의 프레임워크는 특정한 목적을 위해 구상한 것이기는 하나, 대부분의 B2B 영업활동에 유용하게 활용할 수 있다는 공통적 특징을 지닌다. 따라서 각각의 프레임워크를 영업직군이 처해 있는 상황과 목적에 맞게 활용하면 좋을 것이다.

B2B 영업전략 프레임워크 :
O.B.J.E.C.T

'O.B.J.E.C.T 프레임워크'는 영업을 시작한 지 얼마 되지 않은 영업직군의 기본기를 강화하기 위한 프레임워크이다. 경력이 길지 않은 영업직군에게 가장 중요한 단어가 무엇일지 연상해 보면, 역시 영업목표 달성이다. 프레임워크의 구성요소는 영업목표 수립(Objectives), 구매영향력 구조 분석(Buying structure analysis), 추진성과 점검(Jet performance review), 잠재적 경쟁상황 점검(Essential competition), 고객 프로파일링(Customer profiling), 대상 고객별 영업전략 수립(Target customer)의 영문 첫 글자를 나타낸다.

본 프레임워크는 일차 고객뿐만이 아니라 최종 고객에게까지 가치를 제공해 주는 영업목표를 정성적·정략적으로 수립하고, B2C 고객에 비해 복잡한 B2B 고객사의 구매영향력 정도를 분석하여 전략적으로 접근하기 위한 방안을 제공한다. 이때 수행하고 있는 영업활동에 대한 추진성과를 중간중간 점검하며 영업방향을 지속적으로 수정하고, 이에 필요한 외부환경 변화를 분석하는 역량을 키울 수 있도록 한다. 최종적으로는 고객별 영업전략을 수립하고 실행하기 위해 고객의 유형 및 그에 따른 접근방식을 도출하는 일련의 절차를 포함하고 있다.

[표 2-1] O.B.J.E.C.T 프레임워크

구성요소	내용	색인
영업목표 수립 (Objectives)	달성하고자 하는 정성적·정량적 영업목표를 수립	Part 3, B2B 영업목표
구매영향력 구조 분석 (Buying Structure Analysis)	고객사의 구매 구조 및 영향력 분석을 통해 접근전략을 수립	Part 5, 구매 지배구조 분석
추진성과 점검 (Jet Performance Review)	추진 상황에 대한 영업 성과 및 활동을 점검하고 실행방향을 수립	Part 3, 성과 관리
잠재적 경쟁상황 점검 (Essential Competition)	영업환경의 분석 및 경쟁사 분석을 통해 기회 및 위협 요인을 분석하고 전략적 대안을 모색	Part 4
고객 프로파일링 (Customer Profiling)	고객의 업무 특성 및 성격 특성을 고려해 유형을 분류하고 접근방향을 설정	Part 5, 고객 유형 분석
대상 고객별 영업전략 수립 (Target Customer)	대상 고객별 전략 수립을 통해 성과 향상 기반을 제공	Part 5, 대상 고객별 영업전략

각각의 구성요소에 대한 자세한 내용은 표에서 제시한 색인 부분을 참고해 활용할 수 있다.

B2B 영업 성과관리 전략 프레임워크 : P.E.R.S.O.N

성과(Performance), 환경(Environment), 내부자원(Resources), 주체(Subject), 목표(Objectives), 네트워크(Network) 요소로 구성된 'P.E.R.S.O.N 프레임워크'는 영업성과를 측정하고 평가하기 위한 전략적 방향을 제시한다. 5가지의 E.R.S.O.N을 통해서 성과(Performance)가 결정되며, 각각의 요인이 상호 유기적으로 결합됨으로써 가치 기반의 영업전략이 형성되고, 이를 통해 영업성과뿐만 아니라 사업부나 기업의 경영성과에도 영향을 미치게 된다.

다시 말해 본 프레임워크는 개인적 수준에서부터 기업 수준에 이르기까지 성과지표를 제시하고, 이를 평가하여 지속적으로 관리할 수 있도록 설계되었다. 따라서 실무 현장에서 다양하게 활용할 수 있으며, 기존 영업방식의 한계를 극복하기 위한 새로운 전략적 대안들을 도출하고 적용할 수 있는 기초 자료로 사용할 수 있다. 이러한 접근은 전략적 목표를 중심으로 컨설팅 기반의 분석 역량을 함양할 수 있는 지침으로 작용하며, 이를 통해 경쟁기업에 비해 우위를 차지할 수 있다.

개인이나 조직의 성과는 처해 있는 외부환경의 변화에 능동적으로 대응할 수 있는 환경 분석 역량에 좌우되는데, 이때 소유하고 있는 한정된 내부자원을 활용할 수 있다. 그리고 환경 변화에 대응하기 위한 자원의 활용 방안을 결정하는 주체의 성향이나 지식 등에 따라 전략에 차이가 존재하게 된다. 주체는 의사결정을 하기 위해 조직의 다양한 이해관계나 활용 가능한 외부의 네트워크 강도 등을 참고하며, 분석을 통한 과학적인 접근으로 보다 정확한 의사결정을 수행할 수 있다. 최종적으로 개인이나 기업은 의사결정에 대한 결과를 스스로 냉정히 평가함으로써 영업활동을 개선할 수 있다.

[표 2-2] PERSON 프레임워크

구성요소	내용	색인
성과(Performance)	개인이나 기업의 성과 달성 가능성에 대한 지표를 환경에서 평가에 이르는 7가지 측정요인을 통해 예측함	Part 3, 성과 관리
환경(Environment)	기업이 처해 있는 경쟁환경의 강도를 분석하고, 이를 극복할 수 있는 전략적 대안을 수립함	Part 4
내부자원(Resources)	보유하고 있는 자원의 속성이 지속 가능한 역량을 보유하고 있는지를 분석함	Part 3, 영업인력 역량 강화
주체(Subject)	주체의 위험감수 성향, 관련 분야 보유 지식 등을 평가하여 지속적인 동기부여 상태를 유지할 수 있게 함	Part 3, 영업 주체 역량
영업목표 수립(Objectives)	달성하고자 하는 정성적·정량적 영업목표를 수립함	Part 3, B2B 영업목표
네트워크(Network)	네트워크의 범위 및 강도를 측정하여 개인이나 조직의 논리적 경쟁력을 강화시킬 수 있는 방안을 제시함	Part 3, 네트워크 및 관계 관리

전략적 통합 수주 영업 프레임워크 :
I.N.T.E.G.R.A.T.I.O.N

전략적 통합 수주 영업은 B2B 영업의 전반을 형성하는 수주 단계
별 영업전략을 포함한다. 이런 이유로 I.N.T.E.G.R.A.T.I.O.N 프레
임워크는 시스템 통합을 위한 SI(System Integration) 영업, 건설 수주
영업, 솔루션 영업, 컨소시엄을 통한 다양하고 복잡한 업체들의 상
호 이해관계에 기반을 둔 장기간에 걸친 중·대형 프로젝트에 적합
한 프레임워크이다. 특히 SI 기반의 영업이나 건설 수주 기반의 영
업에 가장 적합한 영업전략 모델로 개발하였으며, 영업직군의 수
준에 있어서도 주니어(junior)와 시니어(senior) 레벨 모두에게 필요한
핵심 사항들을 다루고 있다.

'I.N.T.E.G.R.A.T.I.O.N 프레임워크'는 산업의 특성 소개
(Introduction of Business), 새로운 고객의 가치에 대한 이해(Needs and
Wants of Customer), 대상 고객 분석(Target Customer Profiling), 환경 분
석(Environment Analysis), 구매 지배구조 분석(Governance Structure
Analysis of Buying forces), 영업인력 분석(Resources), 제안 및 수주 전
략(Action Strategy), 계약 및 마감 전략(Target Closing Strategy), 프로
젝트 실행 지원 전략(Implementation Supports), 오픈이슈 정리(Open

Issues F/U), 차기 사업 수주 전략(Next Project Opportunities)과 같은 내용을 담고 있다. 전반부에서는 주로 O.B.J.E.C.T 프레임워크나 P.E.R.S.O.N 프레임워크에서 다룬 내용에 대한 이해를 다루며, 후반부는 통합 수주 영업에 보다 더 특화된 내용으로 구성되어 있다.

통합 수주 영업은 고객사의 구매 구조가 매우 복잡하며, 영업을 진행하는 단계 및 영업활동을 구성하는 협력사와 팀의 이해관계 또한 프로젝트의 기간과 규모에 따라 천차만별이다. 이처럼 복잡한 통합 수주 영업에서 무엇보다 중요한 사항은 각 수주 단계별로 혹은 영업단계별로 명확한 영업전략을 수립하고, 이를 어떻게 달성할 수 있을지 전략적 대안을 수립하는 것이다. 그러지 못하면 다양한 이해관계 속에서 팀의 시너지가 분산되어 수주 확률이 급격히 저하되고, 해당 수주 활동에 참여한 팀과 협력사와의 관계 또한 좋지 않게 마무리될 수 있다.

[표 2-3] I.N.T.E.G.R.A.T.I.O.N 프레임워크

구성요소	내용	색인
산업의 특성 (Introduction of Business)	특정 산업에 대한 전반적인 특성 요인들을 이해하고 영업방향을 수립함	Part 4, 산업환경 분석
고객의 가치에 대한 이해 (Needs and Wants of Customer)	고객의 단순 필요를 넘어서 고객이 갈망하는 상태에 대한 가치를 제공함	Part 3, 새로운 고객의 가치
대상 고객 분석 (Target Customer Profiling)	정해진 대상 고객별 전략을 수립하고 그를 통해 성과 향상 기반을 제공함	Part 5, 대상 고객별 영업전략
환경 분석 (Environment Analysis)	기업이 처해 있는 경쟁환경의 강도를 분석하고, 이를 극복할 수 있는 전략적 대안을 수립함	Part 4
구매 지배구조 분석 (Governance Structure Analysis of Buying forces)	고객사의 구매 구조 및 영향력 분석을 통해 접근전략을 수립함	Part 5, 구매 지배구조 분석
영업인력 분석 (Resources)	보유하고 있는 자원의 속성이 지속 가능한 역량을 보유하고 있는지 분석함	Part 3, 영업인력 역량 강화
제안 및 수주 전략 (Action Strategy)	프리세일즈(pre-sales) 단계에서부터 제안 및 수주 단계별 영업방법을 이해함	Part 6, 제안 및 수주 단계
계약 및 마감 전략 (Target Closing Strategy)	계약을 위한 마감 전략과 계약 시점에서의 위험요소를 식별하고, 이를 제거하기 위한 대안을 수립함	Part 6, 계약 및 마감 단계
프로젝트 실행 지원 전략 (Implementation Supports)	영업직군의 역할은 프로젝트 실행 단계까지 있음을 이해하고, 성공적인 프로젝트를 실행하기 위한 지원 방향을 탐색함	Part 6, 프로젝트 실행 지원 단계
오픈이슈 정리 (Open Issues F/U)	프로젝트 전체 로드맵(road map)에 존재하는 오픈 이슈를 정리하고 관리함	Part 6, 오픈 이슈 정리 단계
차기 사업 수주 전략 (Next Project Opportunities)	차기 사업 수주를 위한 방안과 차기 사업 수주에 있어 장벽을 도출하고 이를 제거하기 위한 방안을 모색함	Part 6, 차기 사업 수주 단계

가치 기반 기술영업 프레임워크 :
T.E.C.H.N.O.L.O.G.Y

가치 기반 기술영업은 기본적으로 위에서 다룬 3가지 영업의 특성을 포함한다. 즉 최근 영업활동의 방향은 이제 관계 형성 중심 영업에서 기술 기반의 컨설팅 활동 영업으로 발전하고 있다. 이 책에서 다루는 T.E.C.H.N.O.L.O.G.Y 프레임워크는 일차적으로 B2B 영업의 속성을 통해 이해할 수 있으며, 여기에 추가적으로 기술이나 컨설팅 등의 속성을 결합한 형태라고 볼 수 있다.

기술영업에서 무엇보다 중요한 것은 고객을 리드할 수 있는 기술적 지식과 분석 역량에 기초한 컨설팅 능력이다. 또한 기술상의 변화가 경영환경의 변화에 어떠한 영향을 미치는지 혹은 그 반대의 경우에는 어떠한지를 내다볼 수 있는 거시적 안목이 중요하다. 즉 기존 시장을 무의미하게 만드는 기술상의 변화에 대처하거나, 반대로 기존 경쟁을 탈피하기 위한 기술상의 변화를 만드는 것 또한 기술영업에서 다루어야 할 중요한 이슈이다.

기술영업은 일반영업에 비해 더 많은 시간과 노력이 필요하다. 특히나 자질 측면에서 스페셜리스트(specialist)에 속해 있는 엔지니어 직군에서 기술영업으로의 직무 전환이 필요하며, 반대로 영업이나 마케팅 직군에서 기술을 습득하는 방향에 대한 준비가 철저히 이루어져야 한다. 현실적으로 엔지니어 직군에서 기술영업 직군으로의 이동이 그 반대의 경우보다 비교적 용이하지만, 그렇다고 영업직군에서 기술을 습득하지 않아도 되는 것은 아니다. 기본적으로 영업직군은 고객을 응대하는 데 필요한 제품이나 서비스에 대한 기술적 지식을 갖추어야 한다. 이러한 측면에서 볼 때 기술영업은 그 깊이에 차이가 있을 뿐 영업직군 모두가 공통적으로 달성해야 하는 것이다.

[표 2-4] T.E.C.H.N.O.L.O.G.Y 프레임워크

구성요소	내용	색인
기술영업의 이해(Technical Sales Understanding)	• 기술영업의 기본 • 가치 기반 기술영업의 특성	Part 2, 가치 기반 기술영업 프레임워크
기술영업 핵심 가치 및 자질(Essential Values and Qualifications)	• 기술영업의 핵심 자질 • 기술영업의 목표 및 핵심 가치	Part 2, 가치 기반 기술영업 프레임워크 Part 3, B2B 영업목표, 새로운 고객의 가치
기술영업의 전략적 접근 (Collaboration Strategy and Technology)	• 기술영업의 관리 단계 • 기술영업의 전략적 프레임워크	Part 3, B2B 영업목표
기술영업 프로세스 (High-Tech Sales Process)	• 조직 수준별 영업 방향 • 수주 단계별 기술영업 절차	Part 6, 제안 및 수주 단계
영업환경 분석(New Environment Analysis)	• 새로운 영업환경 • 경쟁자 및 산업 분석	Part 4

기술영업조직 역량 분석(Organization Capability Analysis)	• 가치사슬 기반의 이해 • 기술영업 역량 향상 방안	Part 3, 영업인력 역량 강화
파괴적 기술(Look for Disruptive Technology)	• 파괴적 혁신 기술 이론의 이해 • 기술 기반 전략캔버스 분석	Part 4, 전략캔버스를 활용한 경쟁환경 분석
시장 전망 (Outlook of Market)	• 시장 다각화 방법 • 시장 발굴 방법 및 분석 방법	Part 5, 대상 고객별 영업전략
고객 분석(Governance Structure Analysis of Buying forces)	• 고객사 조직 구조 분석 • 고객 역할 구분	Part 5, 구매 지배구조 분석
기술영업의 미래 (Yearn for Future)	• 기술영업의 새로운 역할 방향 • 고객가치 지향적 기술영업	Part 3, B2B 영업목표, 새로운 고객의 가치

기술영업의 이해

기술영업은 말 그대로 기술을 기반으로 한 B2B 기업에서 가장 중요하면서도 중심에 있는 역할을 담당하는 분야다. 특히 기술 수준이 높은 하이테크 제품이나 서비스를 취급하는 기업의 경우에는 일반영업과 차별화되는 기술영업이 필수적이다. 기술영업은 영업인력 개개인이 갖추어야 하는 역량에서도 크게 차이가 있으며, 기업 차원에서의 역할 또한 차별화되어야 한다.

기술영업을 담당하는 개인은 해당 기업의 제품이나 서비스를 넘어서는, 해당 제품이 속해 있는 산업에 대한 전반적인 기술 수준을 확보하고 있어야 한다. 또한 해당 기술을 통해 고객사가 갖게 되는 정성적·정량적 요인들에 대해서 개개의 고객사에 맞춤화된 기술 범위를 제시할 수 있는 분석 및 컨설팅 역량도 보유해야 한다.

기업 차원에서는 엔지니어와 기술영업의 역할에 대해 선순환 구조를 갖추어야 한다. 즉 두 영역 사이에 기술 수준이나 영업 및 마케팅 수준을 공유하여 최종적으로 제품과 서비스의 지속적인 개선 활동이 이루어지도록 해야 한다. 기술영업 현장에서 영업이 잘되지 않는 이유를 계속 파고들어 보면, 가격과 같은 현실적인 제약도 있지만 제품이나 서비스 자체의 경쟁력에 관한 문제로 대부분 귀결된다. 물론 이 두 가지 사항은 모든 기업이 안고 있는 과제임과 동시에 차별화를 이끌 수 있는 중요한 척도이기도 하다. 분명한 사실은 영업은 영업만 하고 엔지니어는 제품만 만드는 구조로는 기술영업 현장에서 경쟁우위를 확보하기 어렵다는 것이다.

기술을 중심으로 한 B2B 시장에서 기술영업 사원은 고객사와의 미팅 과정에서 실시간으로 의사결정을 내릴 수 있을 정도의 기술 수준을 보유하고 있어야 한다. 예를 들어 특정 기술 사항의 구축 방안이나 구성을 문의했을 때, 그 자리에서 구성도를 개념적으로 설명하고 장단점을 제시하는 기술영업 사원과 엔지니어에게 문의하는 영업사원이 있다면 고객은 누구를 신뢰하게 될까? 굳이 답이 필요 없는 질문일 것이다.

때로는 이러한 기술영업 활동 과정에서 자사의 제품이나 서비스의 기능을 개선해야 하는 상황이 발생한다. 이때는 조직 차원에서 개선 사항에 대해 엔지니어 직군이나 상품, 마케팅 조직과 협업할 수 있는 채널을 마련해야 한다. 특정 기업에 커스터마이즈

(customize)된 제품이나 서비스를 제공해야 하는 B2B의 특성상 기술적 우위를 선점하지 못할 경우 지속적으로 시장을 잃게 될 확률이 높다.

B2C 영업에서 또한 제품이나 서비스의 개선을 위한 프로세스는 무척 중요하다. B2C 시장에서는 특정한 주기를 기준으로 제품이나 서비스를 출시한다. 하지만 B2B 영역에서는 명확한 제품 출시 기준을 정하기 어려운 경우가 대부분이다. 때로는 프로젝트를 진행하는 과정에서 새로운 제품에 대한 요구사항이 발생하기도 한다. 그러므로 이를 한발 앞서 구현하고 기존 제품을 개선하려는 노력이 기술영업뿐만 아니라 기업 전체의 가치사슬에 커다란 영향을 미치게 된다.

기술영업은 [그림 2-1]과 같은 특성을 지닌다. 또한 기술영업은 이제 SI(System Integration) 영업과 같은 수주 영업의 근간이 되기도 한다. 우선 일반영업 대비 기술영업은 판매 중심이기보다는 기술 중심의 영업 행위가 중요하다. 역량 또한 개인적 영업 역량을 포함하여 기술 역량이 필요하며, 다양한 이해관계자의 구매욕구를 분석하고 만족시켜야 한다. 영업 기간에 있어서도 일반영업보다 오랜 시간에 걸쳐 제안하고 구축하는 과정이 요구된다.

이러한 기술영업을 근간으로 한 수주 영업은 컨설팅 기반의 고도로 발달된 고객사 분석 역량을 활용함으로써 가치영업을 해야 한다. 즉 고객사의 숨어 있는 문제점을 찾아내기 위해 가치사슬을 분석하고 이를 선제안 하는 과정을 포함해야 한다. 영업 기간 및 구축 기간 또한 길게는 5년 이상의 노력이 필요한 경우가 많다. 예를 들어 조선 및 해양 산업에서의 선박 건조는 대형 유조선의 경우 최소 4년이 소요된다. SI프로젝트도 짧게는 1년에서 길게는 3년 정도의 기간을 통해 1차 프로젝트를 진행하는 경우가 대부분이다.

[그림 2-1] 영업의 형태별 특성

▌기술영업 핵심 가치 및 자질

기술영업의 핵심 가치는 고객사에 제공하는 제품이나 서비스에 포함되어 있는 기술적 차별화를 통해 1차적으로 달성할 수 있다. 즉 고객사가 자사의 기술적 우위를 제공받아 경쟁에서 우위를 확보하고 기업의 가치를 높일 수 있는 방안을 제시하는 데 기술영업의 핵심 가치가 있다. 이를 실현함으로써 기술영업은 고객사의 최종 고객에게 경쟁사에 비해 탁월한 제품이나 서비스를 제공하는 역할을 감당해야 한다. 이 과정을 통해 고객사는 기술영업의 본질에 대해 공감하고 이를 신뢰하며, 최종적으로 가치 있는 기술을 제공받고 있다는 신념을 가질 수 있다.

고객이 인지하는 기술적 경쟁우위에 기반을 둔 가치를 확보하기 위해서 기술영업에는 일반영업과 차별화되는 다음과 같은 핵심 자질이 필요하다.

- 기술적 역량
- 컨설팅 역량
- 분석 역량
- 기획 역량

기술적 역량은 기술영업의 기본 중의 기본이라 할 수 있다. 기술적 역량은 단순히 특정 분야의 기술 수준을 확보하는 것을 넘어서 실무 현장에서의 경험까지를 포함하는 개념으로 이해해야 한다. 기술적 수준이 아무리 높다 하더라도 실무 현장에서의 경험이 미흡하면 다양한 변수를 고려할 수 없기 때문이다. 실무 경험을 바탕으로 한 기술적 역량은 교과서적인 지식을 초월하는 것이기 때문에 상대적으로 많은 시간과 노력이 요구된다. 많은 B2B 기업에서 엔지니어 경험이 있는 인력을 영업 및 마케팅, 혹은 경영 업무를 습득하게 하여 기술영업에 투입하고자 하는 이유도 이 때문이기도 하다. 물론 일반 업무를 담당하던 직군에서도 기술을 습득하는 것이 가능하다. 하지만 기술을 보유하고 있는 엔지니어가 영업을 습득하는 것보다는 현실적으로 다소 오랜 기간이 소요된다.

일단 기술적 역량이 확보된 경우라도 기술영업 사원은 해당 기술이 변화하는 속도에 민감하게 반응하면서 새로운 기술을 습득해야 한다. 이는 기술영업을 담당하는 인력에게 지치고 힘든 과정일 수밖에 없다. 그러므로 항상 새로운 기술 트렌드를 파악하고 학습하는 과정에서 발생할 수 있는 피로감에 현명하게 대처하고 통제하는 것 또한 기술영업 사원이 갖춰야 하는 중요한 역량 중 하나다.

컨설팅 역량은 최근 들어 기술영업뿐만 아니라 많은 B2B 영업 직군에서 필요로 하는 역량 중에 하나다. 고객의 문제를 해결하기 위해 고객사의 전체 가치사슬을 분석하고, 고객이 처한 산업환경의 변화를 이해하기 위해서 필요한 역량이기 때문이다. 요컨대 컨설팅 역량은 더 이상 컨설팅 기업에서만 확보해야 하는 능력이 아니다. 현장에서 많은 경험을 쌓은 기술영업 인력이 컨설팅 역량을 습득하고 이를 현업에 적용함으로써 전문적인 컨설턴트보다 더 탁월한 결과를 산출할 수도 있다.

전문 컨설턴트는 모든 산업 분야와 기술 분야를 세부적으로 알 수 없기 때문에 컨설팅을 수행하는 과정에서 현업 전문가와 협업을 하는 경우가 증가하고 있다. 그러므로 기술영업이 전문 컨설턴트가 보유하지 못한 기술적 전문성을 충분히 활용하고 이를 컨설팅 역량과 결합한다면 탁월한 성과를 낼 수 있다.

분석 역량은 고객에게 새로운 인사이트(insight), 통찰력을 제공하기 위한 기본적인 역량이다. 차별화를 이끌어 내기 위한 것이든, 컨설팅을 위한 것이든, 예측을 위한 것이든, 기획을 위한 것이든 모든 과정에서 분석 역량은 기본임과 동시에 필수적 역량으로 작용한다. 분석 역량이 없다면 동일한 현상에 대해 동일한 정보만을 제공할 수밖에 없기 때문이다.

분석 역량은 자료를 통해 발견할 수 있는 시사점과 현상을 통해 발견할 수 있는 시사점을 연결하는 역량으로, 이를 바탕으로 현실의 문제에 새로운 해결책을 제시할 수 있는 능력까지 포함한다. 그러므로 분석 역량은 문제 해결을 위한 것이어야 한다. 단순히 정보 전달을 위한 분석은 그 효용 가치가 떨어진다.

한편, 문제 해결을 위한 분석 역량은 자료 분석 기술을 포함한다. 현실적인 경험과 객관적인 자료를 기반으로 자료들에 내포되어 있는 특성을 찾아내고 해석해야 하는데, 이러한 과정을 통해 고객으로 하여금 새로운 시각에서 문제에 접근하게 하고 이를 해결할 수 있는 실마리를 제공할 수 있다. 분석 역량을 확보하기 위해서는 자료 분석 기술, 이를 해석할 수 있는 경험, 전문지식을 활용한 적용 방안까지를 익힐 수 있는 포괄적인 학습 기간이 필요하다.

기획 역량은 체계적이고 논리적인 접근을 위한 표현 역량의 결정판이라 할 수 있다. 동일한 정보나 자료에 대해서도 어떻게 접근하고 표현하는가에 따라 그 값어치가 현저히 다르게 나타난다. 기획 역량은 고객에게 제공하는 기술적 자료에 한해서만 활용되는 것이 아니다. 제안서를 포함하여 내부 보고 시에도 그 활용도가 매우 높은 역량이다.

단순히 기술적인 특성들을 나열식으로 제공하는 것보다 고객에게 활용도가 높은 자료를 전달하는 것이 중요하다. 왜 이 기술과 서비스가 필요한지를 일목요연하게 정리하고 배치하여 고객이 더 이상 수정 작업 없이 상급자에게 보고할 수 있는 수준의 자료를 제공한다면 얼마나 좋겠는가. 고객이 특정 기술 사항에 대한 자료를 요청했을 때 자료의 수준 하나만으로도 높은 신뢰감과 만족도를 안겨 줄 수 있도록 기획 역량을 키워야 한다.

기술영업 인력은 기술과 영업 분야에서 비교적 오랜 기간에 걸쳐 경험을 축적함으로써 양성될 수 있다. 개인적인 관심과 노력도 중요하거니와 기업·조직 차원에서도 기술영업 인력을 양성하기 위해 장기적인 교육계획과 지원체계를 마련해야 한다. 단순히 기술적 역량이 확보되었다고 해서 얼마간의 영업교육을 실시한 뒤 현장에 투입하는 것은 자칫 훌륭한 엔지니어를 잃게 되는 잘못된 선택일 수 있다. 기술영업은 기술 역량과 영업 역량의 단순한 결합이 아니라 '영업현장에서 기술적 가치를 고객에게 제공해야 하는' 완전한 또 하나의 새로운 직군이기 때문이다.

PART **3**

전략적 가치영업의
내부역량 강화

경영학에서 바라보는 기업은 수없이 많은 자원의 집합체다. 경영자와 리더는 기업 내부에 존재하는 이러한 자원을 어떻게 하면 경쟁자보다 더 경쟁력 있는 모습으로 만들 것인가 고민하는 데 많은 시간을 보낸다. 이유는 명확하다. 기업이 보유하고 있는 경쟁력 있는 자원은 기업을 지속적으로 유지·발전하게 하는 원동력이기 때문이다. 영업활동을 위해 조직 차원에서는 자본금을 확보하고, 훌륭한 인재를 선발해야 하며, 좋은 근무 여건을 갖춰야 한다. 또 긍정적인 조직문화와 시스템을 구축하고, 사회에 공헌할 수 있는 다양한 채널도 확보해야 한다.

기업이 보유한 자원 중에서 가장 중요한 자원은 인적자원(human resource)일 것이다. 인적자원이야 말로 기업을 구성하는 가장 근원적인 단위임과 동시에 기업의 역량을 형성하는 근간이다. 이와 같은 인적자원의 가장 하위요소에는 개인이 존재하며, 개인의 능력과 역량이 모여 조직의 역량을 형성한다.

개인의 능력과 역량은 짧은 기간에 기술이나 지식을 체득해 키울 수도 있지만, 보통은 오랜 시간 특정 산업에서 특정 업무를 하면서 자신만의 노하우를 갖출 수 있다. 이러한 노하우는 타인이 쉽게 흉내 낼 수 없는 자신만의 경쟁력이 된다. 특히 영업의 노하우는 단순한 지식수준 이상의 것으로, 오랜 기간 현장에서 고객과 함께 동고동락하며 체득할 수 있다. 개인의 영업 역량이 모여서 팀과 조직의 역량이 되고, 결과적으로 경쟁기업에 비해 우위를 갖게 하는 원동력이 된다.

이번 장에서는 어떻게 하면 전략적 가치영업의 내부역량을 조직 차원과 개인 차원에서 높일 수 있는지 살펴보고자 한다.

B2B 영업목표

학창시절 방학 때면 하루를 어떻게 보내야 할지 굳은 다짐으로 생활계획표를 작성해 본 경험이 다들 있을 것이다. 그때의 기억을 더듬어 보자. 대개 시간표 따로, 행동 따로인 상태로 하루를 마감하고, 밤이 되어 잠자리에 들기 전에 '내일은 꼭 시간표에 맞춰 하루를 보내야겠다!'라고 마음속으로 다짐한다. 하지만 역시나 다음 날이면 또 늦잠을 자고, 첫 출발이 잘되지 않았으니 시간표는 엉망이 되어 버린다. 그렇게 방학은 허무하게 지나가고, 개학이 며칠 남지 않은 어느 날 밀린 일기며, 숙제가 한가득임을 깨닫고 부랴부랴 책상머리에 앉는다.

그렇다면 왜 매번 이런 현상이 생기는 것일까? 몇 가지 이유를 생각해 볼 수 있다. 첫 번째, 계획표 자체가 잘못되었을 수 있다. 즉 실행 불가능한 계획을 무리하게 세우고 이를 실천하려 애쓴 것이다. 두 번째, 평가와 결과에 대한 적절한 수정 작업이 뒷받침되지 않기 때문일 수 있다. 돌이켜 보건대 방학 초반에 수립한 생활계획표는 방학이 끝날 무렵까지 언제나 그대로였다. 단 한 번도 계획표를 수정하려고 노력하지 않은 것이다. 세 번째, 계획표를 만들 때 하루 일과에만 치중했기 때문일 수 있다. 방학이 끝나고 난 뒤에

나의 모습에 대한 고민 없이 단순히 공부를 잘해야겠다는 생각이 앞서 계획표를 작성한 것이다. 네 번째, 계획을 실행하려는 나의 의지가 강하지 못해서일 수 있다.

그런데 이러한 현상이 개인이 아니고 기업에서 발생한다면 그 결과는 훨씬 참혹할 것이다. 기업은 발전하지 않으면 생존할 수 없는 속성을 지녔기 때문이다. 과연 우리는 어떻게 해야 생활계획표에서 발생하는 문제점과 같은 현상을 극복할 수 있을까?

첫 번째 문제에서 계획표 자체가 잘못되었다는 것은 계획을 수립하는 과정에서 그것을 관리하고 평가하는 감독체가 없었다는 것이다. 다시 말해 기업에서 전략을 수립하는 과정에 그것을 평가하고 실행 가능성을 측정하고 예측하는 조직이 없다는 것이다. 즉 수립한 계획을 객관적이고 냉정하게 평가하는 제3의 조직이 없이, 계획을 수립하는 개인이나 부서와 평가하는 주체가 동일할 경우 이러한 문제가 발생할 수 있다.

두 번째 문제는 평가시스템과 피드백시스템의 결여에서 발생한다. 계획과 실행이 100% 일치하는 경우는 없다. 그러므로 계획을 실행한 이후에는 잘못된 점을 개선하기 위한 적절한 피드백이 있어야 하고, 그에 따라 전략을 수정해야 한다. 여기서 우리가 알아야 할 점은 한 번 수립한 전략은 어떠한 경우이든 반드시 지켜야 하는 것이 아니고, 실행하는 주체에 맞게 최적의 전략이 될 수 있도록 지속적으로 보완해야 한다는 것이다.

세 번째 문제는 기업의 장기적인 비전과 미션, 그리고 목표에 관한 것이다. 즉 기업이 추구하고자 하는 뚜렷한 모습의 정의가 수반되지 않은 상태에서 아주 세밀하고 작은 활동 위주로 전략을 수립하는 것과 같다. 기업경영 전반에 걸쳐 자사의 목표가 무엇이고 이후에 어떠한 모습으로 변화해 나갈지 비전을 세우지 않은 채 단기적 계획에만 집중한다면 결코 좋은 결과를 얻을 수 없다.

네 번째 문제는 내부역량과 외부환경에 대한 철저한 분석 없이 전략을 수립하는 것과 같다. 나의 의지와 현재 나의 실력, 지금의 나의 모습을 냉철하게 분석하는 것이 기업의 내부역량 분석에 해당하며, 계획을 수행하는 과정에서 발생할 수 있는 불가항력적인 사항과 외부요인을 분석하는 것이 외부환경 분석이다. 이러한 분석 없이 전략을 수립하고 실행할 경우, 많은 실패를 겪고 그것을 극복하기 위해 막대한 시간적·금전적 비용을 지불해야 한다.

2천여 년 전, 제(齊)나라에는 전기(田忌)라 불리는 사람이 살았다. 그는 노름을 좋아하여 제나라의 공자(公子)들과 기사경주(騎射競走)로 돈내기를 즐기곤 하였는데 번번이 져서 돈을 잃었다. 기사경주란 네 마리의 말이 끄는 수레를 한 조(組)로 하여 3조의 수레가 각각 한 번씩 뛰기 내기를 하여 그중 가장 많이 이기는 자가 승리하는 것이었다.

어느 날 제왕(齊王)이 그에게 말하였다.

"듣자 하니 자네가 최근에 몇 필의 좋은 말을 샀다고 하던데, 우리 다시 한 번 겨루어 보는 것이 어떠한가?"

전기는 자신의 말이 훌륭하다고는 하나 제왕의 말에는 미치지 못함을 알고 있었다. 지난번의 경주에서도 졌으나 제왕은 계속 경마를 하자고 재촉하였다. 그래서 전기는 좋다고 대답하는 것 외에는 다른 도리가 없었다.

그때 손빈이라는 식객이 전기 장군이 번번이 패배하는 딱한 사정을 보다 못해 마침내 다음과 같이 귀띔해 주었다.

"장군께서 번번이 패하시는 이유를 저는 잘 알겠습니다. 장군과 같은 방식으로 경기를 하면 승리하실 기회가 좀처럼 없을 것이옵니다. 제가 3조의 말을 각각 비교해 보옵건대, 3조의 말들은 속력에 있어서 각각 등급이 다르옵니다. 그런데 공자가 좋은 말을 출전시킬 때에는 장군께서도 좋은 말로 경쟁하려고 하시니, 그래 가지고는 지는 것이 당연하옵니다. 그러므로 이제부터는 경기방법을 근본적으로 바꾸도록 하시옵소서."

전기가 물었다.

"어떤 방식으로 바꾸란 말입니까?"

"3조의 수레를 세 등급으로 나누어 상대방이 상등 수레를 출전시킬 때에는 하등 수레를 내보내고, 상대방이 중등 수레를 출전시킬 때에는 상등 수레로 맞붙여 놓고, 상대방이 하등 수레를 출전시킬 때에는 중등 수레로 경주하게 하시옵소서. 그렇게 하면 언제든지 2대 1로 승리하게 될 것입니다."

《글로벌경쟁시대의 경영전략》 (장세진, 2009)

전기의 경마 경주에서 우리는 전략에 대해 몇 가지 중요한 시사점을 얻을 수 있다.

첫 번째, 목표가 뚜렷한 전략을 세워야 한다. 즉 경마 경주에서 우리의 목표는 승리하는 것이지 세 번의 경주에서 모두 다 이기는 것이 아니다. 많은 경우에 우리는 목표를 수립하는 데 있어 이와 같은 근본적인 목표를 잊은 채 무조건 경쟁에서 매번 승리해야 한다고 생각한다.

두 번째, 경쟁환경을 이해해야 한다. 내가 경쟁하는 환경이 어떠한가를 파악하고 환경에 순응하거나 새로운 환경을 개척하는 것이 중요한데, 이는 경쟁의 규칙이나 규범에 대한 이해를 포함한다. 경마 경주에서의 규범이나 규칙은 세 번 겨루어 두 번을 이기면 최종 승자가 되는 것이다. 기업의 전략을 수립할 때도 경쟁환경을 제대로 파악하지 못해 최종 승자가 되지 못하는 경우를 많이 볼 수 있다.

세 번째, 경쟁자와 나를 정확히 평가하고 분석해야 한다. 전략적 목표는 경쟁에서 승리하기 위한 것이거나 경쟁자와 내가 상생하는 것이다. 하지만 전략에는 근본적으로 경쟁자가 존재하고, 그 경쟁에서 살아남기 위해서는 경쟁자의 강점과 약점을 정확하게 파악한 뒤 이에 대응하는 전략을 수립하는 것이 매우 중요하다. 경마 경주의 사례에서 볼 수 있듯이 상대방 경주마와 내 경주마의 실력을 정확하게 분석하지 않고 경주에 임한다면 결코 승리할 수 없다.

네 번째, 효과적인 전략을 수립해야 한다. 이는 위에서 언급한 3가지 전략의 요소를 통해서 나에게 맞는, 내가 실행할 수 있는 전략을 수립하는 것을 말한다. 전략을 수립하는 데 많은 경우의 수가 있다 하더라도 내가 실행할 수 없는 전략은 무용지물이다. 그리고 경쟁자가 나의 전략에 대해 쉽게 대안을 내놓을 수 있는 것은 아닌지 냉정하게 평가해 보아야 한다.

지금까지 살펴본 사례를 통해서 우리는 기업이 전략을 수립하는 전체 과정에 대한 개념적인 이해와 함께 전략 수립 과정에서 발생할 수 있는 문제점에 대해 파악할 수 있었다.

특별히 영업직군에 있어서 올바른 전략의 수립은 그 중요성이 남다르다. 영업직군이 잘못된 목표를 가지고 전략을 수립했을 경우, 결과는 수주 혹은 패배의 두 갈림길뿐이기 때문이다. 결과에 대해 수정하거나 만회하기가 사실상 불가능하기에 철저한 영업전략 수립이 필요하다.

영업전략 관리 프로세스

    개인의 영업목표는 대부분 팀의 영업목표에 따라 결정되고, 팀의 영업목표는 상위 수준인 사업부와 기업 전체의 영업목표를 달성하기 위해 할당된다. 이처럼 개인 수준의 목표는 넓은 시각에서 보면 기업의 목표와 일치해야 하는 특성을 지닌다. 그렇다면 기업의 목표는 어떠한 전략적 접근을 통해 결정되는 것일까? 우선 기업 수준에서의 전략적 비전·미션·목표에 대해 다루어 보고, 이러한 기업 수준의 전략적 지표들이 개인의 목표와 어떻게 연결되는지 이야기해 보도록 하자.

    기업 수준에서의 영업전략 관리 프로세스를 이해하는 것은 영업에게 폭넓은 시야를 제공해 주고, 영업목표 수립 시 활용할 수 있는 기준을 마련해 준다는 측면에서 유익하다.

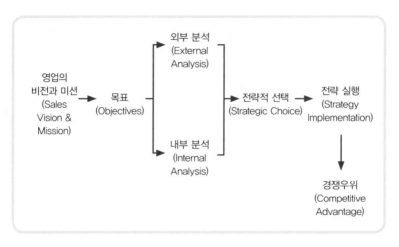

[그림 3-1] 영업전략 관리 프로세스 1

영업전략 관리 프로세스 1은 제이 바니와 윌리엄 헤스털리 교수의 경영전략 관리 프로세스를 활용하여 영업의 개념을 접목한 것이다.* 경영전략 관리 프로세스는 기업 수준에서 어떻게 경영전략을 수립하고 관리해야 하는지에 대한 개념적 관리의 흐름을 제공하며, 이러한 기업 수준의 전략을 영업 수준에 맞게 이해하고 활용할 경우 자연스럽게 기업 수준인 상위 수준과의 전략적 일치(alignment)를 형성할 수 있다는 이점이 있다.

---

* [그림 3-1]의 자료는 다음의 책에서 저자가 참고하여 재작성한 것이다. Jay B. Barney and William S. Hesterly(2010), *Stretegic Management and Competitive Advantage*, 3rd edition, PEARSON Press.

█ 비전

우리는 흔히 비전(vision)이라는 말을 참 많이 사용한다. '직장생활을 하다가 개인의 비전과 회사의 비전이 일치하지 않아 퇴사를 결심했다.' 혹은 '우리 회사는 개인의 비전을 충분히 달성할 수 있는 좋은 곳이다.'와 같이 조직과 개인 차원의 비전을 이야기하곤 한다. 여기에서 어렴풋이 알 수 있는 것은 비전은 바로 장기적인 안목에서 우리가(혹은 내가) 되고자 하는 모습이라고 할 수 있다.

개인의 비전은 어떻게 표현할 수 있을까? 예를 들면 저자의 비전은 '교육을 통해 개인, 조직, 사회를 유익한 공동체로 만드는 것'이라고 표현할 수 있을 것이다. 우리는 모두 어릴 적 꿈에 대해서 이야기해 본 경험이 있다. 꿈은 이러한 비전을(물론 비전을 세우고 꿈을 그리지는 않았을 것이다) 이루기 위한 구체적이고 형태가 있는 자신의 역할적 모습으로 표현된다. 위에서 말한 저자의 비전을 달성하기 위해 구체화된 꿈의 모습은 선생님, 교수, 전문 강사 등이 해당될 것이다.

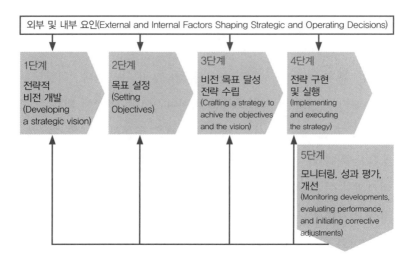

[그림 3-2] 영업전략 관리 프로세스 2★

　그러면 기업 차원에서의 비전은 어떤 형태로 존재할까? 다음은 우리나라를 대표하는 몇몇 기업의 홈페이지에 기록된 기업의 비전(때로는 미션까지 포함한)을 정리한 표이다. 여기서 볼 수 있듯이 많은 기업이 장기적인 관점에서 회사가 이루고자 하는 최종 형상을 개념적으로 정의하고, 이를 달성하기 위한 세부적인 실천 방안(미션·목표)을 수립해 노력하고 있다.

★ [그림 3-2]의 자료는 다음의 책에서 저자가 참고하여 재작성한 것이다. John E. Gamble and Arthur A. Thompson, Jr.(2010), *Essentials of Strategic Management The quest for competitive advantage*, 2nd edition, McGraw-Hill Irwin.

[표 3-1] 우리나라 대표 기업의 비전 및 미션

기업	비전·미션
삼성 전자	"Inspire the World, Create the Future" New Technology, Innovative Products, Creative Solutions을 통하여 미래 사회에 대한 영감을 불어넣고, 고객(customer), 사회(partner), 임직원(employee)의 새로운 가치를 도모한다.
LG전자	LG 고유의 기업문화인 LG WAY는 경영이념인 '고객을 위한 가치창조'와 '인간존중의 경영'을 LG의 행동방식인 정도경영으로 실천함으로써 궁극적 지향점, 즉 비전 '일등LG'를 달성하자는 것을 의미한다.
현대 자동차	"Together for a better future" 현대자동차그룹은 인간존중 및 환경친화적 경영을 실천하여 최상의 가치를 창출하고 이해관계자들과 조화로운 성장을 추구한다.
포스코	"꿈과 희망, 소재와 에너지로 더 나은 세상을!" 경영목표·철학: 열린경영, 창조경영, 환경경영 핵심 가치: 고객지향, 도전추구, 실행중시, 인간존중, 윤리준수
KT	Global ICT Convergence Leader: 컨버전스에 기반한 혁신으로 글로벌 IT 리더로 도약한다. New KT Way=ACTION, 실행 중심으로의 변화: 고객중심, 협업상생, 신뢰, 창의적 혁신, 주인의식, 실행
SKT	"고객의 행복 네트워크 창조를 위한 Innovator!" 변화를 두려워하지 않는 창조적 혁신, 고객의 새로운 가치창조를 향한 뜨거운 열정, 파트너와의 에코시스템을 기반으로 한 동반성장, 고객 사랑을 위한 책임 있는 실천주의
롯데 쇼핑	"Be together! Great LOTTE Department Store!" 경영방침: 고객지향, 품질지향, 경쟁지향 핵심 가치: 열정, 창조, 협력
신세계	경영이념: 투명하고 공정한 경영으로 사회발전을 위한 책임을 다하고 임직원의 보람과 고객의 행복을 경영의 최우선 목표로 삼으며 상품과 서비스의 가치를 높여 신뢰와 사랑을 받는 기업이 된다. 비전: 고객의 행복한 라이프스타일을 디자인하는 브랜드 기업이 된다. 이마트 비전: Global 종합유통 기업으로 도약한다.

자료: 각 사 홈페이지

여기서 주목할 것은 '왜 기업들이 각자의 미래 모습이 담긴 비전을 수립하는 것일까?' 하는 점이다. 이는 비전에 담긴 미래의 모습을 만들어 가고자 끊임없이 발전하고 노력하겠다는 의지의 표명이다. 각 기업의 비전에 따라 최종적으로 달성되는 형상뿐만 아니라 과정에서도 차이가 존재한다.

신세계 그룹은 고객의 행복한 라이프스타일을 디자인하는 브랜드 기업, 삼성전자는 미래를 창조하는 기업을 비전으로 삼는다. 이때 삼성전자가 미래 창조라는 비전을 달성하기 위해 자신들만의 차별화된 사업을 진행하는 과정과 신세계 그룹이 고객에게 행복한 라이프스타일을 제공하기 위해 노력을 기울이는 과정은 서로 다르다. 요컨대 기업의 미래 비전은 오늘날 기업이 어떠한 사업 분야에 진출할 것이며, 어떠한 인재와 더불어 어떠한 전략적 방향을 수립할 것인지에 대한 근간을 이루는 것이다. 그러므로 기업의 최종 형상인 비전을 수립하지 않은 회사는 자신들이 가야 할 방향에 대한 뚜렷한 지표가 없는 것과 마찬가지라 할 수 있다.

그렇다면 영업직군의 비전은 어떻게 형성할 수 있을까? 영업직군의 비전은 기업의 비전과 일맥상통한 관점에서 다루어야 한다. 기업과 영업직군의 비전이 불일치할 경우, 결과적으로 기업은 장기적인 관점에서 성장을 달성하기 힘들다. 예를 들어 LG 그룹의 '일등 LG'라는 비전을 달성하기 위해서는 "정도를 지키는 영업활동을 통해 고객에게 신뢰를 판매한다."와 같은 영업직군의 비전을 만들고 실천해야 한다.

▌미션

미션(mission)은 비전을 달성하기 위한 전략적 선언으로 흔히 미션 스테이트먼트(mission statements)라고 기록하기도 한다. 기업의 미션은 기업이 달성하고자 하는 장기적 목적(purpose)이며, 이를 성취하는 과정에서 무엇을 수행해야 하고 무엇을 회피해야 하는가에 대한 기록을 포함할 수 있다.

미션은 크게 3가지 유형으로 나눌 수 있다. 첫째는 성과와 아무런 연관성이 없는 것, 둘째는 성과에 긍정적인 영향을 미치는 것, 셋째는 성과에 부정적인 영향을 미치는 것이다.

미국의 거대 기업이던 엔론(Enron)은 1999년도 연간 보고서에 자사의 미션을 다음과 같이 선언했다. "신뢰: 우리는 고객을 위해 열린 자세, 정직함, 그리고 진실함으로 일한다. 우리가 어떤 일을 하겠다고 하면 반드시 실행할 것이며, 어떤 일을 실행하지 않겠다고 하면 절대로 하지 않을 것이다." 그러나 엔론은 자신들이 세운 미션에 완전히 반하는 회계부정을 저질렀고 결국 파산에 이르렀다. 이런 경우 기업의 미션은 존재하지 않는 것과 별반 다르지 않다.

한번쯤은 이름을 접해 본 기업인 쓰리엠, HP, 노드스트롬, 아메리칸 익스프레스, IBM, 필립모리스, 보잉, 존슨앤존슨, 프록터앤갬블, 시티그룹, 메리어트, 포드, 머크, 월마트, 제너럴일렉트릭, 월트디즈니 같은 기업은 좋은 미션을 통해서 경쟁기업에 비해 장기적으로 꾸준한 성장을 이룬 곳이다. 이들 기업은 1926년부터 1995년까지 최대 주식가치가 1달러에서 6,536달러까지 성장한 곳을 포함하여 1995년을 기준으로 평균 415달러를 달성한 회사들이다.*

기업의 잘못된 미션이 성장을 저해하는 요소로 작용하는 경우도 있다. 가령 영업사원의 동기부여를 목적으로 인센티브를 지급하는데 팀워크를 강조한다는 미션 아래 고성과자와 저성과자에게 동등하게 배분한다거나 그 폭을 제한한다면, 오히려 고성과자의 불만이 증가할 것이고 저성과자는 자신의 성과를 향상시키기 위한 노력을 게을리할 것이다.

영업에 있어서도 미션 수립과 실행은 동일한 양상을 보인다. 정도경영이나 동반성장을 주장하며 협력사와의 공정하고 투명한 거래를 통해서 건전한 영업문화를 만들겠다고 선언하지만 실상은 그렇지 않은 사례가 허다하다. 고객과의 관계에서도 동일한 현상이 존재한다. 고객에게 새로운 가치를 제공하고자 많은 노력을 기울여야 하는 영업직군이 스스로의 가치를 찾지 못하고 방황하는 경우가 많다.

결국 미션을 수립하고 달성하는 것은 영업직군에 속해 있는 영업사원 한 사람 한 사람의 철저한 관리와 동기부여를 통해서 이루어질 수 있다. 영업의 미션은 어떠한 형태로든 정의할 수 있다. 다만 그것을 어떻게 구체화하고 실행하느냐 하는 것이 관건인데, 세부적으로 다음에서 다룰 목표 수립에 조금 더 집중하면 실행에 관한 요소들을 효과적으로 정의할 수 있을 것이다.

---

* 《전략경영과 경쟁우위*Strategic Management and Competitive Advantage*》(Jay B. Barney and William S. Hesterly 지음, 신형덕 옮김, 2013)

▌목표

목표(objectives)는 미션을 달성하기 위한 세부적 실천 방향을 말한다. 예를 들어 고객가치 극대화라는 영업의 미션(혹은 기업 및 사업부의 미션)이 주어졌다고 치자. 이때 영업직군에서는 미션을 달성하기 위해 고객에게 정기적으로 전문자료나 시장동향자료를 제공하고 기술세미나 등을 개최할 수 있다. 또한 참여 프로그램을 통해서 고객이 현재 고민하고 있는 업무 관련 문제를 함께 논의하고 새로운 가치를 제공함으로써 고객과의 관계를 강화할 수도 있다.

한편, 목표는 정량적으로 계량화하여 수립하는 것이 좋다. 고객가치 향상이라는 미션을 달성하기 위한 영업사원 개인의 목표로는 월 1회 전문자료 제공, 월 2회 고객사 방문, 문제해결 과제 월 1개 제안과 같은 것을 세울 수 있다. 영업직군에게 가장 현실적으로 부여되는 목표는 매출과 수주 달성치, 신규고객 발굴 등인데, 이러한 목표 역시 달성 가능성 여부를 중심으로 구체적이고 명확하게 수립해야 한다.

영업전략 수립 프로세스에서 이후 공통적으로 다루어지는 것은 기업의 내부역량 분석과 외부환경 분석을 통해 전략방향을 수립·실행하며, 평가와 피드백 과정을 거치는 것이다. 이러한 관리 프로세스의 세부적 요인은 이후 자세히 다룰 것이다.

결론적으로 영업전략 관리 프로세스는 뚜렷한 비전·미션·목표 아래 내부적으로 실천 가능하며, 외부적 환경요인의 기회와 위험요인을 증가하거나 감소시킬 수 있는 전략적 대안을 수립하는 것이라 할 수 있다. 이때 중요한 것은 가장 상위 수준에 있는 기업의 전략적 방향과 가장 하위 수준에 있는 실천적 팀 단위나 개인 단위의 전략적 방향이 일치해야 한다는 점이다. 그러지 못할 경우 기업은 정해진 목표나 미션을 달성할 수 없으며 조직의 구성원인 개인은 그 속에서 길을 잃게 되는데, 이러한 악순환은 누구에게도 긍정적인 시너지를 가져다주지 못하고 경쟁에서 밀려나게 한다.

[표 3-2] 비전·미션·목표 수립 양식

구분	회사	사업부(팀)	개인
비전			
미션			
목표			
실행방안			

위의 비전·미션·목표 수립 양식을 작성해 보도록 하자. 생각만큼 명확하게 자신이 속해 있는 회사의 비전이나 미션, 목표에 대해 잘 알지 못한다는 사실을 깨닫게 될 것이다. 이 양식을 작성하는 데 중요한 것은 상위 수준인 회사 혹은 사업부의 비전·미션·목표가 개인의 것과 어떻게 연동되는지 평가하는 것이며, 이를 통해 상위 수준에서 개인 수준에 이르기까지 의미 있는 연결성을 갖게 하는 것이다. 이 양식은 기업의 워크숍이나 사업부 혹은 팀 단위의 회의를 통해 구성원이 함께 참여해 작성하는 것이 중요하며, 무엇보다 기입에 그치지 않고 적극적으로 내용을 공유하고 실천하는 것이 필수적이다. 나아가 이러한 비전 수립 작업은 일회성으로 끝내지 말고 지속적으로 보완·발전시켜야 한다.

새로운 고객의 가치

몇 년 전 넷북(Netbook)이라는 컴퓨터가 각광을 받은 적이 있다. 젊은 층을 대상으로 이동성과 가벼움을 강조한 제품으로, 주로 카페나 외부에서 인터넷 검색과 보고서 작성 등의 용도로 사용하기 적합한 것이었다. 당시 필자 역시 강의용으로 사용하기 위해 넷북을 하나 구입했다. 가격은 120만 원 정도로 다소 고가의 넷북이었는데, 평소 지인이 근무하는 회사의 제품을 구매했다.

그런데 연구실에서 넷북을 켰더니 발열을 식혀 주는 팬 소리가 데스크톱 PC보다 훨씬 컸고, 그마저도 2개월이 못 가 고장이 나서 A/S를 받았다. 3~4개월 정도 사용하다 보니 부팅 속도가 거의 10분 이상 걸리고, 열이 어찌나 많이 나던지 본체에 딸린 키보드로는 작업을 할 수 없는 지경에 이르렀다. 그렇게 5개월 정도 지나자 정신건강에 해로워서 도저히 사용할 수 없었고, 결국 145만 원을 주고 평소에 즐겨 쓰던 회사의 노트북을 추가로 구매했는데 새 노트북의 만족도는 가격 대비 너무 좋았다.

위의 사례에서 과연 두 기업의 상품 가치에 대한 차이는 어떻게 측정해야 할까? 단순히 산술적으로 계산하면, 불량 노트북 120만 원의 가치는 0원이고, 만족한 노트북의 가치는 최종적으로 소비자

가 지불하고자 하는 의지에 대한 금액이다. 즉 필자의 경우는 160
만 원 정도를 지불해서라도 노트북을 살 의향이 있었으므로, 280
만 원(120+160)의 산술적 가치 차이가 존재하는 것이다. 그러나 무
엇보다 중요한 것은 이러한 산술적 가치를 넘어서는 '고객가치'에
관한 문제다. 요컨대 향후 제품 구매에 대한 기회요인의 가치를 환
산해 보면, 한번 실망한 회사의 제품은 대부분 다시 구매하지 않고
만족한 회사의 제품에는 보다 더 높은 충성도를 보이기 마련이다.

영업 관련 회의나 강의에서 정말 많이 듣는 말이 "우리는 고객
에게 어떠한 가치(value)를 줄 것인가?", "제품을 팔지 말고 가치를
팔아라!", "고객이 인지하는 가치는 무엇인가?"와 같은 얘기다. 그
렇다면 고객의 가치는 어떻게 형성되는 것일까?

기본적인 1차적 고객가치는 지불한 비용에 대한 상품이나 서비
스의 인지적 유용성이 더 큰 경우에 발생한다. 쉽게 말해 돈이 아
깝지 않은 경우를 말한다. 예를 들어, 명품을 선호하는 고객은 몇
천만 원을 지불하고 가방이나 시계와 같은 물건을 구입한다. 이때
그 고객은 몇천만 원이라는 돈이 결코 아깝지 않다고 생각한다. 하
지만 같은 고객이 마트에서 화장지나 일상용품을 구매할 때는 여
러 가지 상품의 가격을 꼼꼼히 비교해 보기도 한다. 거액의 명품을
망설임 없이 구매하는 사람이 고작 몇천 원짜리 물건에는 지갑을
쉽게 열지 않는 것인데, 이러한 현상이 생기는 이유는 고객이 선호
하는 가치의 기준이 구매 대상이나 서비스에 따라 달라지기 때문
이다.

B2C에서는 고객의 가치가 한 개인의 만족에서 시작되지만,

B2B에서는 개인의 만족뿐만 아니라 구매 구조 전반에 걸친 이해관계의 만족이 선행되어야 하기 때문에 영업의 역할이 더욱 복잡하다. 또한 B2C에서는 특정 제품이나 서비스가 표준화되어 있어서 대상 고객의 선호에 따른 특성을 영업활동에 감안할 수 있지만, B2B의 경우에는 오히려 특정 제품이나 서비스를 고객의 가치에 맞게 재구성해야 할 때가 더 많다는 특징이 있다.

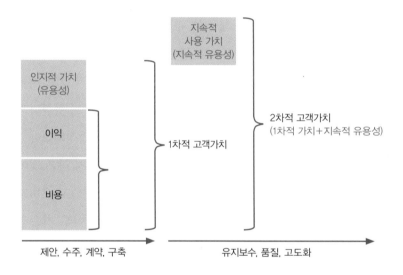

[그림 3-3] B2B 수준 제안 영업에서의 고객가치

[그림 3-3]에서 볼 수 있듯이 '1차적 고객가치'는 기업의 이익과 비용이 포함된 고객이 지불해야 하는 가치보다 인지적 가치가 상위에 있을 때 달성될 수 있다. 이러한 1차적 고객가치는 구매시점과 그 이전 단계를 포함한다. 즉 B2B에서는 구매의 최종 단계인 특정 서비스나 상품의 구축 단계까지의 유용성을 나타낸다고 할 수

있다. 구축 단계에 이르기 이전에 고객은 평소 영업사원의 가치 있는 제안이나 수주 노력, 적절하고 의미 있는 계약 조건들에 만족해야 할 것이다. 이러한 고객의 1차적 고객가치가 지속적인 가치로 유지되기 위해서는 구축 이후 사용에 대한 만족이 수반되어야 한다. 1차적 고객가치가 지속적으로 유지되려면 고객이 특정 제품이나 서비스를 사용하면서 지속적인 유용성을 느껴야 한다는 것이다.

예를 들어, 고객사에 제공한 CRM(Customer Relationship Management) 시스템이 성공적으로 구축되었을 경우 1차적 고객가치가 달성될 수 있다. 그러나 이후 시스템이 안정화되지 않고 지속적으로 오류가 발생하거나, 실무의 업무 요구를 반영하지 못한다거나 하는 문제가 발생할 때에는 '2차적 고객가치'가 달성되었다고 보기 어렵다. 문제는 단순히 2차적 고객가치가 제공되지 않은 것이 아니라, 기존에 쌓아 놓았던 1차적 고객가치까지 소멸되고 오히려 신뢰에 역효과를 가져오게 되는 것이다. 그렇게 되면 이후 지속적으로 사업을 유지해 나가기 어렵다.

이처럼 고객은 특정 시점에 특정 제품이나 서비스에 만족했다 하더라도 지속적인 만족 없이는 기존의 만족을 유지하지 않는 특성을 지니고 있다. 그러므로 영업직군에서는 고객과의 끊임없는 소통을 통해 이를 개선하고 유지하려는 노력을 해야 한다.

◇◆◇ 사소한 것에서의 고객가치

어느 날 지인을 통해 다국적 기업이 주관하는 포럼에 참석하게 되었다. 행사는 데이터 분석의 최고 엔진을 보유하고 있는 다국적 기업이 자사의 솔루션과 함께 최근 활발히 논의되고 있는 빅데이터에 대한 동향을 각종 사례를 통해 설명하는 자리였다.

사전등록을 하고 당일 행사장에 들어섰는데 숨이 턱 막혀 오는 느낌이 들었다. 참석인원에 비해 장소가 너무 협소했다. 우선 오전에 진행되는 두 시간 반 정도의 세션에 많은 사람들이 앉을 자리가 없어 바닥에 앉거나 서 있어야 했다. 흔히 있을 수 있는 일이긴 하지만 주최측 기업에서는 어떠한 배려도 없이 행사만 진행한다는 느낌이 들었다. 예컨대 간이 의자를 마련할 수 있는 상황임에도 불구하고 어느 누구도 고객들의 불편함을 돌봐 주지 않았다.

심지어 한국 지사장님은 2년 전 행사보다 두 배 이상의 고객 분들이 참석했는데 자기들도 예측하지 못한 일이라고 말했다. 그런데 이 말을 듣고 있자니 불현듯 '세계 최고의 예측, 통계, 분석 솔루션과 컨설팅을 제공하는 회사에서 고작 2,000명의 참석 고객을 예측하지 못하다니, 그것도 사전등록을 했음에도 불구하고…… 과연 이 회사가 예측 전문 기업이 맞기는 한 것일까?' 하는 의구심이 들었다. 이런 생각을 하자 '사전등록 인원이 미리 확정되었다는 것은 불확실성보다 확실성이 더욱 큰 경우인데, 불확실성이 더욱 큰 실제 비즈니스 환경에서 이 기업의 솔루션을 사용한다면 어떻게 될 것인가?' 하는 의문도 생겼다.

이와 같은 사업과 연관된 생각을 차치하더라도 문제는 계속 발생했다. 점심시간이 되자 호텔에서 제공되는 식사 좌석의 한계 때문에 일부 고객은 외부 식당을 이용해야 했는데, 어느 누구도 자세히 안내해 주지 않았다. 그뿐만 아니라 세션 진행 시간 또한 외부 식당에서 식사를 하고 다시 본 행사장으로 와야 하는 고객에게는 다소 부족했다. 식사를 마치고 행사장에 갔더니, 역시나 호텔에서 식사를 마친 참석자들이 모두 자리를 차지한 뒤여서 우리 일행은 맨바닥에 앉아 세션을 들을 수밖에 없었다.

대부분의 기업이 자사의 솔루션 홍보를 위한 수단으로 이러한 행사를 열기는 하지만 대개 드러내 놓고 하지는 않는다. 왜냐하면 자사의 솔루션은 추후 관심 있는 고객들을 중심으로 상담시간이나 별도의 방문을 통해 설명하면 되고, 이러한 대상 고객층을 확보하기 위해 자사의 솔루션보다는 근본적인 지식이나 동향을 전달하는 것이 보다 더 효과적이기 때문이다. 그리고 이러한 행사에 참석하는 고객들 역시 특정 기업의 솔루션보다는 외부 지식의 습득에 1차적 목적이 있고, 향후 이러한 시장의 흐름에 맞는 기술을 자사에 어떻게 적용할 것인가에 대한 2차적 목적을 가지고 있는 경우가 많다.

그런데 오후 세션이 시작되자마자 불편함이 느껴졌다. 빅데이터를 마케팅에 어떻게 활용할 수 있는가에 대한 주제 발표인지, 행사 기업의 솔루션 발표인지 도저히 알 수 없는 시간이었다. 알아들을 수 없는 솔루션의 모듈 이름만 잔뜩 나열하고 이러한 모듈이 고객의 가치를 높일 수 있다고 설명하고 있었다. 그렇게 두 시간 정도의 오후 세션 중반이 종료되고 휴식시간을 갖게 되었다. 다과와 음료를 준비하고 고객과 소통을 하기보다는 자사의 시스템 데모 설명에만 몰두해 있는 직원들을 보면서 다시 한 번 실망감이 느껴졌다. 많은 사람들이 커피 한잔을 마시기 위해 뜨거운 컵을 위험천만하게 들고 엉켜 있었다.

도저히 더는 있을 수가 없어서 두 시간 일찍 행사장을 빠져나오는데 왠지 모를 피곤함과 화가 치밀어 올랐다. 수많은 기업의 포럼과 콘퍼런스를 다녀 봤지만 최악이었다. 사람들이 많이 참여했으니 행사 진행 기업의 담당자들은 자기들끼리 성공적이라고 자평할지 모른다. 하지만 어쩌면 그들의 자평과는 달리, 새로운 안티 고객이 2,000명 다녀갔는지도 모를 일이다.

우리는 흔히 자사 홍보 및 기존 고객들과의 유대를 위해 이러한 행사를 연다. 이때 무엇보다 중요한 것은 행사 자체가 아니라 참석한 고객 한 사람 한 사람이 진심으로 관심받고 있다는 기분을 느끼는 자리가 되어야 한다는 점이다. 고객의 구매행위에는 합리적이고 복잡한 의사결정 과정이 따르기도 하지만, 때로 사소한 부분에서 감성적인 만족이 큰 영향을 미치기 때문에 이를 충족시킬 수 있는 영업활동이 선행되어야 한다.

▌개념적 고객가치 선언문

개념적 고객가치 선언문은 고객에게 내가 전달하고자 하는 가치가 무엇인가에 대한 정의다. 여기에는 '내가 고객에게 어떠한 모습으로 어떠한 열정을 담아 어떠한 활동을 할 것인가'에 대한 상위 수준의 개념이 내포되어 있다. 즉 나와 고객의 모습을 동일 선상에서 투영하고, 서로의 가치를 높여 가는 추상적인 의미의 선언문이 개념적 고객가치 선언문이다.

고객을 바라볼 때 단순히 나의 제품이나 서비스를 구매하는 대상으로 여길 것인지, 아니면 나의 제품이나 서비스를 통해 새로운 즐거움과 만족감을 느끼는 대상, 즉 동반자적 가치를 주는 대상으로 여길 것인지에 따라 커다란 차이가 발생한다. 전자의 경우 고객에게 제품이나 서비스를 판매할 것이며, 후자의 경우 즐거움을 찾고 나누는 제품이나 서비스를 개발하고 제공할 것이다. 장기적인 관점에서 볼 때 전자의 경우 나를 중심으로 내가 판매하고 있는 제품이나 서비스에 고객을 맞추게 될 것이고, 후자의 경우 고객을 중심으로 고객이 갈망하는 상태의 제품이나 서비스를 제공하기 위해 나를 변화시킬 것이다.

어떠한 마음가짐으로 고객을 대하느냐에 따라 행동의 품격이 달라진다. 수주나 매출이 목적인 영업사원은 제품의 기능이나 가격만 강조하고, 고객의 성공을 바라는 영업사원은 고객의 문제점과 개선점까지 제안한다. 고객이 인지하지 못하는 문제점을 발견하기 위해서는 세심한 관찰과 분석이 필요하다. 그 때문에 자연스레 고객에게 끊임없는 관심을 기울이게 된다. 중요한 것은 고객이 영업사원의 몸동작이나 표현 하나하나에서 이러한 기운을 느낀다는 점이다. 진심으로 자신을 배려하고 함께 성장하고자 하는 영업사원의 태도와 자신을 구매 대상으로만 여기는 영업사원의 태도에는 엄청난 차이가 존재하기 때문이다.

이제 우리는 어떤 마음가짐으로 고객과의 만남에 임할 것인지 스스로 다짐해야 한다. 그러기 위해 '개념적 고객가치 선언문'을 작성하고 책상 앞에 붙여 놓은 뒤 고객을 만나기 전에 반드시 읽어 보고 가길 권한다. 올바른 고객가치 선언문은 내가 중심이 되는 목표가 아니라 고객이 중심이 되는 가치를 담은 것이어야 한다.

"나는 나의 고객이 (   )을/를 통해 (   )할 수 있도록 노력할 것입니다."

필자의 경우 "나는 나의 교육생들이 나의 강의를 통해 새로운 아이디어를 얻고 삶과 직장에서 성공하기를 원한다."라는 개념적 고객가치 선언문을 작성했다. 요즘도 강의 준비를 하기 전에는 이것을 꼭 읽어 본다. 이 선언문을 작성하기 전에는 필자 역시 내가 하고 싶은 것, 내가 알고 있는 지식을 전달할 수 있는 방식으로 강의를 준비했다. 그러나 선언문을 작성하고 난 뒤부터는 많은 변화가 따랐다. 교육생들에게 새로운 사례와 아이디어를 제공할 수 있는 방식에 대해 좀 더 고민하고, 강의안의 최소 20~30%는 반드시 그러한 방식을 반영하게 됐다. 무엇보다 중요한 사실은 이러한 선언문이 교육생의 만족도뿐만 아니라 나의 강의 수준을 높이는 데 아주 탁월한 전략적 방향이 되었다는 점이다. 개념적 고객가치 선언문은 결과적으로 나에게 더욱더 큰 가치를 가져다주는 근간이 되었다.

▌새로운 영업 가치

〈하버드 비즈니스 리뷰〉에 소개된 솔루션 영업(solution selling)과 인사이트 영업(insight selling)에 대한 개념은 새로운 고객가치영업을 위한 기준을 제시해 준다. 이 연구결과에 의하면 성과가 좋은 영업직군은 전통적인 솔루션 제공의 방식을 뛰어넘는 새로운 통찰력(insight) 중심의 영업 패러다임을 강조한다는 특성을 지닌다.

[표 3-3] 솔루션 영업과 통찰 영업

	솔루션 영업 (solution selling)	인사이트 영업 (insight selling)
어떠한 기업을 목표로 하는가	명확한 비전과 확고한 요구를 보유한 조직	새롭게 등장하는 요구에 부응하고, 끊임없는 변화 상태를 추구하는 민첩한 조직
어떠한 종류의 초기 정보를 수집하는가	고객이 찾고 있는 고민에 대한 요구	고객이 가지고 있는 식별되지 않은 요구
언제 시작하는가	고객이 식별한 문제에 대한 해결책을 확보한 후에 시작	고객이 문제에 대해 정확히 식별하기 이전에 시작
어떻게 대화를 시작하는가	고객의 요구가 무엇인가를 묻고 요구에 적합한 솔루션을 탐색함	고객이 무엇을 해야 하는지에 대해 상황 주도적 통찰을 제공함
어떻게 정보의 흐름을 가져가는가	고객의 구매 프로세스에 맞춰 어떻게 해야 할지를 질문함	고객에게 어떤 절차와 프로세스를 통해 구매를 결정할지를 조언함

자료: Adamson, Brent, Dixon, Matthew and Toman, Nicholas(2012).

앞의 표에서 알 수 있듯이, 새로운 영업의 방향은 고객의 요구를 파악하고 그것을 해결하는 솔루션 영업의 수준을 넘어선다. 이제는 (고객이 정확히 식별하지는 못하고 있지만) 고객의 핵심 성공 요인을 달성할 수 있는 통찰을 제공하는 인사이트 영업의 수준에 도달해야 한다. 이로써 고객에게 질문과 조언을 구하는 방식에서 벗어나 고객을 이끌며 상황을 주도하는 영업을 할 수 있다.

현재 많은 기업에서는 솔루션 영업의 수준조차도 달성하지 못한 영업 조직들이 많은 것이 사실이다. 하지만 특정 조직이 발전을 거듭하기 위해서는 일정한 업무방식이나 패턴을 쫓아갈 필요가 없다. 현재 영업 조직의 역량을 솔루션 영업의 수준을 달성하는 것에 맞추기보다는 이를 건너뛰어 고객을 선도할 수 있는 인사이트 영업으로 최적화시키는 혁신적 시도가 이루어져야 할 것이다.

조직의 내부역량 측면에서 고객의 가치는 최우선적으로 식별해야 할 중요한 사항이다. 그러므로 이를 달성하기 위해 조직의 비전, 미션, 목표를 일관적이고 체계적으로 수립하고 공유해야 한다. 고객가치를 높이기 위한 방향으로 내부의 역량을 정비하고 장기적인 안목에서 계획을 수립해야 하며, 이를 영업조직과 영업사원 개개인이 달성하기 위한 팀 단위, 개인 수준의 실행방안으로 식별하여야 한다.

영업인력 역량 강화

'영업성과가 높은 사람과 그렇지 못한 사람의 차이가 무엇이라고 생각하느냐?'라는 질문에 영업직군에 종사하고 있는 사원들은 다음과 같이 개인 역량에 관련된 부분을 강조하였다.

- 대면 스킬: 대화기술 및 감정표현, 설득력, 협상력
- 마인드: 영업사원으로서의 적극적 자세, 시간활용,
    업무에 대한 자긍심, 정성, 신뢰 구축
- 관련 지식: 경험, 사전준비, 전문지식 및 배경지식, 상황별 대처 능력

이외에도 데이터 활용 능력, 업무 관리 능력, 정직성, 제품에 대한 이해력, 개인업무 관리시스템 등의 요소들이 성과 차이에 중요하게 작용한다고 답했다.

기업이든 개인이든 성과를 형성하고 결정하는 요인은 셀 수 없이 많으며, 이러한 성과 결정 요인들을 모두 갖추기란 결코 쉬운 일이 아니다. 한 개인에서부터 기업 전체에 이르기까지 경쟁력(경쟁우위)을 갖기 위해서는 주어진 역량을 최적화해서 활용하거나, 지속적인 역량 강화 활동을 수행해야 한다. 조금 더 확대해 보면 내가

혹은 기업이 가지고 있는 자원(resources)들을 어떻게 활용하느냐에 따라 성과에 많은 영향을 미칠 수 있다.

그렇다면 어떠한 속성을 지닌 개인 혹은 기업의 자원이 다른 개인과 기업보다 우월한 경쟁력을 확보하는 근간을 이루게 하는 것일까? 제이 바니(Jay B. Barney)는 기업의 자원(firm resources)은 기업이 보유한 모든 자산(assets), 역량(capabilities), 조직 프로세스(organizational processes), 기업 속성(firm attributes), 정보(information), 지식(knowledge)이라고 설명한다. 이러한 자원의 경쟁력은 경쟁우위의 원천이며, 기업은 자사가 보유한 한정된 자원을 어떻게 분배하고 활용하느냐에 따라 의미 있는 성과 차이를 만들어 낼 수 있다고 말한다.* 아울러 개인이 보유하고 있는 역량에 해당하는 심리, 스킬, 전문성 등과 같은 속성들도 기업 활동을 하는 데 중요한 근원으로 작용한다.

기업이나 개인이 보유하고 있는 자원이 경쟁우위를 달성하기 위해서는 중요한 4가지 속성이 확보되어야 한다(Barney, 1991). VRIN, 즉 가치성(Valuable), 희소성(Rareness), 불완전 모방성(Imperfectly imitable), 대체 불가능성(Non-substituable)이 그것이다. 각각의 속성이 어떠한 것인지에 대해서 알아보도록 하자.

---

* Jay B. Barney(1991), "Firm Resources and Sustained Competitive Advantage," *Journal of Management*, Vol. 17(1), pp. 99~120.

▌ 가치성

가치 있는 자원의 속성은 두 가지를 만족해야 한다. 첫 번째는 환경적 위험요인을 감소하거나 제거시킬 수 있어야 하며, 두 번째는 환경적 기회를 활용할 수 있어야 한다. 즉 가치 있는 자원이나 역량은 환경적 위험을 중화시킴과 동시에 이를 통해 어려운 환경하에서 새로운 기회나 돌파구를 찾을 수 있는 그 무엇이어야 한다.

예를 들어 해외에서 경쟁 PT(presentation)를 해야 한다면 어떤 직군에서 수행하는 것이 가장 좋을까? 엔지니어, 마케팅, 영업 중 어느 직군에서 하면 적합할까? 현실적으로 가장 적격인 구성원은 기술영업 직군에 속한 영어를 잘하는 사원이라고 할 수 있다. 해외에서 진행하니 영어 실력이 뛰어나야 함은 물론이지만, 기본적으로 PT를 잘 수행하려면 사업적인 상황과 시장에 대한 이해를 수반하여야 한다. 그뿐만 아니라 기술과 관련된 포괄적이고 깊이 있는 질문에 대해서도 능숙히 답변할 수 있어야 한다.

이처럼 기술과 사업 마인드, 그리고 영어에 모두 능통한 인재가 발표를 했다고 가정하면, 이는 가치 있는 자원의 속성을 만족한다고 볼 수 있다. 경쟁사의 발표자가 이러한 역량을 보유하고 있지 못할 경우, 이는 분명 수주를 높일 수 있는 기회로 작용할 것이다. 설령 경쟁사의 발표자가 동일한 역량을 가지고 있다 하더라도 위험 요소를 중화시키는 역할을 할 수 있다.

❙ 희소성

기업이 보유한 자원이 희소성(rareness)이 있다는 것은 다른 기업에 의해 동시에 보유되지 않는 희소한 자원을 지녔다는 것을 의미한다. 21세기 전략 자원으로 손꼽히는 희토류는 한 국가의 외교에까지 막강한 영향력을 미치는 천연자원이다. 2010년 9월 7일 동중국해 일부 섬들을 둘러싼 중국과 일본 간의 영유권 분쟁에서 일본이 중국 선원을 구금한 사건이 발생하였다. 이에 중국이 일본에 대해 희토류 수출 금지를 발표하자 일본은 체포했던 중국 선원을 곧장 석방하였다.

희토류는 2010년 기준 전 세계 생산량의 97%를 중국이 차지하고 있다. 21세기 저탄소 녹색 성장에 필수적인 물질로 화학적으로 매우 안정되어 있으며, 건조한 공기에서도 잘 견디고, 열을 잘 전도한다는 특징을 지닌다. 다른 물질에 비해 상대적으로 탁월한 화학적·전기적·자성적·발광적 성질을 지녔기 때문에 오늘날 전기 및 하이브리드 자동차, 풍력발전, 태양열 발전 등 다방면에서 활용도가 높다. 또한 희토류는 LCD·LED·스마트폰 등의 IT산업, 카메라·컴퓨터 등의 전자제품, CRT·형광램프 등의 형광체 및 광섬유 등에 필수적일 뿐만 아니라 방사성 차폐효과가 뛰어나기 때문에 원자로 제어제로도 널리 사용되고 있다.*

희토류가 이처럼 21세기 최고의 전략 자원의 역할을 할 수 있는 것은 그 희소성 때문이다. 기업 또한 이러한 희소성을 지닌 자원을

★ 출처: http://navercast.naver.com/contents.nhn?rid=116&contents_id=6803

보유하게 되면 경쟁사에 비해 지속적인 경쟁우위를 지닐 수 있게 된다. 100년이 넘게 전 세계 브랜드 파워 1위를 달리고 있는 코카콜라의 원료 혼합 방식이 이에 해당된다. 코카콜라는 이 같은 자사의 희소한 역량을 기반으로 누구도 넘볼 수 없는 경영성과를 지속적으로 달성하고 있다.

▌ 불완전 모방성

불완전 모방성(imperfectly imitable)을 지닌 자원은 오랜 시간에 걸쳐 형성되어 모방하기 어려우며 인과적 모호성(causally ambiguous)이 존재한다. 또한 내재된 복잡성(socially complex)이 존재하기 때문에 이를 보유하지 않은 기업이 완벽하게 모방할 수 없다는 특징이 있다.

주변에 성공한 분들을 만나서 성공의 비결을 물어보면 흔히 운이 좋았다는 말을 한다. 물론 그렇기야 하겠느냐마는 성공의 비결을 딱 꼬집어 한마디로 설명하기 곤란할 때 이러한 표현을 한다. 실제로 성공을 결정짓는 요소는 한두 가지가 아니며, 성공의 핵심은 복합적이고 설명하기 애매하다. 성공의 비결에 대한 원인을 명확히 말하지 못한다는 것은 반대로 생각해 보면 다른 사람이나 조직이 성공의 비결을 모방할 수 없다는 의미이기도 하다. 성공의 원인이 가지고 있는 모호성이 존재하기 때문인데, 이를 인과적 모호성이라 한다. 또한 그 속성 자체가 복잡한 상호작용을 하고 있기 때문에 완전한 모방이 불가능한데, 이러한 속성을 내재된 복잡성이라한다.

우리가 주변에서 볼 수 있는 짝퉁이라 불리는 제품들은 대부분 불완전하게 모방된 상품들이다. 겉으로 보기에는 비슷하게 보일지 모르겠지만 직접 사용해 보면 진품과의 품질 차이가 여실히 드러난다. 즉 진품은 짝퉁과 차별화되는 불완전 모방성을 포함하고 있기 때문에 짧은 시간에 그 디자인이나 품질과 같은 속성을 그대로 모방하기란 불가능하다.

▌대체 불가능성

대체 불가능성(non-substituable)은 특정 자원이 다른 자원에 의해 대체되지 않는 특성을 지닌 것을 뜻한다. 만약 이러한 대체 불가능한 속성을 지닌 개인이 그가 소속되어 있는 기업에서 사라진다면, 기업은 막대한 손해를 볼 수도 있다. 특히 규모가 작은 기업이라면 매우 심각한 상황에 처할 수도 있다.

위에서 살펴본 경쟁우위의 근원이 될 수 있는 자원의 4가지 속성에서 대체 불가능성은 불완전 모방성, 희소성, 가치성의 모든 속성을 동시에 보유한다. 그리고 불완전 모방성은 희소성, 가치성의 속성을 포함한다. 희소성이 있는 자원은 가치성을 지닌다. 이러한 이유에서 대체 불가능성을 지닌 자원의 손실은 기업에 심각한 손실을 가져올 수 있다.

'생활의 달인'에 소개된 세차의 달인은 이러한 4가지 속성을 모두 지닌 좋은 사례에 해당된다. 그는 남들이 결코 하지 못하는 정교한 손동작으로 자동차 문틈까지 깨끗이 닦아 낸다. 아무리 지저분한 차라도 새 차처럼 말끔해지니 장마철에도 하루에 40~50대의 세차 행렬이 줄을 선다.

이는 장마철이라는 환경적 위험요인을 중화시키고 자신만의 기회로 만들어 내는 달인만의 '가치성'이다. 또한 인근 세차장의 직원들도 달인을 흉내 내지만 결코 모방이 되지 않으니 '불완전 모방성'과 '희소성'을 지닌 것이다. 만약 세차의 달인이 다른 곳으로 이직을 한다면 어떻게 될까? 인근 세차장에 비해 달인이 있는 세차장만 언제나 고객들로 붐볐으니 그가 없다면 상황은 달라질 게 뻔하다. 그는 '대체 불가능성'을 지닌 직원인 것이다. 세차의 달인이 보유하고 있는 가치 있고, 희소하며, 모방 불가능하고, 대체 불가능한 4가지 속성은 오랫동안 그의 세차장이 경쟁우위를 형성하는 근원으로 작용하고 있었다.

이러한 4가지 속성을 통해 기업이 보유하고 있는 영업역량에 대해 개인 수준, 팀 수준, 조직 수준을 평가하여 경쟁우위의 현 상황을 측정할 수 있다. 제이 바니와 윌리엄 헤스털리 교수는 VRIO 프레임워크를 통해 기업이 보유하고 있는 특성 요인을 측정하기 위한 도구를 제시하였다.* VRIO를 측정하기 위해 다음의 4가지 질문을 활용하였다.

---

* [표 3-4]와 [표 3-5]의 자료는 다음의 책에서 저자가 참고하여 재작성한 것이다.
Jay B. Barney and William S. Herstly(2010), *Strategic Management and Competitive Advantage*, 3rd edition, PEARSON Press.

[표 3-4] VRIO 프레임워크

VRIO 프레임워크에 관한 질문	
가치(Value)에 대한 질문	어느 자원이 그것을 소유한 기업으로 하여금 환경적 기회를 이용하거나 환경적 위험을 중화시키도록 하는가?
희소성(Rarity)에 대한 질문	어느 자원이 소수의 기업에 의해서만 소유되고 있는가?
모방가능성(Imitability)에 대한 질문	어느 자원을 소유하고 있지 않은 기업이 그 자원을 획득하거나 개발하는 데 원가열위를 가지는가?
조직(Organization)에 대한 질문	어느 기업의 정책과 과정들이 그 기업이 소유한 가치 있고 희소하며 모방하기 힘든 자원을 이용하기 위해 조직되어 있는가?

각각의 질문에 대해 그렇다 혹은 그렇지 않다와 같은 답변을 통해 측정할 수 있으며, 조금 더 구체적으로 5점 척도나 10점 척도 같은 방법을 응용하여 측정할 수도 있다. 4가지 질문에 모두 답한 이후에는 아래와 같이 결과에 대해 해석할 수 있다.

[표 3-5] VRIO 프레임워크 적용

(V) 가치성이 있는가?	(R) 희소성이 있는가?	(I) 원가우위가 있는가?	(O) 조직이 있는가?	경쟁우위
없다	-	-	-	경쟁열위
있다	없다	-	-	경쟁등위
있다	있다	없다	-	일시적 경쟁우위
있다	있다	있다	있다	지속적 경쟁우위

가치성과 관련한 질문에 '없다'라고 답변한다면 이는 특정 개인이나 기업이 경쟁자에 비해 경쟁열위 상태에 놓이는 것이며, 가치성은 있으나 희소성이 결여되어 있다면 경쟁등위 상태를 유지하게

되는 것이다. 경쟁 상대가 모방을 위한 원가열위에 있지 않으면 경쟁 상대가 가치 있고 희소한 자원을 확보하는 동안에 일시적으로 경쟁우위를 확보할 수 있다. 그리고 모든 항목에 대해 '있다'라고 답변한다면 지속적인 경쟁우위를 달성할 가능성이 높다.

5점이나 10점 척도를 활용하여 VRIO를 측정했을 경우에는 각각의 평가에 대한 현상과 이를 극복하기 위한 전략적 대안을 함께 고민해 볼 수 있다.

[표 3-6] VRIO 평가 활용표

구분	평가긍정적(5)-부정적(1)	현상	전략적 대안
(V)가치성이 있는가?	3	경쟁사 대비 영업역량 동등	전략적 영업역량 개선 추진 교육시간 강화
(R)희소성이 있는가?	2	......	......
(I)원가우위가 있는가?	3	......	......
(O)조직이 있는가?	5	......	......
내부 영업역량 평가(총점/4)	3.25	고객에게 가치를 제공해 줄 수 있음	가치를 넘어선 시장을 리드할 수 있는 전략 모색 필요

위의 표에서처럼 각각의 측정 항목에 대해 현재의 상황을 기술하고, 현상을 개선하거나 문제를 해결하기 위한 전략적 대안을 도출할 수 있다. 이후의 과정 또한 매우 중요한데, 이렇게 도출한 전략적 대안을 어떻게 실행에 옮길 것인지 실행계획(action plan)을 구체적으로 작성한 후 이를 지속적·정기적으로 평가하는 작업을 해야 한다.

성과 관리

영업직군에게 있어 성과에 대한 관리는 결과적 변수로서 가장 중요한 대상 중에 하나다. 영업활동의 결과는 정성적 성과와 정량적 성과로 나타난다. 정성적 성과는 신뢰, 관계 형성 등과 같이 오랜 기간 형성될 수 있는 지표들을 포함한다. 이러한 정성적 지표는 결국에는 수주나 매출과 같은 정량적 지표로 이어진다.

영업직군의 최종 성과는 수주와 재구매를 통해서 정량적으로 관리되지만, 최종 결과로 이어지기 이전에 수많은 중간 성과 지표를 점검하고 관리해야 한다. 즉 관계가 형성되고 신뢰가 구축되지 않고서는 수주나 매출, 재구매가 발생하지 않기 때문에 고객과의 상호작용에 대한 지속적인 점검이 필요하다.

[그림 3-4] 수주 및 재구매 사이클

수주 성과에 영향을 미치는 대표적인 요인은 고객만족이며 이를 위해서는 고객과의 관계 형성이 무엇보다 중요한다. 이러한 선순환 구조를 통해 재구매 행위가 발생된다. 반대로 이러한 순환 구조에서 문제가 발생되면 비록 첫 번째 구매(수주)가 달성되었다 할지라도 지속적인 관계를 유지하기 어렵다.

수주 성과를 결정짓는 요인은 무수히 많다. 그러나 크게 제품 요인, 기업 요인이 정성적 성과를 통해 수주 성과를 결정짓는 다음과 같은 모형으로 도식화할 수 있다.

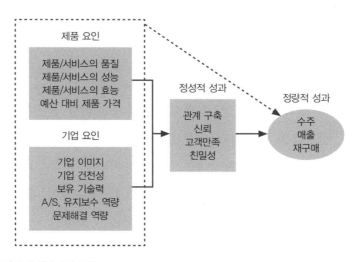

[그림 3-5] 성과 요인 모형

위의 성과 요인 모형에서 제품 요인과 기업 요인은 성과를 달성하게 하는 원인으로 작용하는 독립변수(원인변수, independent variable)라 한다. 정성적 성과는 원인이 되는 제품 요인과 기업 요인, 정량적 성과를 중재하는 매개변수(intermediate variable)라 하며, 수주·매출·재구매와 같은 결과적 요인을 종속변수(dependent variable)라고 한다. 정량적 성과는 정성적 성과를 통해 달성될 수도 있지만 제품 요인이나 기업 요인을 통해 직접 형성될 수도 있다.

영업의 성과를 결정짓는 요소는 겉으로 보기에는 제품이나 서비스의 품질, 성능, 기능, 가격과 같은 것이지만 그 내면에는 더 중요한 정성적 요인과 기업 요인이 포함되어 있다. 고객은 제품을 사는 것이 아니라 제품을 통해 느낄 수 있는 가치를 구매하는 것이며, 기능이 아니라 기능을 통해 달성할 수 있는 삶이나 비즈니스의 목표를 더 중요시한다. 또한 고객은 품질을 통해 신뢰를 구매하며, 제품의 가격보다는 개인이나 기업의 성장을 더 의미 있게 생각한다.

흔히 고객은 이성적인 구매행위를 하는 것이 아니라 감성적인 구매를 선행하고 이를 합리화한다고들 한다. 이러한 접근은 단순히 고객의 즉흥적인 구매행위를 설명하는 것이 아니다. 고객은 특정 제품이나 서비스를 갈망하는 상태에 놓이는 과정에서, 해당 제품이나 서비스를 통해 오랜 기간 축적되어 온 가치·의미·감성·신뢰 등을 느끼고 이를 통해 구매행위가 일어나는 것이다.

다시 말해 우리는 고객의 감성적 구매행위 이면에 숨어 있는 이성적 판단의 깊이를 이해하고 접근해야 영업성과를 달성할 수 있다. 아무리 고객이 감성적인 방식에 의해 제품이나 서비스를 구매한다고 해도, 결코 자신이 원하지 않는 제품이나 서비스를 구매하지는 않기 때문이다.

▌업무적 관계 구축

특히, B2B 영업의 경우 기업 고객은 오랜 기간 형성된 관계를 통해 신뢰를 갖고 만족을 얻은 후에야 구매행위에 대한 타당성을 감성적으로 인정하게 된다. 이는 B2C 구매에 비해 관련된 조직이 많고 구매를 위해 정해진 프로세스를 만족해야 하기 때문이다. B2B에서의 관계 구축은 크게 업무적인 접근과 개인적인 접근을 모두 다루어야 한다.

업무적 관계의 구축에서 고객사의 구매 구조를 파악하고 각 고객별 성격 유형을 식별하는 것은 매우 중요한 일이다. 이에 대해서는 'PART 5. 고객 분석' 부분을 참고하기 바란다. 최종 의사결정권자, 사용자, 구매부서, 기술지원부서의 관심사항과 관계구축전략은 어느 정도 공통적으로 겹칠 수 있으나, 주요 사항에 대해서는 다르게 설정하고 접근해야 한다.

최종 의사결정권자도 때로는 비용절감이나 안정적 구매에 대한 고민을 하지만, 핵심적으로는 시장의 변화를 통해 기업의 미래 성장동력을 어떻게 이끌어 낼 것인지에 관해 더욱 많이 고민하고 관심을 기울인다. 최종 의사결정권자의 경우에는 현실적으로 영업 직군에서 바로 접근하기가 어렵기 때문에 지인 등을 통해 우회적으로 다가가야 한다. 또한 직급이나 연령에서 너무 차이가 나지 않도록 우선적으로 동일 레벨에서 관계를 형성해 나가야 한다.

사용자의 B2B 제품에 대한 주요 관심 사항은 사용 편의성을 높이고, 제품을 활용해 조직 내에서 개인의 성장과 성과를 달성하는 데 있다. 즉 특정한 제품이나 서비스를 빠른 시일 내에 숙련하여 조직 내에서 인정받을 수 있기를 바라며, 제품을 사용하면서 피로감을 느끼지 않기를 원한다. 그러므로 영업직군에서 사용자에 접근할 때는 자사의 강점이 될 수 있는 포인트를 식별하여 이러한 사용자의 요구를 어떻게 달성할 수 있는지를 강조하는 것이 필요하다.

또한 사용자에게 접근할 때는 단순히 제품이나 서비스의 기능성을 강조하지 않도록 각별히 주의해야 한다. 기능 면에서는 때로 자사와 경쟁사의 제품이 크게 차이가 나지 않을 수도 있기 때문이다. 그러므로 경쟁사와 비교해서 자사의 제품이나 서비스의 기능적 차이를 지나치게 강조하기보다는, 제품이나 서비스를 통해 달성할 수 있는 개인 차원의 성과와 성장 기회를 강조함으로써 고객의 신뢰를 획득해야 한다. 영업직군이 세일즈 스킬 이외에도 고객의 가치를 고민하고 학습해야 하는 절대적인 이유가 바로 여기에 있다.

구매부서 담당자의 주된 관심사항은 전략적 구매를 통해 비용을 절감하고, 그와 동시에 제품을 안정적으로 조달하는 것이다. 이는 수요 예측에 기반을 둔다. 즉 수요 예측이 제대로 되지 않아 원재료가 필요 이상 수급되었을 때는 창고 비용, 관리 비용이 상승하여 비용이 올라가게 된다. 반대로 필요한 부품이 제때 공급되지 않는다면, 이는 곧 안정적인 구매 시스템의 실패로 이어지며 결과적으로 사업에 큰 손실을 가져오게 된다.

이러한 구매부서의 관심사항을 함께 고민하고 해결하기 위해 영업직군은 고객사의 원가절감방안을 지속적으로 제시해야 하며, 시장의 미시·거시 경제를 함께 고려한 안정적 수요 예측 정보를 제공해야 한다. 현실적으로 수요 예측 분야는 전문적인 지식과 수많은 요인을 고려해야 하기 때문에 결코 쉽지 않은 작업이다. 만약 영업직군이 고객사의 구매행위에 대해 다양한 접근을 시도하고 이를 통해 제품이나 서비스의 경쟁력을 달성할 수 있다면, 고객사의 지속적인 파트너로 성장할 수 있는 근간을 이루게 될 것이다.

기술지원부서는 대개 해당 산업 분야에서 고도화된 제품이나 서비스를 다루는 인력들로 형성된다. 구성원들은 자신들이 다루는 제품이나 서비스에 강한 자부심을 가지며, 끊임없는 연구개발을 통해 새로운 지식을 습득해야 하는 특수성을 지닌다. 경쟁 제품에 대한 정확하고 냉정한 분석을 통해 자사의 경쟁력을 높이기 위한 기술 역량에 관심이 많으며, 미래의 기술적 동향에 대해 강한 호기심을 가지고 있다. 대개 기술지원부서는 기업의 구매 활동에서 기술 평가를 담당하는 중요한 역할을 수행하기 때문에 이러한 기술지원부서의 접근은 객관적인 자료에 기초하여야 한다. 무조건 자사의 제품이 탁월하다는 접근보다는 왜 자사의 제품이 기술적인 강점을 지니는지를 분석 자료를 통해 설득해야 한다. 또한 신기술이나 신제품의 동향을 파악할 수 있는 체험을 제공하는 것도 바람직한 접근이 될 것이다.

구분	관심사항	관계구축전략
최종 의사결정권자	시장의 변화, 성장동력	우회적 접근, 동일레벨 관계 구축
사용자	사용편의성, 개인의 조직 성장	사용자 니즈 해결, 차별화를 통한 성장 기회 제공
구매부서	비용절감, 안정적 구매, 수요예측	원가절감방안 제시, 새로운 개념에 대한 고민, 시장 메가트렌드 제공
기술지원부서	미래기술동향, 제품의 특징	분석적 비교 자료 제공, 객관적 평가에 관심, 신기술·신제품 체험 기회 제공

▌개인적 관계 구축

영업직군의 성과는 업무적 접근뿐만이 아니라 고객의 개인적 관심에 대해 함께 고민하는 활동을 통해 높일 수 있다. 즉 고객과의 관계 형성에 가장 기본이 되는 친밀도를 높이는 방법으로는, 업무에 있어서의 신뢰감 형성과 함께 개인적 친분을 유지하는 방법의 균형이 중요하다 할 수 있다. 고객과의 관계 구축에서 개인적 차원의 접근을 위해서는 다양한 고객과의 상호작용이 필요하다.

다음은 고객과의 개인적 접근에서 중요한 4가지 사항이다.

- 개인적인 고민 해결
- 주변인 챙기기
- 고객 관심사항 파악
- 과도한 업무 스트레스 해소

첫번째, 개인적인 고민 해결은 고객이 사적으로 어려움에 처했거나 도움이 필요한 상황에 있을 때, 윤리적이고 도덕적인 범위를 벗어나지 않는 선에서 문제를 해결해 줌으로써 관계를 형성하고 친밀도를 높일 수 있는 가장 좋은 방법이다.

저자가 프로젝트를 진행하던 때였다. 평소 말수가 적고 업무에 있어서도 객관적이고 정확한 일처리로 조직 내에서 인정을 받는 고객이 있었다. 새로운 것을 학습하는 데도 늘 열심인 사람이어서 멀리서 지켜보며 관심을 두던 차였다. 하루는 밤 10시가 된 시간까지 그 고객이 무언가를 열심히 하고 있었다. 다가가서 이야기를 건네 보았더니 야간에 대학원을 다니는 중이라고 했다. 졸업을 앞두고 논문을 써야 하는데 무엇을 어떻게 해야 할지 난감하다고 토로했다.

직장생활을 하면서 학업에 열중인 모습도 너무 좋아 보였고, 논문 때문에 많은 스트레스를 받고 있는 듯하여 도움을 주고 싶은 마음에 논문 주제를 물었다. 다행히 내가 도움을 줄 수 있을 것 같았다. 2주 정도 업무 틈틈이 관련 논문을 찾아서 출력하고 간단히 요약을 했다. 논문 작성법에 관련된 책도 한 권 구매해 건네면서 논문을 작성하는 방법이며, 자료를 찾고 정리하는 방법에 대해 설명을 해 주었다. 이후 당연히 그 고객과의 개인적인 친밀도가 높아졌고 자연스럽게 친분을 유지해 나갈 수 있었다.

두 번째, 고객의 주변인을 챙기는 것은 보통 관심을 가지고는 쉽지 않은 일이다. 대부분 고객의 가족이 그 대상이 되는데, 크지는 않더라도 정성이 담긴 선물이나 마음을 담은 말 한마디를 통해서 관심을 표하는 것이 좋다. 그러면 고객은 자신의 가족까지 생각해 주는 세심함에 마음이 움직이게 된다.

한편, 영업활동을 하다 보면 주변인의 동태를 파악하지 못해 곤란을 겪는 일도 발생할 수 있다. 대학 입시가 끝나고 고객사에 방문했을 때의 일이다. 우연히 프로젝트 담당 부장님의 자녀가 서울 명문대에 합격했다는 이야기를 전해 듣고, 한걸음에 자리로 달려가 "부장님, 얼마나 좋으십니까? 자녀분의 명문대 입학을 축하드립니다!"라고 큰소리로 축하 인사를 건넸다. 그런데 이상하게도 부장님의 표정이 굳어지는 것 아니겠는가. 이상하다 싶어 주위를 살펴보니 담당 부장님의 직속상관인 상무님이 서 계셨는데, 알고 보니 그분의 자제는 원하는 대학에 입학하지 못한 것이었다. 평소 두 분의 자제가 대학 입시를 치른다는 사실을 알고 있었음에도 불구하고 정신줄을 놓아 버린 결과였다. 물론 그 일로 업무에 불이익을 받거나 하지는 않았지만, 조금만 더 주의를 기울였다면 위로와 축하를 적절한 타이밍에 건넬 수 있었을 것이라는 아쉬움이 컸다.

세 번째, 고객의 관심사항이나 취미 등을 파악하여 긍정적 공감대를 형성하고 유대관계를 높일 수 있다. 예를 들어 고객과 대화를 나누던 중 주말에 낚시를 간다는 얘기를 들었다면, 다음 번 만남에서 낚시여행이 어떠했는지 묻고 이런저런 이야기를 통해 친밀감을 높일 수 있다. 이렇듯 작은 것이지만 고객에게 늘 관심을 갖고 공감해 준다면 큰 노력을 들이지 않더라도 긍정적 관계를 형성할수 있다. 단, 때로는 많은 고객들의 관심사항과 일정을 파악하고 기억해야 하기 때문에 메모하는 습관과 세심함이 필요하다.

네 번째, 고객의 과도한 업무 스트레스를 해소해 주는 일은 기술자료나 보고자료 등을 제공해 업무적으로 접근할 수도 있지만,

개인적인 차원에서도 중요하게 다루어야 할 사항이다. 고객이 업무 수행에서 과도한 스트레스를 받게 되면 때로 협력하고 있는 영업 직군에게 좋지 않은 영향을 고스란히 줄 수 있기 때문이다. 이러한 때에는 개인적으로 가족과 함께 좋은 시간을 보낼 수 있도록 영화 나 공연 관람과 같이 부담스럽지 않은 수준에서 여가 활동 기회를 제공해 주는 것도 좋은 방법이다.

지금까지 다룬 업무적·개인적 접근은 때로는 동시에 관심을 가 져야 하는 사항이며, 균형 있는 관리가 필요하다. 너무 개인적인 부 분에만 치우친 나머지 업무적인 부분에서 소홀히 한다면 결코 좋 은 성과를 이끌어 낼 수 없다. 고객은 아무리 개인적인 친분이 두 텁다 하더라도 조직 내에서 자신의 위치와 업무 성격에 맞는 의사 결정을 해야 하고, 복잡한 조직 구조 내에서 개인적 친분보다는 업 무적 공정성을 우선시해야 하는 본질을 지니기 때문이다.

주변에서 흔히 볼 수 있는 잘못된 모습 중에 하나가 바로 '내가 평소에 얼마나 잘해 줬는데 이 정도도 해 주지 못하는가!' 하고 고 객을 향해 푸념하는 것이다. 이러한 현상은 첫째 너무 개인적인 관 계에만 몰입하여 고객에게 접근하는 경우에 발생하며, 둘째 고객 에게 무언가를 바라고 관계를 형성하고자 하는 그릇된 인식에서 비롯한다. 고객과 가치 있는 관계를 형성하고 이를 통해 수주 성과 를 달성하는 것은 영업직군에 있는 누구라도 희망하고 기대하는 바이지만, 그것이 본질이 되어서는 안 된다. 진심으로 고객을 위하 는 마음과 행동이 선행되어야 그 효과가 장기적으로 유지될 수 있 다.

◇◆◇ 가치의 판매

"제품을 판매하면 고객을 따라다니게 되지만, 가치를 판매하면 고객이 따라 붙는다."

평소 잘 알고 지내던 제자가 있다. 취업이 너무 어렵다 보니 여기저기 이력서를 내고 면접도 부지런히 다녔지만 별 성과 없이 2년이란 시간을 보냈다. 캐나다에서 어학연수를 해서 유창한 영어 실력도 갖추었지만 취업 기회가 좀처럼 열리지 않았다. 그러던 어느 날, 오랜 실패 끝에 모 카드 회사의 영업사원으로 입사한 녀석이 전화를 걸어 왔다. 간단한 인사말을 나누고 취업 소식을 전해 주었다. 대견해서 칭찬을 해 줬더니 멋쩍은 듯 웃으며 VIP 고객을 대상으로 프리미엄 카드를 판매하는 곳이라고 하면서 시간이 되면 뵙고 싶다고 말했다. 그 순간 '내가 카드를 하나 해 줘야 하나.'라는 생각이 마음속에 스치는 건 어쩔 수 없는 일이었다.

나와 마주하게 된 제자는 대뜸 어떻게 하면 판매를 잘할 수 있느냐고 물었다. 남들처럼 주변의 지인들을 괴롭혀서(?) 시작하고 싶지는 않은데, 어떻게 해야 할지 도저히 모르겠다고 말했다. 녀석의 고민 속에 훌륭한 영업사원이 될 싹이 자라고 있는 듯하여 내심 흐뭇했다.

"자! 그럼 나를 대상고객이라 생각하고 카드를 팔아 봐라. 네가 만나고자 하는 교수님들이 쉽게 만나 주지는 않을 텐데, 나는 일단 만났고 충분한 시간도 할애해 줄 테니 팔아 봐라."

"그렇지 않아도 준비해 왔어요."

제자는 준비해 온 자료를 꺼내 설명을 하기 시작했다. 프리미엄 카드는 총 몇 종류이며, 연회비는 얼마이고, 각각의 제품은 어떤 할인이 되는지 등을 줄줄이 말했다. 계속 듣고 있자니 너무 복잡하고 지루해서 도저히 집중이 되지 않았다.

"미안하다. 지루해서 더 이상 못 듣겠다. 그렇게 해선 백 년 지나도 못 판다."

제자는 울상을 지으며 어떻게 해야 하나고 물었다.

"숙제를 하나 내줄 테니 일주일 후에 다시 보자. '가치(value)'라는 단어에 대해 고민하고 공부해 봐라."

그러고는 자리를 떴다. 평소에도 눈치가 빠르고 열심히 하는 친구이니 가치라는 단어를 던진 나의 의도를 알아차릴 거라 기대하면서 말이다.

어느덧 약속한 일주일이 지났다.

"자 다시 나에게 카드를 팔아 봐!"

"제가 교수님 뒷조사를 좀 했습니다."

"……"

제자는 인터넷에 공개된 나의 정보를 포함해 취미 등을 분석하고 지인들에게 조각 정보를 취합한 결과, 나에게 맞는 카드를 찾아냈다고 말했다. 그러고는 해당 카드를 사용했을 때 내가 1년 동안 절약할 수 있는 비용은 얼마이고, 어떤 혜택이 추가적으로 발생하는지 등을 일목요연하게 설명했다. 일주일 만에 놀라운 성과였다.

이번에는 "고객에게 상품을 팔지 말고 가치를 팔아야 한다."라는 조언을 하면서 다른 주문을 했다.

"그렇다면 이제 다른 영업사원과 구별되는 너만의 '차별화 요인'이 무엇인지 내세워 봐라. 상품에 대해 잘 설명했지만, 사실 그 정도는 판매활동을 어느 정도 한 사람이라면 쉽게 접근할 수 있는 것이다. 차별화 요인이 필요하다."

제자는 한참을 생각해도 아이디어가 떠오르지 않는 듯 보였다. 너무 괴롭히면 안 될 듯해 나의 생각을 전달해 주었다.

"너는 다른 카드 판매 사원들에 비해 영어를 매우 잘하니 국내에 체류하는 외국인 VIP를 공략해 봐라."

그 말을 듣자 제자의 눈에 번쩍 하는 빛이 스치더니 얼굴에 한가득 웃음이 번졌다.

3개월이 지나고 전화가 왔다.

"교수님, 식사대접 하고 싶습니다."

"네가 무슨 돈이 있다고."

"저 실적 좋습니다. 이제 저를 알고 찾아 주는 고객들도 많습니다."

상품이나 서비스의 기능을 팔려고 하면, 내가 힘들고 지친다. 고객을 끊임없이 찾아다녀야 하기 때문이다. 그러나 고객에게 '가치'를 팔고 '갈망'을 팔면 고객은 상품과 서비스를 위해 나를 찾게 된다. 거기에 더해 지속성을 유지하기 위해서는 나만의 차별화 요인이 필요하다.

영업 주체 역량

조직 내에서의 주체(subject)란 특정 업무 영역에서 의사결정의 권한을 가진 인물이나 인물들의 모임이라 할 수 있다. 즉, 주체는 단순히 CEO나 최고경영자층(TMT, Top Management Team)을 일컫는 용어가 아니라 기업 활동을 위해 필요한 의사결정을 수행하는 인력을 말한다. 때로는 팀장이 주체일 수도 있고 때로는 팀원이 주체일 수도 있다. 이러한 해석을 확대해 보면 조직 구성원 모두 특정 업무 영역에서나 의사결정을 위한 특정 시점에는 주체로서 정의될 수 있다.

주체가 지닌 고유의 특성은 워낙 광범위하게 분류할 수 있다. 박영배·윤창석(2001)*은 주체의 특성을 심리적 특성, 행위적 특성, 경력 특성으로 분류하였다. 심리적 특성에는 성취욕구, 위험감수 성향, 모호함에 대한 인내 성향 등이 포함되며, 행위적 특성에는 위험이나 실패에 대한 대처 노력, 카리스마적 리더십 등이 해당된다. 경력 특성은 연령, 성별, 학력, 관련 산업의 경험과 같은 것이다.

구자원·이윤철(2007)은 기존 문헌 연구를 분석하여 주체에 대

★ 박영배·윤창석(2001), "벤처기업 경영성과의 영향요인에 관한 탐색적 연구", 『벤처경영연구』, 4, pp. 3~34.

한 변수를 도출하였다. 그 결과 "경영진수, 권력집중화 정도, 의사결정 대표집단, 경영진의 산업지식기반, 성별, 연령, 전공, 학력, 동종업계 경력, 이전 소규모기업 근무경력, 리스크 적응성, 인지된 성공의지, 인지된 실패위험, 사업 아이디어, 비전 수립 역량, 제품에 대한 명확한 이해, 자기자본 투자, 경영자의 사업 참여 정도, 단기계획 수립 경영자 참여, 경영자의 잉여시간을 위한 열망, 경영자의 재무관리 참여, 업무시간, 의사결정 적시성, 관리 경험, 기술적 지식 의존도, 관리적 지식 의존도"*와 같은 특성들이 주체 요인의 연구에 사용되었다.

저자가 영업직군 60명을 대상으로 진행한 간단한 설문에서 '영업 담당자 입장에서 영업활동 시 가장 어려운 점은 무엇인가?'라는 질문에 많은 이들이 현실에 안주하고자 하는 성향, 도전정신의 부족과 같은 요소를 꼽았다. 또 '영업성과가 높은 사람과 그렇지 못한 사람의 영업활동 차이는 무엇인가?'에 대해서는 개인 역량, 대화기술, 방문횟수, 설득력, 열정, 경험 부족, 기술지식, 전문성, 시간 활용, 니즈 파악 능력, 신뢰 구축, 상황별 대처 능력, 친화력 등의 요소에 있다고 답하였다.

이상의 내용을 요인별로 재정리해 보면 다음과 같이 분류할 수 있다.

★ 구자원·이윤철(2007), "기업성장단계 연구에 있어 변수의 사용빈도 및 상대적 중요성에 관한 종단적 연구: ser-M Framework를 활용한 생산성요인 도출을 중심으로", 『生産性論集』, 第21券 第2號, pp. 131~170.

[표 3-8] 영업 주체 역량 요인

요인	특성
심리적 요인	성취욕구, 위험감수 성향, 인내 성향, 도전정신, 열정
경험적 요인	동종 업계 근무경력, 의사결정 능력, 전공, 학력
지식 요인	기술지식, 전문성, 관리지식, 환경 분석, 제품 이해도
스킬 및 행위 요인	대화기술, 설득력, 상황대처 능력, 신뢰도 구축, 친화력, 시간관리 능력, 협상 능력, 발표 능력

이상의 주체에 관한 역량 요인 특성은 상호보완적이거나 때로는 여러 요인에 속하는 것일 수도 있다. 예를 들어 전공이나 학력은 경험적 요인뿐만 아니라 관련 지식에 대한 요인으로도 해석할 수 있다. 중요한 것은 이러한 영업 주체와 관련된 역량을 어떻게 체계적으로 발전시켜 나갈 것인가에 있다.

심리적 요인은 개인마다 타고난 심리적 특성에 많은 영향을 받을 수밖에 없다. 또한 자신의 업무 분야에 대한 전문성과 관련 지식의 정도에 따라서도 영향을 받을 수 있다. 풍부한 전문지식을 보유한 사람이라면 경쟁 PT를 하거나 협상을 할 때 자신감이 넘치고 전체적인 분위기를 유리하게 이끌어 갈 수 있다. 심리적 요인은 지식 요인뿐만 아니라 경험적 깊이와 개인의 행위에 대한 견고한 확신을 통해 강화될 수 있다.

경험적 요인은 단기간에 형성될 수 있는 속성이기보다는 장기적 계획과 노력으로 이룰 수 있는 것이다. 하루하루를 살아내기 급급한 경우에는 해당 분야에 대한 학습이나 충분한 경력을 쌓기 힘들다. 그러므로 경험적 요인에는 자신이 하고 싶은 일에 대한 강한 동기가 필요하며 이는 심리적 요인과 밀접한 관련성을 지닌다. 또한 경험적 요인을 강화시키는 데 간과해서는 안 되는 것 중에 하나가 '시간'이다. 단순히 해당 업무 영역이나 산업에 오랜 기간 근무했다고 해서 탁월한 역량이 저절로 형성되는 것은 아니다. 즉 경험적 요인을 의미 있게 하기 위해서는 지식 요인과 스킬 및 행위 요인에 대한 균형 있는 습득이 필요하다.

지식 요인은 영업직군뿐만 아니라 거의 모든 분야에서 필수적 요소이다. 영업직군에서 지식 요인을 강화하기 위해서는 해당 제품이나 서비스에 대한 지속적인 학습이 선행되어야 한다. 때로는 외부환경에 대한 정확한 이해와 이를 기반으로 한 의사결정이 영업성과에 많은 영향을 미친다. 그러므로 단순히 제품에 대한 지식을 익히기보다는, 해당 제품이나 서비스에 대한 광범위한 전문적 지식을 학습함으로써 다른 영업직군과 차별화되는 지식 역량을 확보해야 한다.

스킬 및 행위 요인은 영업직군에게 가장 기본이 되는 역량이며 반드시 갖추어야 할 사항이다. 현장 경험을 통해 체득하기도 하지만 선배의 경험이나 지속적인 교육을 통해 습득할 수도 있다. 스킬 및 행위 요인이 부족하면 심리적으로 위축되며, 관련 지식을 습득하는 데도 뒤처질 수밖에 없다. 이러한 상황이 반복되지 않도록 해당 분야의 교육을 찾아서 학습하는 노력이 중요하다. 많은 영업직군에서 교육을 소홀히 하는 경우가 있는데, 이는 도끼를 갈지 않고 나무만 계속 쳐서 쓰러뜨리려 하는 것과 다르지 않다. 도끼날이 무디면 열 번 찍어도 나무는 결코 쓰러지지 않는다.

교육은 단순히 스킬을 높이는 것만이 아니라 동종업계의 사람들과 교류를 하거나, 정보를 교환하고 생각의 틀을 넓히는 활동을 수반한다. 다시 말해 교육을 통해서 자신도 모르는 사이에 지적·

인적 수준을 향상할 수 있다. 영업직군에 속한 사람이라면 최소한 1년에 50시간 이상의 교육을 통해 자신의 부족한 부분과 정리되지 않은 부분을 체계화하려는 노력이 필요하다. 또한 평소 알고는 있지만 실천되지 않는 부분을 교육 시간에 꾸준히 실습하고 몸이 기억할 수 있도록 해야 한다. 몸이 기억하지 못하면 실전에서 당황하기 일쑤다. 고객과 마주한 순간에 저지른 실수는 치명적인 결점을 남길 수 있기 때문에 교육시간이나 사전 리허설 등을 통해 충분히 선행학습을 해야 한다.

주체의 영업 역량(혹은 역량)은 사업을 수주하는 데 결정적인 역할을 한다. 조직의 규모나 기술력 등이 비슷할 경우에는 특히 그러하다. 이때는 영업인력 한 사람 한 사람의 역량이 곧 경쟁력이 된다는 사실을 명심해야 한다. 촌각을 다투는 영업현장에서 개인의 열정이 식어 버려 잘못된 지식이나 정보를 통해 의사결정을 하고, 그로 인해 돌이킬 수 없는 패배를 맛볼 수도 있다.

물론 우리 모두는 인간이지라 늘 동일한 수준의 열정과 지치지 않는 체력을 유지하기는 어렵다. 단, 자신만의 패턴을 분석하고 자신에게 맞는 방식으로 역량을 쌓는 자세가 바람직하다. 영업은 자신을 판매하는 활동으로, 내가 지닌 모든 역량을 동원해서 영업활동을 해야 한다. 자신만의 스타일과 노하우가 다른 직군에 비해 더욱더 필요한 영역이 곧 영업이다. 전문적인 지식, 자신감, 열정이 없다면 타인의 전략에 함몰될 수 있다. 이를 방지하기 위해 자신만의 독특한 영업방식을 발굴하고 내재화해야 한다.

네트워크 및 관계 관리

네트워크 및 관계 관리의 학술적 접근은 사회적 자본 이론(social capital theory)을 통해 이해해 볼 수 있다. 사회적 자본의 정의를 살펴보면 다음과 같다.

"사회적 자본은 그 개념을 어떤 맥락에서 사용하느냐에 따라 정의가 달라진다. 대체로 사회적 자본은 사회 구성원들이 힘을 합쳐 공동 목표를 효율적으로 추구할 수 있게 하는 자본을 이른다. 사람과 사람 사이의 협력과 사회적 거래를 촉진시키는 일체의 신뢰, 규범 등 사회적 자산을 포괄하여 말한다."[*]

제임스 콜먼(James S. Coleman)은 사회적 자본에 대해 "한 개인이 그 안에 참여함으로써 특정한 목적을 성취할 수 있도록 해 주는 사회 구조 혹은 사회적 관계의 측면"[**]이라고 정의한다.

사회적 자본의 개념은 시장에서의 신뢰와 경제적 효율성의 관계에서 출발한다. 즉 어느 사회의 신뢰의 수준, 규범, 공동체에 대한 의무 등이 경제성과에 유의미한 영향을 미친다는 것이다. 사회

---

[*] 시사경제용어사전, 2010, 기획재정부.

[**] James Coleman, "Social Capital in the Creation of Human Capital", *American Journal of Sociology*, 94, 1988.

적 자본은 사회적 관계와 네트워크에 내재된 자산으로 구성되어 있다. 네트워크는 신뢰구조를 경험적 실체로 보여 주는 측정도구이며, 사람들 간의 반복적인 관계는 유형화될 수 있고 이는 특정한 네트워크를 형성하게 된다. 이러한 사회적 자본은 물리적 자본과 달리 사용할수록 감소하는 것이 아니라 강화되는 특징을 지닌다.[*]

한편 네트워크는 노드(node)와 링크(link)로 구성되어 있다. 개인을 중심으로 얼마나 많은 관계의 노드가 있는지를 측정할 수 있으며, 각 링크의 연결 강도를 구하면 전체 네트워크의 크기 값을 구할 수 있다.

그렇다면 영업직군에서의 네트워크와 관계는 어떠한 의미를 가질까? 다른 직군에 비해 더 많은 네트워크의 노드와 링크가 필요하며, 관계를 형성하는 강한 연결(strong tie)이 필요하다. 특히 영업을 이제 막 시작한 신입은 고객의 숫자(nodes)도 적을뿐더러 관계의 강도 또한 매우 약한(weak tie) 상태이기 때문에 어디서부터 어떻게 시작해야 할지 모르는 경우가 많은 것이 현실이다.

이러한 네트워크를 영업직군에 도입해서 각자의 네트워크에 대한 정량적인 측정을 시도해 볼 수 있다.

---

[*] 김찬배(2007), "사회적 자본이 경력성공 지각에 미치는 영향", 서울과학종합대학원 박사학위 논문.

[표 3-9] 영업 네트워크 측정

Nodes	연결강도 (저1-10고)	Node 수	연결강도 소계	연결강도/ Node 수	비고 / 개선방안
내부1	10				
내부2	9	3	23	7.67	
내부3	4				
고객1	2				
고객2	8	4	25	6.25	
고객3	9				
고객4	6				
협력사1	9				
협력사2	8	3	24	8.00	
협력사3	7				
합계	72	10	평균	7.20	

[표 3-9]는 영업 네트워크를 정량화한 것이다. 예를 들어 작성한 내용을 보면 전체 영업 네트워크는 10점 만점에 7.2점이며, 조직 내부의 네트워크에 대한 값은 7.67로 나타났다. 고객과의 관계를 위한 네트워크는 6.25점이며, 협력사와의 값은 8.0으로 가장 높게 나타났다. 이러한 정량적인 분석을 통해 비고란에 정성적인 원인과 향상 방안 등을 포함시켜서 꾸준히 관리하는 것이 좋다.

영업직군에게 가장 중요한 네트워크는 역시 고객이다. 어떻게 하면 신규 고객을 발굴하고 관계를 구축해서 성과에 이르느냐의 문제는 영업에서 가장 근본이 되는 것이다. 신규 고객을 발굴하기 위한 활동에는 다음과 같은 것이 있다.

- 기존 고객의 소개
- 협력사를 통한 발굴

- 신규 고객의 접근
- 학회/세미나 등의 모임
- 매스(mass) 마케팅을 통한 발굴

영업활동을 하다 보면 가장 보람된 일 중에 하나가 기존 고객이 신규 고객을 직접 소개해 주는 것이다. 이는 고객에게 어지간한 신뢰를 얻지 않고서는 불가능한 일이기에 그 의미가 크다. 나아가 이러한 경우에는 신규 고객과의 만남이 실질적인 수주로 이어질 확률이 높다. 대부분의 신규 고객이 실구매 시점에서 적당한 업체를 찾지 못했거나, 찾았다 하더라도 신뢰성에 대한 확신이 부족해 지인에게 믿을 만한 곳을 문의한 경우이기 때문이다.

그런데 이때에도 한 가지 단점이 존재하는데, 신규 고객과의 관계에 문제가 생기면 기존 고객에게까지 영향을 미친다는 점이다. 그러므로 이러한 일이 발생하지 않도록 신규 고객과의 관계 형성에 각별히 신경을 써야 한다. 또한 협상가격이나 영업활동 정도에서도 기존 고객과 큰 차이가 발생하지 않도록 주의해야 한다. 신규 고객을 확보할 목적으로 전략적 가격을 제시했는데, 자칫 정보가 흘러들어 간다면 기존 고객의 불만을 키울 수 있다.

협력사를 통해 신규 고객에게 접근하는 경우는 크게 두 가지로 구분해 생각해 볼 수 있다. 첫 번째는 협력사를 통한 단순 소개이고, 두 번째는 협력사의 수주 이후 공동 참여를 제안받는 경우이다. 전자의 경우에는 일상적인 영업활동을 통해 접근하면 크게 무리가 없다. 그러나 후자의 경우에는 협력 관계에 대한 역할과 책임에 주의를 기울여야 한다. 대부분 협력사는 중소기업이나 중견기업이다. 또한 평소에는 을의 위치에 있기 때문에 업무에 관해 분명한 역할과 책임을 명문화해 놓지 않으면 협력사나 고객 모두와 관계가 단절될 수 있다.

예를 들어, 신규 고객사가 협력업체를 통해서 접근했음에도 불구하고 회사 규모나 기술력 등을 이유로 협력업체를 배제하고자 한다면 어떻게 할 것인가? 이런 문제는 실제 영업현장에서 얼마든지 발생할 수 있다. 초기에는 협력업체를 통해 영업을 시작했던 대기업이 태도를 바꿀 수도 있고, 반대의 경우도 존재한다. 이러한 현상은 영업활동의 윤리적 부분에서도 지극히 중요한 이슈임에 틀림없다. 그러므로 사전에 반드시 명확한 역할과 참여 범위를 밝히고 계약을 통해 영업활동을 진행하는 것이 바람직하다.

신규 고객이 직접 접근해 오는 경우는 대개 해당 업계에서 자사의 규모, 기술력, 평판, 전문성이 인정받고 있을 때다. 이때는 주로 공식적으로 RFI(Request For Information, 정보 요청서)를 요청하거나 RFP(Request For Proposal, 제안 요청서)를 발송하는 형태로 관계가 형성되는데, 우선적으로 판단해야 할 사항은 해당 사업(프로젝트, 제품, 서비스)에 진출할지 여부이다 .

[표 3-10] 사업 참여 결정표*

구분	항목		점수 A(5), B(4), C(3), D(2), E(1)	우선순위
경쟁력	사업유관경험	당사		
		경쟁사		
	핵심 기술 보유	당사		
		경쟁사		
	제안 기술 차별성	당사		
		경쟁사		
	투입 인력 우수성	당사		
		경쟁사		
수익	가격경쟁력			
	수익 여부			
	후속 사업 여부			
	전략 사업 여부			
	위험 비용 여부			

평가 방법 및 활용

• 각 항목을 점수화하여 표시

• 단 하나의 평가 항목이라도 E가 표시되면 사업 참여를 재고할 것

• 우선순위는 사업의 특성에 따라 가중치를 부여하는 것으로

  사업에 따라 활용할 것

• 경쟁사 항목은 가급적 표시하되 당사 경쟁력과 상대적으로 평가할 것

학회 및 세미나 등의 모임을 통해 신규 고객을 발굴하는 경우, 해당 분야의 전문적인 지식을 함께 공유한다는 측면에서 강한 공감대를 형성할 수 있다. 그리고 영업을 목표로 접근한다는 반감을

★ 사업 참여 결정표는《고객을 사로잡는 매력적인 제안서와 창의적 제안팀 이야기》(류현주·박민영, 2009)의 관련 자료를 참조하여 저자가 재작성한 것이다.

제거할 수 있기 때문에 자연스럽게 관계를 형성한 이후에 업무적 접근이 가능하다는 장점이 존재한다. 학회 및 세미나에 참석하여 전문적인 부분을 공감하고자 할 때는 해당 분야에 대한 지속적 학습이 선행되어야 한다. 그냥 무턱대고 참석하다 보면 동질감을 느끼기보다는 동일 그룹에 섞이지 못해 상대적 박탈감과 자괴감마저 들 수 있기 때문에 철저한 준비가 필요하다.

매스 마케팅을 통한 고객 발굴은 수요를 정확히 예측하기 힘들 뿐 아니라 마케팅 효과를 정확히 측정하기 어렵다는 단점이 있다. 반면 해당 분야의 모든 고객을 대상으로 한 것이기 때문에 홍보 효과를 기대할 수 있다는 장점을 지닌 접근 방법이기도 하다.

영업직군의 활동에서 1차적으로 꼽히는 것은 고객을 발굴하는 일이다. 다만 새로운 고객을 발굴하는 일에 너무 많은 에너지를 소비하면 기존 고객을 유지하는 활동을 소홀히 할 수 있다. 요컨대 영업직군에서는 새로운 고객을 탐색(exploration)하고 기존 고객을 유지(exploitation)하는 활동에 대한 균형 있는 관리가 무엇보다 중요하다.

새로운 고객을 탐색하는 활동과 기존 고객을 유지하는 활동에 대한 역할을 구분하는 것도 좋은 방법이다. 특정 영업사원은 새로운 고객을 발굴하는 일에 능하고 다른 영업사원은 기존 고객을 유지하는 일을 잘한다면, 역할 배분을 통해 시너지를 낼 수 있다. 이러한 고려 없이 신규 고객 발굴에 자신이 없는 영업사원에게 해당 업무를 맡긴다면, 큰 스트레스를 받고 긍정적 성과를 달성할 수 없을 것이다.

PART 4

전략적 가치영업의
외부환경 분석

기업을 둘러싼 외부환경은 영업직군뿐만 아니라 모든 기업의 경영활동 전반에 영향을 미치는 중요한 요인이다. 특히 영업직군에게 본인이 속해 있는 산업의 변동을 파악하지 못한다는 것은 생존과 직결되는 일이라 할 수 있다. 다시 말해 영업은 자신이 다루고 있는 서비스, 제품 혹은 프로젝트의 변화를 결정하는 환경에 대해 고객보다 먼저 인지하고 이를 대비해야 한다. 그러지 못하면 자신이 판매하고자 하는 서비스나 제품은 고객에게 그 가치를 잃게 되고 결국 외면당하고 만다.

　　그뿐만 아니라 영업직군 스스로 외부의 환경 변화를 인지하지 못할 경우에도 고객에게 감동과 가치를 전달할 수 없다. 이는 여지없이 영업실적에 부정적 영향을 미치고 결국 동기부여가 결여되는 악순환이 반복된다. 이처럼 외부의 환경 변화는 영업직군 스스로 그 중요성을 인지하고, 그에 적합한 솔루션을 고객에게 제안해야 하는 중요한 사안이다.

산업환경 분석

산업환경은 기업을 중심으로 외부에 존재하는 요인을 식별하기 위한 것이다. 이러한 외부환경의 변화는 영업직군의 활동에 직접적, 간접적으로 결정적인 영향을 미치는 요소로 작용한다. 산업환경은 기업 측면에서 볼 때 산업구조, 경쟁자, 고객 요인으로 구성된다. 그리고 이를 둘러싼 기술, 경제, 인구통계, 정부, 문화에 대한 변화를 통해 복잡하게 상호작용한다.

[표 4-1] 주요 환경 요인

환경 요인	주요 내용
기술(technology)	신제품 개발, 기술 혁신, 기술 수명 주기
경제(economy)	소비자 물가 지수, 이자율, 환율, IMF, 2008 리먼브라더스 사태
문화(culture)	사회적 가치 기준의 변화 - X 세대, DINK(Double Income No Kids)
인구 통계(demographic)	연령, 수입, 거주 지역, 교육 수준
정부(government)	제도와 지원

자료: 《21세기를 위한 전략경영》(조동성, 2011)

오늘날 기술 변화의 특징은 점점 짧아지는 기술 수명 주기와 그에 따라 쏟아져 나오는 하이테크 신제품일 것이다. 또한 하이테크 제품의 특성은 기존의 시장질서를 재편하는 기술 파괴적 성격을 지닌다는 점이다. 이를 보여 주는 대표적 제품으로는 아이폰이 있으며, 서비스로는 카카오톡, 페이스북과 같은 SNS(Social Networking Service) 기반이 있다. 이들 제품이나 서비스는 기술 혁신을 통해 기존의 2G 휴대폰과 문자 메시징 기반의 서비스를 넘어서고 새로운 고객과 시장을 창출하였다.

경제 측면에서 전 세계를 요동치게 만든 오일쇼크(1971, 1973년) 이후 주요한 경제적 패러다임을 변화시킨 사건은 IMF 사태와 2008년 미국발 리먼브라더스 사태일 것이다. 수많은 기업이 살아남기 위해 경영 구조를 개편하거나 경영 시스템을 혁신하지 않을 수 없었다.

문화적 가치관의 변화로 일인가구 비중이 급격히 증가했으며, 인구 통계적인 특성에서는 소위 실버 세대(sliver generation)로의 빠른 진입이 사회적 이슈가 되고 있다. 최근 정부의 동반성장 정책이나 소프트웨어 진흥법은 대기업의 영업 생태계를 바꾸기에 충분한 정책 변화이다. 그동안 그룹 계열사를 중심으로 진행되어 온 대형 SI(System Integration) 사업 등과 같은 전속시장(captive market)이 더 이상 존재하지 않으며, 공공사업 또한 진출하지 못하게 되었다. 이는 중소기업이나 중견기업에는 새로운 기회이자 SI 사업 추진을 위한 위험요인으로도 작용할 수 있게 되었다. 한편, 제약 업계는 약가 인하 정책과 쌍벌제로 큰 타격을 입었으며 이를 헤쳐 나가기 위한 건전한 기업의 지배구조가 필요한 시점에 이르렀다.

1965년 한국일보 지면에 '서기 2000년대 생활의 이모저모'란 제목 아래 미래의 우리 모습을 상상한 그림이 실렸다. 1965년의 그림 속에 담긴 2000년대 사람들은 태양열을 이용한 집에서 거주하며 전파신문을 읽는다. 전기 자동차가 공해를 감소하는 교통수단으로 등장하며 달나라로 수학여행을 떠난다. 움직이는 도로가 도시의 교통망을 형성하고, 집에서 치료를 받으며, 소형 TV 전화기를 통해 얼굴을 보며 통화를 한다. 청소도 로봇이 대신해 준다.

놀라운 점은 1965년의 상상 속에서 구상된 것들 중 지금 현실화되지 않은 것이 없다는 점이다. 정도의 차이가 있을 뿐 현재의 기술 수준에 비추어 보면 1965년의 상상은 이제 일상이 되었다. 그런데 아마도 그 당시에는 이처럼 기술적으로 진보된 일상이 지금 우리가 상상하는 미래의 모습보다 더 비약적으로 느껴졌을 가능성이 크다. 오늘날 기술 발전의 속도와 1960년대 기술 발전의 속도를 놓고 보면, 그 체감의 차이를 짐작할 수 있을 것이다.

그렇다면 오늘을 살아가는 우리에게는 미래의 어떤 일상이 기다리고 있을까? 2012년 5월 2일자 매일경제에는 '10년 후에……미래에는 어떤 기술이 나올까'라는 제목의 기사가 실렸는데, 5개의 공간적 개념으로 나누어 각 분야의 변화를 예측했다. 가정에서는 '가상물체의 질감을 전달하는 홀로그램 기술'과 '기억기록용 브레인 스캔 기술'이 제시되었다. 학교에서는 '인간의 오감을 활용한 가상현실 기술'과 '정확도 90% 이상의 통계기반 자동통역 기술'이 제시되었다. 병원에서는 '뼈의 성장을 촉진하는 생체흡수성 마그네슘 합금기술'과 '부작용 없는 인공혈액 기술'이 예측되었다. 그리고 도로·철도·항공 분야에서는 '도로의 형태와 상태 등에 따른 차량 속도 자동조절 기술'과 '제트엔진을 활용한 개인용 비행 보조 장비(플라잉수트) 기술'이 미래 기술로 지목되었다. 마지막으로 전쟁

·테러 현장에서는 '제한된 시간 동안 인간을 무력화시키는 대테러 기술'과 '투명 망토 개발 기술'이 제시되었다.

아마도 10년 후쯤 지나면 이러한 기술들이 우리 사회에 보편화될 것이다. 기업은 미래 기술에 많은 투자를 하고 있으며 소비자들의 눈높이를 높여 가고 있다. 이러한 기술적 진보는 인간의 수명을 연장시키고, 사회 시스템의 변화를 일으키며, 세계를 하나의 네트워크로 연결시킨다.

기업이 외부의 환경을 분석하고 대응해야 하는 이유는 생존을 넘어 지속적인 성장을 이루기 위해서다. 그러기 위해 기업은 자신들을 둘러싸고 있는 인구 통계학적 특성을 이해하고, 새로운 기술과 시장에 적극적으로 대응하며 그와 동시에 창조적 시장을 개척해야 한다. 정부의 정책, 사회 구성원의 인식 변화, 문화 변혁, 지구 환경의 개선 등 다양한 이해관계와 환경 속에서 호흡해야 한다. 즉 현재의 공간에서 이윤을 창출하고 성장하고 있지만, 미래에 다가올 환경의 변화를 예측할 수 있어야 한다. 과거에 상상하던 대부분의 것이 오늘날 현실이 되었고, 이제 현실에서 상상하는 기업의 미래 모습이 동일한 패턴으로 또다시 다가올 것이기 때문이다.

2006년 〈비즈니스 위크〉에서 발표한 가장 가치 있는 10대 브랜드는 코카콜라, 마이크로소프트, IBM, GE, 인텔, 노키아, 도요타, 디즈니, 맥도널드, 메르세데스 벤츠 순이었다. 이 중 IT 기반의 기업은 5개가 포함되어 있었다. 이후 2011년 동일 기관에서 발표한 10대 브랜드 순위에서는 여전히 코카콜라가 1위였고, IBM과 마이크로소프트의 순위가 바뀌었다. 구글이 새롭게 4위로 진입했으며

GE, 맥도널드, 인텔, 노키아, 디즈니, HP가 뒤를 이었다. 리콜 사태로 이미지가 추락한 도요타가 10위권 밖으로 밀려났으며 IT 기반의 기업이 7개로 늘어났다. 2012년에는 코카콜라, 애플, IBM, 구글, 마이크로소프트, GE, 인텔, 삼성, 도요타로 나타났다. 불과 1년 사이에 순위에 많은 변화가 발생하였다.

시장환경의 변화는 얼핏 보기에 거시적이고 영업활동과 직접적 연관성이 없는 것 같지만, 영업직군에게는 특히 생존을 위협하거나 새로운 기회를 제공하는 양날의 칼과 같은 작용을 한다. 이러한 이유로 영업직군은 [그림 4-1]과 같은 기술, 경제, 문화, 인구 통계, 정부를 포함한 다양한 외부환경 요인들을 지속적으로 모니터링해야 한다. 그뿐만 아니라 외부환경 변화에 대한 분석결과를 유관 부서와 공유하여 적극적으로 대응해야 한다.

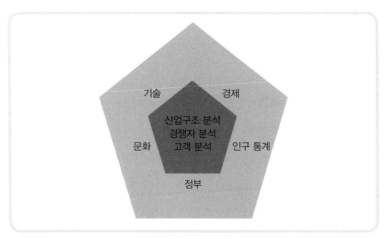

[그림 4-1] 산업환경
자료:《21세기를 위한 전략경영》(조동성, 2011)

5 Forces 분석

경영학에서 기업을 둘러싼 외부환경을 분석하는 데 가장 많이 사용되는 분석 프레임워크 중 하나가 마이클 포터(Michael Eugene Porter)의 5 Forces 분석*이다. 5 Forces 분석은 기업을 둘러싸고 있는 5가지 요인(forces)을 중심으로 해당 기업이 속해 있는 산업의 구조를 분석하고, 이를 통해 기업의 전략을 수립할 수 있는 유용한 분석적 도구이다. 특정 산업을 구성하고 있는 요소를 분석함으로써 해당 산업의 매력도를 평가하고, 어느 영역에 한정된 자원을 집중해야 하는지 전략적 대안을 수립할 수 있다. 또한 산업환경이 변화하는 흐름을 감지하고 대응하기 위한 전략적 방향을 도출하는 데도 활용할 수 있다.

기업의 최전선에 있는 영업직군에게 자사의 상품이나 서비스가 어떻게 변화하고 어떤 외부환경에 지배받는지를 분석하는 일은 지속적인 경쟁우위를 확보하기 위한 중요한 활동이다. 상품이나 서비스의 변화를 감지하기 위해서는 해당 산업이 어떻게 변화하는지에 대한 이해가 필수적이다. 또한 특정 사업이나 산업에 진출하려면

★ Porter, M.E.(1998), "How competitive forces shape strategy", *Harvard Business Review*, Vol. 57 , Issue 2, pp. 137~145.

해당 사업이나 산업의 구조적 매력도를 평가하고 영업전략을 수립함으로써 성공 확률을 높일 수 있다. 이러한 관점에서 볼 때 산업의 구조를 분석하는 과정은 영업직군에게 보다 더 거시적인 안목과 관점을 제공해 주는 의미 있는 작업이 될 것이다.

[그림 4-2]는 산업구조 분석을 위한 5 Forces 모델이다.

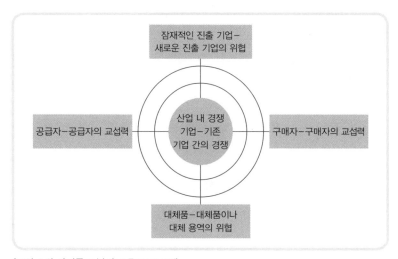

[그림 4-2] 산업구조 분석: 5 Forces 모델

▎산업 내 경쟁

산업 내 경쟁이 심해지면 수익률이 낮아진다. 동질성이 높은 기존 기업 간의 경쟁은 유사한 제품의 판매나 광고 마케팅 등으로 나타나며 차별화가 어렵다. 이는 가격경쟁을 유발하고 결국은 전체 산업의 수익률을 악화시킨다. 산업 내 경쟁강도(intensity of rivalry)는 집중도, 제품 차별화, 초과 생산 능력, 변동비 대비 고정비의 비율, 시장 성장률, 산업의 경기변동, 경쟁기업의 동질성과 이질성 여부 등에 따라 결정된다.

[표 4-2] 산업 내 경쟁 결정요소

결정요소	내용
산업성장률	산업성장률이 낮아질수록 산업 내 경쟁강도가 높아진다.
고정비 (과잉설비)	높은 고정비에 따른 과잉설비는 산업 내 경쟁을 격화시킨다.
제품 차별화	제품 차별화 정도가 약할수록 산업 내 경쟁강도가 높아진다.
그룹의 이해관계 (경쟁기업의 동질성)	기존 경쟁기업이 동질적일수록 산업 내 경쟁강도가 높아진다.
철수장벽	철수장벽이 높을수록 기존 산업 간 경쟁이 격화된다.

특정 산업의 성장 패턴은 학자들 간에 성장단계 정의에 따라 차이가 존재하기는 하지만, 태동기-성장기-성숙기-(쇠퇴기)의 과정을 거치면서 형성된다. 특정 산업이 태동기나 성장기에 있을 때는 혁신적인 제품이 출시되고 수익률이 높은 반면, 시장이 포화 상태에 이르는 성숙기나 쇠퇴기에는 해당 제품의 성장속도가 급격히 둔화되고 수익률이 낮아진다. 이러한 현상으로 인해 기존 기업 간에 경쟁이 유발되는 것이다.

고정비가 높은 경우는 해당 고정비를 초과하는 수익률을 달성하기 위해 치열한 영업 및 마케팅 활동을 펼치게 되며, 곧바로 기존 기업 간 경쟁을 유발하는 동인이 된다.

제품 차별화의 경우, 기존 기업의 경쟁에서 유사한 기업들이 유사한 제품의 라인업(line-up)을 보유하고 있다면 경쟁은 치열해진다.

특히 일상 용품의 경우는 그 정도가 더욱 심화된다. 이러한 유사한 형태의 경쟁기업이 많을수록 산업 내 경쟁강도는 높으며 이를 그룹의 이해관계로 설명할 수 있다.

철수장벽은 기존 사업을 철수하는 데 소요되는 비용을 통칭한다. 예를 들어 PC방 사업을 하다가 철수하는 비용과 정유 사업을 하다가 철수하는 비용에는 엄청난 차이가 있으며, 높은 철수장벽은 기존 사업을 어떻게든 유지하려는 경향으로 이어지기 때문에 치열한 경쟁을 유발하는 요인으로 작용한다.

▌잠재적 진입자

잠재적 진입자의 위협(threat of new entrants)이 많은 산업 내에서는 가격을 높게 받을 수 없으며, 이윤 또한 지속적으로 산업 평균 이상 유지하기가 어렵다. 따라서 높은 수익률을 얻기 위해서는 진입장벽(entry barrier)을 세워야 한다. 잠재적 진입자를 결정하는 요소는 자본 소요량, 규모의 경제, 절대적인 비용우위, 제품 차별화, 유통 채널의 접근 가능성 여부, 정부 규제와 제도적 진입장벽, 기존 업자의 보복 등이 있다.

[표 4-3] 산업 내 경쟁 결정요소

결정요소	내용
규모의 경제	기존 경쟁기업의 규모의 경제효과가 클수록 잠재적 경쟁기업의 위협이 약해진다.
소요 자본	기존 사업에 필요한 소요자본이 많을수록 잠재적 경쟁기업의 위협이 약해진다.
유통경로에의 접근	유통경로에의 접근이 어려울수록 잠재적 경쟁기업의 위협이 약해진다.
정부의 정책	정부의 정책 방향에 따라 잠재적 경쟁기업의 위협 정도가 달라진다.
예상되는 보복	기존 경쟁기업의 예상되는 보복이 많을수록 잠재적 경쟁기업의 위협이 약해진다.

기존 경쟁기업의 규모의 경제의 크기는 잠재적 진입자로 하여금 새로운 산업 영역(기존 경쟁기업이 진출해 있는 산업 영역)에 쉽게 진출하지 못하도록 하는 진입장벽의 역할을 한다. 기존 경쟁기업이 규모의 경제를 달성하면 생산 규모가 증가함으로써 생산비 대비 생산량이 크게 증가하며, 이로써 경제적 이익을 달성하는 효과를 얻게 된다.

예를 들어 특정 기업이 교육사업에 진출해 있다고 가정해 보자. 한 과정을 진행하는 데 드는 비용은 강사료, 강의자료 인쇄비, 강의장 사용료, 교육 지원 인력비 등으로 구성된다. 이때 한 과정이 손해를 보지 않으려면 최소 10명의 교육생을 유치해야 한다고 가정하고, 15명이 수강하는 것과 100명이 수강하는 것을 비교해 본다면 두 과정의 '규모의 경제' 효과에 대해 이해하기 쉬울 것이다. 이처럼 신규로 진입하는 잠재적 기업이 규모의 경제를 달성하기까지는 기존 기업과의 경쟁에서 밀릴 수밖에 없다. 이로써 잠재적 진입기업의 위협은 경쟁등위 상태에 이를 정도로 약해진다.

기존 사업(잠재적 진입자의 경우 신규 사업)에 진출하기 위한 소요 자본의 크기가 클수록 잠재적 진입자의 위협요인은 낮아진다. 좀 극단적인 예이기는 하지만, 버스터미널을 중심으로 한때 많이 포진해 있던 불법 영화를 CD에 구워서 판매하는 일과 제약사업을 한번 비교해 보자. 불법 CD 판매는 시디롬(CD-ROM)이 장착된 노트북 한 대면 바로 시작할 수 있다. 하지만 제약사업은 엄청난 자본과 기술력이 필요하다. 이처럼 소요되는 초기 투자비용이 높은 경우에는 잠재적 진입기업의 숫자가 현저히 줄어든다.

유통경로 자체가 접근하기 힘든 지역적 위치에 있거나 특수한 유통 시스템이나 기술이 필요한 경우, 잠재적 진출 기업의 위협요인은 낮아진다. 가령 유통 경로가 극지방에 있다면 어떨까? 아마도 우리나라 최초의 쇄빙탐사선 아라온호와 같은 고도의 기술력을 구현할 수 있어야 접근이 가능할 것이다. 두부나 우유와 같이 쉽게 상하는 제품을 소비자의 식탁에 올리려면 어떠해야 할까? 제품의 온전한 상태를 보장할 수 있는 유통 시스템을 갖추어야 한다. 이러한 복잡하거나 접근하기 힘든 유통 구조는 잠재적 기업으로 하여금 해당 산업에 진출해서 빠르게 경쟁우위를 형성할 수 없게 하는 일종의 장벽 역할을 한다.

정부의 정책 방향은 기존 경쟁기업과 신규 진입을 시도하는 기업에 중요한 요소로 작용한다. 예를 들어 전국의 케이블 방송국 사업은 특정 지역에서 거의 반독점 체제로 운영되고 있다. 이러한 상황에서 잠재 진입자가 생겨나기는 쉽지 않은데, 대기업의 정부 IT 프로젝트 참여 제한과 같은 제도는 중소기업의 해당 산업 참여를 독려할 수 있다. 제약 업계의 쌍벌죄나 약가인하 방침 등의 경우에도 산업구조를 변경시키기에 충분한 요인으로 작용하기 때문에 기존 경쟁기업이나 잠재적 진입기업에 어떠한 영향을 미치는지 주시해야 한다.

잠재적 진입자가 진입장벽을 넘어섰다 하더라도 경영활동상의 견제나 보복이 매우 강할 것이라고 예상되면, 해당 산업의 진출을 신중히 고려하게 된다. 2012년 유럽연합이 이란산 원유 수입금지 조치를 내리면서 한국산 제품에 대해 금수조치를 취할 수 있다는 경고를 했다. 이러한 상황에서 어느 기업이 이란을 대상으로 특정 제품에 대한 사업을 시작한다는 것은 엄청난 잠재적 위험을 가지는 일이다. 이처럼 특정 산업뿐만 아니라 특정 국가에 진출하기 위한 경우에도 예상되는 보복은 기존 경쟁에 막대한 영향을 미칠 수 있다.

▌대체재와의 경쟁

대체재로부터의 경쟁 압력(threat of substitute products)은 수익률을 악화시킨다. 대체재는 기능적 측면과 마케팅적인 개념적 측면을 함께 고려해야 한다. 예를 들어 기능적인 측면에서 휴대폰(혹은 스마트폰)의 대체재는 공중전화나 유선전화다. 하지만 이는 휴대폰의 기본 기능인 전화 통화만을 고려한 지극히 단편적인 해석이고, 고객이 인지하는 개념적인 휴대폰의 역할은 무궁무진하다. 실제로는 영화를 보고, SNS를 통해 교류하며, 인터넷 검색을 하고, 이메일을 작성하는 멀티미디어 도구인 것이다.

이처럼 대체재와의 경쟁을 고려할 때는 특정 제품의 기본 기능 이외에 개념적인 기능의 확장을 함께 염두에 두어야 한다. 이제 스마트폰의 대체재는 은행, 영화, 컴퓨터, 디지털 카메라 등으로 보아야 하며, 이러한 해석을 통해서 영업전략 수립 시에 광범위한 대체재의 위협요인을 식별해야 한다.

대체재와의 경쟁은 구매자가 대체재를 선호하는지의 여부와 대체재의 가격 대비 성능에 의해 결정된다. 대체품의 가격 및 효능이 기존 제품이나 서비스보다 비용이나 효능 측면에서 우위를 가지면, 기존 경쟁 제품이나 서비스에 큰 위협요인으로 작용하게 된다.

서울에서 부산까지 출장을 간다고 가정해 보자. 버스, 비행기, KTX, 기차, 자가용 등 몇 가지 교통수단이 있을 수 있다. 그런데 평소 KTX를 이용하던 고객들이 항공운임을 70% 정도 할인해 준다는 항공사의 광고를 접하면 어떻게 될까? 아마도 많은 고객이 교통수단을 비행기로 변경할 것이다. 지금은 거의 찾아보기 힘든 수동변속기 차량 역시 가격 대비 효능에서 자동변속기 차량으로 대체된 경우이다. 운전 중 수동으로 변속을 해야 하는 불편함에 비해 자동변속 기술이 가격 대비 효능에 큰 만족을 안겨 주기 때문에 대부분의 고객이 자동변속 차량을 택하게 되었다.

[표 4-4] 대체재와의 경쟁요인

결정요소	내용
대체품 가격 및 효능	대체품의 가격 대비 효능이 높을수록 대체품의 위협이 높아진다.
소요자본	대체품 개발에 필요한 소요자본이 적을수록 대체품의 위협이 높아진다.

대체품 개발에 필요한 소요자본이 기존 경쟁제품이나 서비스보다 개발비용에 대한 우위를 확보할 수 있다면 대체품의 위협이 높아진다. 스마트폰이 나오기 이전에는 은행 업무 중 계좌 조회·이체와 같이 일상생활에서 흔히 사용하는 기능은 직접 창구에 가서 하거나 은행의 ATM 기기를 이용했다. 그러나 지금은 스마트폰을 통해 간단한 은행 업무는 실시간으로 처리할 수 있게 되었다. 이렇게 서비스의 패러다임이 오프라인에서 온라인으로 대체되기까지는 꽤 오랜 시간이 소요되었다. ATM이나 창구를 이용하던 기존의 방식을 대체할 수 있는 기능을 구현하기가 복잡하고 힘들었기 때문이다. 하지만 지금은 거의 모든 은행이 스마트폰에서 사용 가능한 앱을 제공하고 있다. 이러한 대체 서비스(스마트폰 앱)의 낮은 개발비용은 기존 서비스(ATM)를 대체하는 효과를 가져다준다.

▌구매자 교섭력

구매자와 공급자의 교섭력은 두 교섭력의 상대적 크기를 나타낸다. 구매자와 공급자의 교섭력은 가격을 결정짓는 중요한 요소이며, 가격의 민감성은 총비용 중 원자재 비용의 비중, 공급자의 이윤율 수준, 제품 품질의 중요성 등을 통해 형성된다.

구매자의 교섭력(bargaining power of buyers)이 클 경우 공급자의 교섭력은 상대적으로 낮아진다. 구매자의 교섭력은 구매 비중과 양, 제품 차별화 정도, 교체비용(switching costs), 후방통합능력, 구매자 정보력 등의 요소를 통해 결정된다.

[표 4-5] 구매자 교섭력 결정요소

결정요소	내용
구매 비중과 양	특정 소비자의 구매 비중이 높고 양이 많을수록 구매자의 교섭력이 높아진다.
제품 차별화 정도	제품의 차별화 정도가 낮을수록 구매자의 교섭력이 높아진다.
교체비용	교체비용이 높을수록 구매자의 교섭력이 낮아진다.
후방통합능력	후방통합능력을 지닌 구매자의 교섭력이 높아진다.
구매자 정보력	구매자의 정보력이 높을수록 구매자의 교섭력이 높아진다.

공급자 교섭력

공급자의 교섭력(bargaining power of suppliers)이 클 경우 구매자의 교섭력은 상대적으로 낮아진다. 공급자의 교섭력은 구매자의 교섭력과 유사하며 공급 비중과 양, 부품 차별화 정도, 교체비용, 전방통합능력, 공급제품의 중요성 같은 요소를 통해 결정된다.

[표 4-6] 공급자 교섭력 결정요소

결정요소	내용
공급 비중과 양	공급되는 제품의 비중이 높고 양이 많을수록 공급자의 교섭력이 높아진다.
부품 차별화 정도	공급자가 차별화된 부품을 공급하는 경우 교섭력이 높아진다.
교체비용	새로운 공급자로 전환하는 과정에서 발생하는 교체비용이 높을수록 공급자의 교섭력이 높아진다.
전방통합능력	전방통합능력을 지닌 공급자의 교섭력이 높아진다.
공급제품의 중요성	공급제품의 중요성이 높을수록 공급자의 교섭력이 높아진다.

구매자의 교섭력을 높이는 방법 중 하나가 구매 비중과 양을 늘리는 것이다. 일반 소비자들이 하는 공동구매가 이처럼 구매 양을 늘려 상대적인 교섭력을 높이는 활동이라 볼 수 있다. 기업의 구매활동에서는 장기 구매 계약을 통해 지속적인 구매 비중과 양을 확보해 준다. 이때 이러한 장기적인 구매 계약은 단위당 제품이나 서비스 가격을 보다 저렴하게 구매할 수 있는 협상력을 가진다. 소위 말해 단품 상품보다는 패키지 상품을 구매하는 것이 구매비용 측면에서 좀 더 유리한 조건을 이끌어 낼 수 있다. 구매 비중과 양을 일정 수준 이상으로 유지하는 것은 비단 구매자에게만 유리한 것이 아니라, 공급자 측면에서도 안정적인 수익을 유지하는 방법이기 때문에 서로가 윈윈할 수 있는 구매전략이다.

특정 제품이 일상적으로 많이 쓰이는 경우와 특정 영역에서 전문적으로 사용되는 경우의 교섭력에는 차이가 존재한다. 일상적인 제품에는 많은 경쟁업체가 존재하기 때문에 고객이 선택할 수 있는 폭이 그만큼 크며, 이는 구매자의 상대적인 교섭력을 높이는 방향으로 형성된다. 반대로 제품이 차별화되어 있을 경우에는 상대적으로 선택의 폭이 넓지 않기 때문에 공급자의 교섭력이 높아질 수 있는 가능성이 커진다.

교체비용은 구매자와 공급자의 교섭력의 강도를 결정짓는 중요한 요소이다. 교체비용이 높다는 것은 구매자로 하여금 대체재나 경쟁자에게로 이동할 수 없도록 하는 역할을 하여 기존 제품이나 서비스의 구매행위에 머물게 한다. 이 경우 구매자의 교섭력은 공급자에 비해 상대적으로 낮아진다.

반대로 교체비용이 낮은 경우에는 경쟁자의 제품이나 서비스로의 이동을 원활하게 하여 구매자의 교섭력을 높이고 공급자의 교섭력을 낮추는 역할을 한다. 예를 들어 우리가 즐겨 먹는 라면의 경우를 생각해 보자. 보통 자신이 좋아하는 라면이 집에 없고 다른 종류의 라면이 있을 경우, 굳이 나가서 좋아하는 것을 사 오지는 않는다. 늦은 밤 시간이라면 더더욱 그러하다. 대부분 그냥 집에 있는 라면을 끓여서 먹는다. 이때 라면의 교체비용은 거의 없다고 볼 수 있다. 즉 구매자는 자신이 선호하는 라면에서 다른 라면을 선택하거나 아니면 다른 야식거리를 선택하는 것에 많은 비용을 소모하지 않는다.

이처럼 교체비용이 낮은 경우 공급자는 자신의 제품이나 서비스를 판매하기 위해 다양한 마케팅 활동을 수반하게 되며, 이러한 일련의 활동은 치열한 경쟁으로 이어져 결국 공급자의 교섭력이 구매자에 비해 상대적으로 낮아지게 된다.

후방통합능력은 공급사슬체계(supply chain)상에서 최종 구매고객(전방)이 그 후방에 있는 판매대리점, 유통채널, 생산기업, 원료 공급자 등을 통합할 수 있는 능력을 말한다. 그뿐만 아니라 판매대리점이 유통채널을 포함한 후방에 상대적으로 힘을 행사할 수 있을 경우 이를 후방통합능력이 있다고 말한다. 이때 전방에 위치한 구매자가 후방에 위치한 공급자에 대한 통합능력을 지닐 경우에는 구매자의 상대적인 교섭력이 높아진다. 이와 반대로 전방통합능력은 후방에 위치한 기업이 전방에 위치한 고객을 통합할 수 있는 능력을 말하며, 이 경우에는 전방통합능력을 지닌 공급자의 교섭력이 구매자에 비해 상대적으로 높아진다.

지금까지 살펴본 산업의 구조를 형성하는 5가지 요인은 특정 산업이 처한 환경을 이해하는 데 유용하며, 이를 통해 기업의 전략이나 영업전략을 수립하는 기초 자료로 활용할 수 있다. 이 5가지 요인에 대해 특정 산업에 진출하기 위한 산업의 매력도를 상중하 3가지 분류로 평가하거나, 5점 혹은 10점 척도로 각각의 항목에 대한 점수를 부여할 수 있다. 이때 자신에게 역으로 작용하는 항목에 대해서는 점수를 역으로 환산해 부여하면 된다.

예를 들어 기존 산업 간의 경쟁이나 대체품의 경우, 경쟁이 심하거나 대체품이 많을 때에는 낮은 점수를 부여한다. 또한 각각의 요인별로 가중치를 다르게 부여해 측정할 수도 있다. 마찬가지로 특정 요인의 세부 항목에 대해서도 동일한 방식을 적용하여 전체 요인에 대한 매력도 점수를 산술적으로 계산할 수 있다. 이후 해당 점수와 분석결과를 바탕으로 '어떻게 하면 자신에게 유리한 방향으로 새로운 전략을 수립할 수 있을지' 전략적 대안을 마련하고, 실행방안을 수립하는 절차를 마련해야 한다.

[표 4-7] 산업구조 분석 절차

구분	내용
1단계: 세부 항목 선정	5가지 분석 요인에 대한 세부 항목 결정
2단계: 가중치 부여	5가지 분석 요인에 대한 가중치 결정
3단계: 분석	각각의 분석 요인을 세부 항목을 기준으로 현상을 분석
4단계: 점수 산정	분석된 현상을 기초로 각 세부 항목별 점수를 부여하고, 이를 가중치를 반영하여 계산
5단계: 매력도 판정	해당 산업에 대한 전반적인 매력도를 토론하고 평가
6단계: 전략적 대안 도출	특정 산업의 매력도를 높이기 위한 전략적 대안을 도출
7단계: 실행계획 수립	도출된 전략적 대안에 관해 세부 실천계획을 수립

전통적인 산업구조 분석은 대부분 특정 시점(보통은 현재 시점)을 기준으로 한다. 그러나 이는 정태적인 시점에 대한 것으로, 이를 동태적인 시점으로 분석하기 위해서는 과거—현재—미래에 대한 5~10년의 전체 산업 주기를 살펴보아야 한다. 각각의 분석결과를 토대로 산업의 매력도가 과거—현재—미래에 어떻게 변화하는지를 그래프로 표기해 보면, 시간의 흐름에 따른 추이를 이해하는 데 많은 도움을 얻을 수 있다. 더 나아가 이러한 동태적인 흐름을 전략 수립에 반영하면, 현재 시점만을 고려한 것에 비해 훨씬 더 많은 정보를 바탕으로 한 탄탄한 전략을 수립할 수 있다.

결론적으로 산업구조 분석은 특정 산업에 대한 이해와 전략 수립을 위한 유용한 도구임에도 불구하고 반쪽 실행에 머물 때가 많다. 산업구조를 분석할 때 많은 이들이 실수하는 부분은, 분석 자체에 몰입되어 산업의 매력도를 높이기 위한 전략적 대안을 도출하고 이를 실행에 옮기기 위한 실행계획을 수립하지 않는 것이다. 실제로 이것이 분석 이후 가장 중요한 부분인데도 말이다. 분석은 실행을 위한 것이어야 한다. 분석결과에 대해서는 반드시 자사의 상황과 역량, 실행 가능성, 실행 시기를 세부적으로 계획하고 실천에 옮겨야 한다.

전략캔버스를 활용한 경쟁환경 분석

경쟁환경에 가장 근접해 있는 영업직군에서는 경쟁자 정보에 항상 민감할 수밖에 없다. 경쟁자 정보는 영업전략 수립에 필수적 요소이다. 경쟁자 또한 우리의 정보를 수시로 모니터링하고 역량에 대한 평가를 진행하기 마련이다. 경쟁을 분석하는 이유는 크게 2가지 측면에서 생각해 볼 수 있다. 하나는 우리의 현재 전략방향에 대한 경쟁자의 전략적 선택을 예측하기 위한 것이며, 또 하나는 상대의 전략에 대한 우리의 전략적 방향을 수립하기 위한 것이다.

그러므로 경쟁전략을 수립할 때 조심해야 하는 것 중 하나가 바로 상대도 우리의 정보를 알고 있다는 가정을 배제한 채 우리에게 유리한 방향으로만 영업전략을 수립하는 것이다. 영업전략 수립 회의를 진행해 보면 처음에는 고객─경쟁사─자사에 대한 다양한 측면의 의견이 오가다가 결국 자사가 지니고 있는 역량, 자원, 기술력, 시급성 등만을 고려하여 의사결정을 할 때가 많다. 그뿐만 아니라 영업, 마케팅, R&D, 생산, 물류, 유통, 재무, 회계 모두가 각자 부서의 이해관계만을 생각하며 다투다가 회의를 마무리하기도 한다. 고객에 대한 고려는 어디에도 없고 경쟁사 정보 역시 뒷전으로 밀리기 일쑤다. 어찌 보면 실무에서 경쟁자 정보를 적절히 활용하기가 그만큼 어렵다는 얘기이기도 한데, 그럼에도 불구하고 경쟁자에 대한 분석은 독점시장이 아닌 이상 반드시 전략 수립 이전에 수행해야 하는 중요한 단계다.

그렇다면 경쟁자에 대한 정보는 어떻게 수집할 수 있을까? 고객·협력사·경쟁사 영업직군과의 접촉 및 조사, 세미나 및 학회 참석과 같은 방법을 통해 상대의 정보를 수집할 수 있다. 이러한 지극히 정상적인 방법(?) 말고도 위장 취업, 산업 스파이, 도청이나 감청과 같은 방법도 현실적으로 존재한다. 어떤 형태로든 해당 분야에서 10년 이상 근무하면 거의 모든 경쟁자 정보 및 상황을 자신도 모르게 접하게 된다. 이러한 정보를 흘려보내지 말고 정리해 두면 그것이 곧 경쟁자 분석이며, 훗날 영업전략 수립에 유용하게 사용할 수 있다. 하루아침에 특별한 방법이 뚝 하고 떨어질 수는 없는 노릇이다. 정보는 매일의 일상을 기록하고 저장하여 분석할 수 있을 만큼 누적되었을 때 비로소 그 효력이 발생하게 된다.

경쟁자 정보를 수집한 이후에는 자신에게 맞는 분석 도구를 활용해 분석할 수 있다. 가장 기본이 되는 SWOT(Strength, Weakness, Opportunity, Threat) 분석을 수행할 수도 있으며, 통계적인 기법을 활용할 수도 있다. 본 장에서는 《블루오션 전략》*에 소개된 전략캔버스를 통해 경쟁사를 분석하는 절차를 알아보도록 하자.

★《블루오션 전략*Blue Ocean Strategy*》(김위찬·르네 마보안 지음, 강혜구 옮김, 2005)

▌1단계: 핵심 경쟁요인 식별

경쟁요인 식별은 경쟁사와 자사의 경쟁우위를 비교하기 위한 항목을 말하며, 전략캔버스 분석에 가장 중요한 출발점이다. 예를 들어 IT기술 영업에서 경쟁사와 자사의 경쟁요인을 식별하는 데 기술력 항목을 제외했다고 하면 올바른 분석결과를 도출하기 어렵다. 그러므로 경쟁요인 식별은 해당 분야의 전문가 집단을 통해 심사숙고하여 결정하는 것이 바람직하다.

여기서는 다음과 같은 항목을 대상으로 전략캔버스 분석을 실행해 보고자 한다.

핵심 경쟁요인

- 가격
- 기술지원
- 친밀도
- 안정성
- 표준화
- 차별화

▌2단계: 중요 경쟁사 식별 및 비교

2단계에서는 비교하고자 하는 메이저 경쟁업체를 선정하고, 각 핵심 경쟁요인별로 점수를 부여하는 방식으로 비교표를 작성한다.

이때 가격과 같은 요인은 자사의 가격이 저렴하면 낮은 점수를 줄 수도 있으며, 반대로 자사의 가격이 저렴하기 때문에 가격경쟁력이 있다고 판단하여 높은 점수를 부여할 수도 있다. 다만, 결과에 대한 해석을 한쪽 방향으로만 하면 된다. 경쟁사는 여러 곳을 동시에 분석할 수 있다.

[표 4-8] 경쟁사 비교표

구분	가격	기술지원	친밀도	안정성	표준화	차별화
경쟁사 A	5	9	10	9	9	3
자사	9	7	7	7	3	9

3단계: 전략캔버스 작성

전략캔버스는 엑셀 등을 이용하여 경쟁사 비교표를 한눈에 볼 수 있도록 그림으로 나타내면 된다.

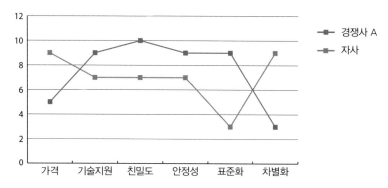

[그림 4-3] 전략캔버스

▌4단계: 전략방향 도출

전략캔버스를 기반으로 경쟁사 대비 자사의 전략적 방향을 어떻게 가져갈 것인지에 대한 방향을 도출한다. 전략방향의 도출은 해당 사업 분야에서 20년 이상 근무한 경험이 있는 인력을 배석하는 것이 바람직하다. 또한 경영진이 함께 전략방향을 도출하고, 이를 실행에 옮길 수 있는지에 대한 판단 아래 분석하는 것이 좋다. 그러지 않으면 단순히 분석을 위한 분석으로 끝날 경우가 많다.

여기서는 다음과 같은 전략방향을 도출하였다.

- 제품의 표준화보다 고객 중심의 차별화 전략을 추구
- 원가우위 전략보다는 제품 차별화 전략을 통한 이익 극대화
- 기술력을 강화하고 R&D를 확충

이상의 분석결과는 예를 들어 작성한 것으로, 현장에서는 자사의 역량과 상황에 맞는 전략을 도출하는 것이 중요하다. 위의 분석에서는 제품의 표준화보다 차별화에 초점을 두었으나, 반대로 표준화를 강화시키는 전략을 수립할 수도 있다. 무조건 경쟁사 대비 강한 부분을 더욱 강화하거나 약한 부분을 보완하는 전략이 아니라, 자사의 상황과 경쟁사의 전략방향을 동시에 고려해 분석결과를 도출하는 것이 더욱 중요하다. 차별화된 영업전략을 수립하기 위해 해당 분야에 깊이 있는 지식과 경험을 보유한 인력과 경영층이 참여해야 하는 이유가 바로 여기에 있다.

PART **5**

고객 분석

　이번 장에서는 영업직군에게 가장 중요한 고객 분석에 대해 알아보자. 영업 분야에서 고객은 영업의 존재 이유와도 같을 만큼 중요한 대상이다. 제품, 서비스, 기술, 가치 이러한 모든 것을 기반으로 구매의사를 최종적으로 결정하는 객체로서의 고객은, 제품이나 서비스에 대해 동질적인 성격을 가지고 있지 않다. 고객이 최종 구매의사결정을 할 때 고려하는 것은 고객의 성향, 상황, 직무, 직위 등에 따라 다르다. 따라서 '어떻게 하면 복잡하고 이질적인 고객의 마음을 움직여 최종 구매의사결정에 이르게 할 것인가?'라는 문제는 영업직군이 끊임없이 되물을 수밖에 없는 질문이다.

　본 장에서는 고객의 직무와 성격을 중심으로 하여 고객의 유형을 살펴봄으로써 이러한 질문에 대한 답을 찾아보고자 한다. 그리고 B2B 영업에서 고객 개인을 넘어선 조직 단위의 구매 지배구조에 대해 알아보고자 한다. 또한 대상 고객별 영업전략을 어떻게 수립해야 하는지 방법론적 해결책도 살펴보고자 한다.

고객 유형 분석 1

고객의 유형을 성향(characteristics) 중심으로 분석하는 방법은 분석 성향과 관계 성향을 중심으로 크게 4가지로 분류할 수 있다. 관계 성향도 높고 분석 성향도 높은 생각형, 관계 성향이 높고 분석 성향이 낮은 사교형, 관계 성향에 비해 분석 성향이 강한 안정형, 관계 성향과 분석 성향이 모두 낮은 권위형이 그것이다. 각각의 고객 성향이 극단적으로 나타나는 경우도 있지만, 일반적으로는 모든 성향이 고객 한 사람 한 사람에게 어느 정도 내재되어 있다고 볼 수 있다. 아무리 권위적인 사람이라도 오랜 친분 관계를 유지하면 사교적 성향을 보이며, 매사에 치밀한 사람도 신뢰가 쌓이면 그 벽을 조금씩 낮추는 경향이 있다.

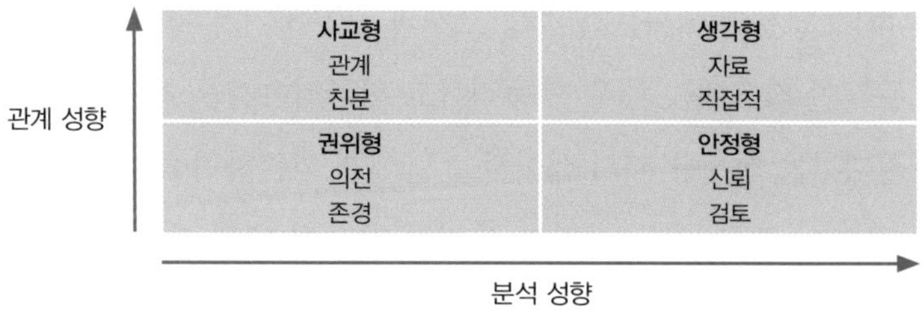

관계 성향	사교형 관계 친분	생각형 자료 직접적
	권위형 의전 존경	안정형 신뢰 검토

분석 성향

[그림 5-1] 고객 성향 Matrix

권위형 고객에게는 의전이나 존경에 대한 갈망이 있기 때문에 자신이 무시당한다고 느끼지 않도록 주의하며 접근해야 한다. 또한 칭찬을 건넬 때에도 인사치례가 아니라 특정 사실에 기반하여 성과를 중심으로 했을 때 효과를 볼 수 있다. 형식적인 측면을 중요시하는 특징이 있으므로 방문 시 복장에도 신경을 써야 하며, 공손하고 바른 자세로 대해야 한다.

생각형은 분석 성향과 관계 성향 모두에서 완벽하게 조화를 이루고자 하는 성향이 강하다. 매사에 완벽주의적인 모습을 보이며, 업무뿐만 아니라 개인적인 관계에서도 인정받고 싶어 하고 지도자의 역할을 원하는 유형이다. 생각형 고객을 대할 때는 반드시 특정 사실이나 주장에 대한 근거를 마련해야 하며, 결론부터 직접적으로 말하고 그에 대한 이유를 설명해야 한다. 생각형 고객은 대부분 조직 내에서 인정을 받고 있는 경우가 많으므로, 그러한 부분에 대해 적극적으로 칭찬해 주되 입에 발린 립서비스 느낌이 나지 않도록 주의를 기울여야 한다.

안정형 고객은 분석 성향이 강하고 관계 형성에 다소 소극적이긴 하나 업무 면에서는 생각형 고객과 구분하기가 결코 쉽지 않다. 업무적인 접근에는 매우 활동적이고 적극적이지만, 개인적인 관계 형성에서는 신세를 지기 싫어하고 남에게 의존하지 않으려는 성향이 강하다. 또한 업무 이외의 사적인 만남에 대해 부담을 갖기 때문에 오랜 시간을 두고 신뢰를 형성해 나가는 것이 필요하다. 안정형 고객의 경우 조직 내에서 인정을 받고 있기는 하나 업무적인 인정 이외에 정치적인 이슈에 대해서는 많은 피로감을 느끼기 때문에 타인과의 갈등에 대한 문제를 일으키지 않도록 영업적인 접근에 유의해야 한다.

사교형 고객은 업무에 대한 접근 이전에 인간적인 관계 형성을 중요시하는 성격이기 때문에 처음부터 딱딱한 분위기로 다가서는 것을 부담스러워 한다. 사교형 고객은 또한 업무적·비업무적인 회사의 이슈에 대해 많이 알고 있기 때문에 관계를 형성해 놓으면 고객사의 전반적인 분위기를 파악하는 데 많은 도움을 받을 수 있다. 그러나 이들은 자신이 사교형 성격임을 잘 알고 있기 때문에 관계 형성에만 지나치게 몰입하는 영업적 접근에 대해서는 강한 거부감을 지닌다. 그러므로 사교형 고객을 대할 때는 업무적 접근과 인간적인 관계 형성이 적절히 조화를 이루도록 주의를 기울여야 한다.

고객 유형 분석 2

고객의 성향을 통한 고객 유형 분석은 영업적 접근에서 매우 유용하기는 하나 개인적 성격에 바탕을 둔다는 점에서 한계도 지닌다. 그러므로 이러한 유형의 분류에 더해 직무에서의 유형을 함께 고려하면 고객 유형을 보다 더 깊이 있게 이해할 수 있다.

직무를 중심으로 한 고객의 7가지 유형에 대해서는 2012년 〈하버드 비즈니스 리뷰〉에 실린 자료를 인용하여 소개하고자 한다. 7가지 유형의 내용은 원문을 그대로 소개하겠다.

[표 5-1] Seven distinct stakeholder profiles*

유형	내용
Go-Getters	Motivated by organizational improvement and constantly looking for good ideas, Go-Getters champion action around great insights wherever they find them.
Teachers	Passionate about sharing insights, Teachers are sought out by colleagues for their input. They're especially good at persuading others to take a specific course of action.

---

* Adamson, Brent, Dixon, Matthew and Toman, Nicholas(2012), *Harvard Business Review*, Vol. 90, Issue 7/8, pp. 60~68.

Skeptics	Wary of large, complicated projects, Skeptics push back on almost everything. Even when championing a new idea, they counsel careful, measured implementation.
Guides	Willing to share the organization's latest gossip, Guides furnish information that's typically unavailable to outsiders.
Friends	Just as nice as the name suggests, Friends are readily accessible and will happily help reps network with other stakeholders in the organization.
Climbers	Focused primarily on personal gain, Climbers back projects that will raise their own profiles, and they expect to be rewarded when those projects succeed.
Blockers	Perhaps better described as "anti-stakeholders," Blockers are strongly oriented toward the status quo. They have little interest in speaking with outside vendors.

Go-Getters(성공사업가형) 유형의 고객은 새로운 아이디어를 발굴하고 조직을 발전시키기 위해 항상 스스로 동기부여를 하며, 자신의 직무에서 유용하고 가치 있는 통찰력을 찾고자 노력한다.

B2B 영업활동에서는 고객사의 특정 프로젝트나 세일즈 대상 제품, 서비스를 중심으로 한 활동도 중요하나, 이와 같은 성공사업가형 고객들과 지속적으로 교류하면서 관계를 형성하는 일 또한 매우 중요하다. 성공사업가형 고객들은 주로 조직 내에서 인정을 받고 있는 그룹으로, 소위 키맨(key men)인 경우가 많다. 그뿐만 아니라 새로운 업무나 프로젝트를 계속해서 발견하고 실행하려는 의지가 강하기 때문에 이들과의 친분 형성은 지속적인 영업 수주로 이어질 가능성이 높다.

한 가지 염두에 두어야 할 점은 이러한 성공사업가형 고객은 해당 분야에 대한 상당한 전문지식과 경험 그리고 통찰력을 지니고 있다는 것이다. 그러므로 영업직군이 철저한 준비 없이 접근할 경우 오히려 부정적인 결과를 낳을 수 있다. 성공사업가형 고객과 대화가 통할 수 있을 정도의 수준, 나아가 그들을 지원하고 협력할 수 있는 수준의 지식과 통찰력을 갖추어야 지속적인 관계를 유지할 수 있다. 또한 성공사업가형 고객은 지치지 않는 열정으로 무장하고 있기 때문에 그들의 옆을 지키기 위해서는 영업직군 또한 끊임없는 연구와 자기 개발을 해야 한다.

Teachers(지도자형) 유형의 고객은 조직 내에서 조정자로서의 역할을 충실히 행하는 사람으로, 성공사업가형에게서 볼 수 있는 풍부한 경험과 통찰력을 지닌다. 주변 동료들이나 조직의 구성원들에게서 영감을 얻기를 좋아하며, 새로운 통찰력을 공유하는 데 열정적인 모습을 보인다. 항상 조직의 발전에 대해 고민하고 긍정적인 개선 방향을 도출하고자 하며, 구성원들과 이를 공유하고자 하기 때문에 많은 사람에게 인정과 존경을 받고 큰 영향을 미친다.

이러한 지도자형 고객과 돈독한 관계를 형성하는 것은 영업직군의 활동에 매우 중요하다. 지도자형 고객에게 신뢰를 얻는 영업직군은 타인들에게 긍정적이고 신뢰성 있는 이미지를 심어 줄 수 있기 때문이다. 지도자형 고객을 대할 때는 늘 명예를 존중해 주고 명분을 제공해야 한다. 너무 영업적인 마인드로 접근하지 말고, 함께 공유할 수 있는 통찰과 가치를 형성함으로써 관계를 유지해 나가야 한다.

Skeptics(분석적 의심가형) 유형의 고객은 매사에 신중하고 의심이 많다는 업무적 특성을 지닌다. 아무리 좋은 아이디어라 하더라도 세밀하게 검토하고 실행에 옮기는 유형이다. 또한 업무에 대한 자신감이 강하고 프로의식이 투철하다.

이러한 분석적 의심가형 고객의 신뢰를 얻고 수주를 획득하기 위해서는 영업직군의 철저한 준비가 선행되어야 한다. 정성적 주장보다는 정량적 데이터를 기반으로 설득을 해야 하고, 경쟁사의 제품이나 서비스를 무조건 비판하기보다는 자사의 단점까지도 솔직히 공개하고 이를 보완할 수 있는 방안을 동시에 제공하려 노력해야 한다.

또한 분석적 의심가형 고객을 대할 때는 업무 중심적 접근을 우선시한 다음에 개인적 관계를 형성해 나가야 한다. 이들과 신뢰를 구축하기까지는 오랜 시간이 소요되지만, 한번 신뢰가 쌓이면 지속적으로 유지되기 때문에 인내심을 가지고 접근해야 한다. 반면에 자칫 신뢰를 잃게 되면 회복하기 어려우므로 주의를 기울여야 한다.

Guides(정보 전달가형) 유형의 고객은 조직 내에서 최근 가십거리를 전하는 역할을 한다. 주로 외부에서 접근하기 힘든 조직 내의 정보를 전달하기 때문에 영업직군은 이들을 정보 수집의 소스(source)로 활용할 수 있다. 그러나 주의를 기울여야 할 점은 정보 전달가형 고객과 대화 시 우리의 영업활동 상황도 공유되고 경쟁사에 전달될 수 있다는 것이다. 또한 정보의 정확성을 유의하고 반드시 확인해야 한다. 대다수 가십거리는 확인되지 않은 소문을 기반으로 하기 때문이다.

한편 정보 전달가형 고객은 조직 내에서 업무를 중심으로 한

능력을 인정받지 못한 경우가 많기 때문에 타인에게 인정받고 싶어 하는 열망이 강하다. 이러한 특성을 고려하여 영업직군은 이들에게 칭찬과 격려를 북돋아 주고 작은 업무적 성과라도 달성할 수 있도록 지원해 주는 것이 좋다.

Friends(친화형) 유형의 고객은 누구하고도 부드럽고 좋은 관계를 유지하고자 노력하는 특성을 지니기 때문에, 영업직군이 네트워크 형성에 많은 도움을 받을 수 있다. 조직 내에서 성과는 그다지 높지 못한 경우가 많으나 이러한 부분을 꼼꼼히 챙겨 주면 지속적인 관계 유지에 커다란 도움이 될 수 있다.

친화형 고객은 영업직군이 언제나 반갑게 찾아갈 수 있는 유형이지만, 자칫 이를 가볍게 여겨서는 안 된다. (다른 유형도 마찬가지이겠지만) 특히 친화형 고객에게는 신뢰를 잃지 않도록 유의해야 한다. 언제든 쉽게 접근할 수 있다 하더라도 반드시 긴장을 풀지 말고 예의를 갖춰 대해야 한다. 늘 도움을 받는 데 익숙해져서 당연시하지 말고 반드시 감사의 표현을 해야 하며, 반대로 고객이 도움을 요청할 때는 적극적으로 임해야 한다.

Climbers(출세주의자형) 유형의 고객은 주로 자신의 이익에 관심이 많다. 업무에서도 본인의 성과를 중요시 여기기 때문에 시작 전에 자신이 취할 수 있는 보상을 우선시한다. 이들은 조직 내에서 전체의 이익보다는 개인의 이익을 중시하는 부정적 모습으로 인식되는 경우가 많기 때문에 영업직군이 접근하기가 다소 껄끄러운 대상이기도 하다. 특히 자신의 이익이 발생하지 않으면 움직이지 않기 때문에 윤리적인 부분에서도 불미스러운 일이 발생하지 않도록 주의를 기울여야 한다.

한편 출세주의자형은 자신의 이익이나 성과에 대한 의지를 숨기고자 하는 경향이 있으며, 나름의 논리적 대의명분을 세우고 행동한다. 그러므로 영업직군은 이러한 대의명분을 인정하고 접근하되 공식화해서 해석하지 않도록 유의해야 한다. 즉 출세주의자형 고객의 대의명분을 인정해 주되, 조직 내의 다른 구성원들에게 굳이 이를 설명하거나 전파하지 않도록 해야 한다.

Blockers(방해자형) 유형은 말 그대로 안티 세력이라 할 수 있다. 이들은 현재 상태를 유지하려는 경향이 강하기 때문에 변화에 강한 거부감을 드러내며, 외부 협력사들과의 대화나 교류에 무관심한 경향이 있다. 그러므로 영업직군은 방해자형 고객에게 접근할 때 가급적 약점을 잡히지 않도록 주의해야 하며, 새로운 제품이나 서비스를 지나치게 강조하지 않아야 한다. 이들이 특정 프로젝트에 대해 정말로 방해자 역할을 하지 않도록 그 역할의 범위를 잘 통제하고 관리해야 하는 것이다.

한편 방해자형 고객을 너무 변방에 두어 소외감을 느끼도록 하지 않는 것도 중요하다. 어떤 유형이든 자신이 소외받고 있다고 느끼게 되면 방해자 역할을 시작할 수 있기 때문이다. 특정 프로젝트를 위한 영업활동을 수행할 때 최소한 이들이 부정적인 의견을 내놓지 않도록 관심을 기울여야 한다. 방해자형 유형과의 관계가 꼭 필요하거나 중요하다고 판단이 될 때는 직접적인 접근보다는 이들과 평소 친분이 있는 제3자를 통해서 다가서는 것도 하나의 방법일 수 있다.

　지금까지 살펴본 7가지 유형에 대해 흥미 있는 연구결과가 존재한다. 평균적인 성과를 내는 영업직군과 고성과를 내는 영업직군은 각각 3가지 다른 유형에 접근한다는 것이다.

　평균적인 성과를 내는 영업직군은 전형적으로 정보 전달가형, 친화형, 그리고 출세주의자형 고객과 관계를 형성하는 경향이 있었다. 이들은 주로 자유롭게 교류하며 정보를 공유하지만, 특정한 상황이 종료되면 관계가 두절되는 현상을 보였다. 즉, 지속적으로 관계를 형성하기보다는 특정 목적을 이루기 위해 간헐적으로 교류하는 특징을 보였다.

　반면 고성과를 내는 영업직군은 성공사업가형, 지도자형, 그리고 분석적 의심가형 고객과 관계를 형성하는 특징을 보였다. 그런데 이들은 영업직군이 쉽게 접근해 정보를 자유롭게 공유할 수 있는 대상들은 아니다. 이들은 대체로 특정 목적에 휩쓸리지 않고 생산적인 변화에 몰입하기 때문이다. 하지만 고성과 영업직군은 성공사업가형, 지도자형, 분석적 의심가형의 이러한 특성이 특정한 벤더(vendors)에게 얽매이지 않는 상황을 만들기 때문에 전통적인 영업방식(특정 업무 중심의 접근)이 이들과의 관계 형성에 적합하지 않다는 사실을 잘 인지하고 있었다.[*]

★ Adamson et al(2012).

◇◆◇ 고객의 말

처음 기술영업을 시작한 지 얼마 되지 않은 때였다. 한 달 정도 영업교육을 받고 나서 바로 현장에 투입이 되었다. 우선은 기존 고객사를 중심으로 영업활동을 하면서 경험을 쌓아 갔다. 보람을 느낄 때도 많았지만 시간이 지날수록 무리한 고객의 요구에 지치기도 하고, 어떤 때는 도저히 문제를 풀어 나갈 실마리가 보이지 않을 때도 있었다.

그중에서도 나를 가장 괴롭히는 건 소위 말해 고객에게 깨지는 일이었다. 깨지는 것에 무슨 이유가 있으랴마는, 굳이 따지자면 고객의 실수로 생긴 문제까지 내 잘못으로 떠안는 것은 서럽고 자존심이 상했다. 고객에게 혼난 날은 종일 그 생각이 머릿속을 떠나지 않아 잠도 이루지 못하고 스트레스가 극심했다. '대체 영업을 몇 년씩 하는 분들은 이런 상황을 어떻게 견딜까. 이렇게 힘들게 영업을 계속해야 하나.' 하는 의문이 들기 시작했다. 기술영업은 업계에서 나름 전문성도 인정받고 고객들도 함부로 대하지 않는데 스트레스가 이 정도면, 일반영업에 종사하는 분들은 얼마나 힘들까 하는 생각도 들었다. 포기하고 싶었다. 이건 뭐 간이고 쓸개고 다 빼놓고 살아야 하니 도저히 자존심이 상해서 견딜 수가 없었다.

그렇게 하루하루 힘겹고 무의미하게 보내다가 어느 날 정신이 번쩍 들었다. 영업을 때려치우든 아니면 제대로 해 보든 결정을 내려야지 더 이상 시간을 허비할 수 없었다. 그리고 몇날 며칠을 곰곰이 생각해 보았다. '대체 왜 고객들은 영업자에게 상처를 주고 인신공격을 하는 것일까?' 스스로에게 이런 질문도 던져 보았다. '고객들의 불만이 과연 나에 대한 불만일까? 고객들이 내뱉는 불만이 정말 의미 없는 것일까?'

오랜 시간 이 두 가지 질문을 되묻고 스스로 해답을 얻고 나니 모든 것이 풀렸다. '고객은 나에게 화를 내는 것이 아니다. 회사와 우리가 하나라고 생각하기에 실수를 지적하고 잘못을 개선하여 올바른 방향을 잡고자 하는 것이다. 그 방법이 때로는 억측이고 때로는 과도한 화풀이일지라도 결론은 우리가 수행하는 프로젝트의 성공적인 이행 때문이었다.'

만약 고객이 정말로 나에게, 그리고 내가 속한 회사에 엄청난 불신을 갖고 있다면 오히려 화를 내지 않는다. 다만 업체를 바꾸거나 영업대표 교체를 요구할 뿐이다. 무언가 만들어지기 때문에, 무언가 진척이 있기 때문에, 무언가 더 잘할 수 있다고 기대하기 때문에 화를 내고 불평을 하는 것이다. 그리고 그러한 고객의 불만이 결국 나와 내가 속한 회사의 기술력을 높이고 영업력을 견고히 하는 데 긍정적인 영향을 미치기 마련이다.

생각해 보니 문제는 나에게 있었다. 사람이기에 듣기 싫은 말을 들었을 때 상처를 받는 것은 어쩔 수 없지만, 그 말이 나와 내 회사를 성장시키고 최종적으로는 고객사와 오랫동안 함께할 수 있도록 이끌어 주는 채찍이라는 사실을 인정하지 않고 있었던 것이다.

지금 혹시 고객이 던진 말 한마디 때문에 괴로워하고 있는가. 고객의 말은 나에게 상처를 주기 위함이 아니라, 내가 영업인으로서 존재하는 이유를 제공해 주는 소중한 채찍이라는 사실을 하루빨리 깨닫길 바란다!

구매 지배구조 분석

구매 지배구조 분석은 B2B 영업에서 특히 중요한 부분 중에 하나다. B2B 영업에서는 단순히 한두 사람의 의사결정을 통해 특정 제품이나 서비스의 구매행위가 형성되지 않기 때문이다. B2B 영업에서의 구매행위에는 직간접적으로 많은 부서와 인력이 영향을 미친다. 그 때문에 구매활동에 관한 지배구조를 파악하고 어떠한 영업전략을 수립해야 하는지 분석적으로 접근해야 한다.

구매 지배구조 분석의 목적은 크게 3가지로 분류할 수 있다.

- 판매하는 제품, 솔루션, 프로젝트, 서비스 등의 구매매력도를 평가
- 구매매력도를 높일 수 있는 영업전략의 대안을 수립
- 수립된 대안의 실행전략을 도출

구매매력도는 경쟁사 대비 얼마만큼의 구매영향력을 확보하고 있으며, 이를 통해 자사의 제품이나 서비스가 채택될 수 있는지에 대한 정성적·정량적 지표를 일컫는다. 구매매력도를 결정하는 구성요소는 다음과 같은 5가지 대표적 요소를 통해 측정할 수 있다.

- 최종 의사결정권자
- 구매부서
- 경쟁자
- 사용자
- 기술지원부서

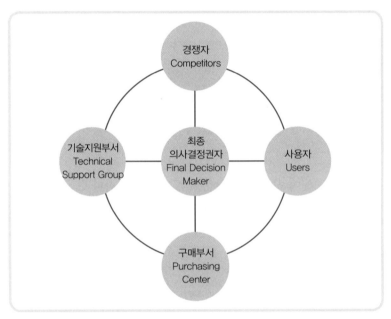

[그림 5-2] 구매영향력 구조 모형

[그림 5-2]는 5가지 요소를 도식화한 것이다. 각각의 요소는 상호작용을 통해서 특정 제품, 서비스, 솔루션, 프로젝트 등의 구매 매력도를 형성하게 된다.

최종 의사결정권자는 다음과 같은 3가지 항목으로 측정하거나 판단할 수 있다.

- 관심 정도: 의사결정권자가 해당 제품·솔루션·프로젝트·서비스에 관심이 많을수록 구매영향력이 높다.
- 관련 지식: 관련지식이 많을수록 구매영향력이 높다.
- 권한 위임 정도: 권한을 유지하는 정도가 강하면 구매영향력이 높다.

최종 의사결정권자는 상위 수준에서의 제품이나 서비스 도입에 대해 의사결정을 수행한다. 세부적인 기능이나 비용보다는 제품이나 서비스를 통해서 이룰 수 있는 기업의 효용가치를 중심으로 구매에 대한 판단을 한다. 이때 최종 의사결정권자의 관심 정도는 평소 관련 분야에 대한 지식이나 경험에 의해서 결정된다. 권한 위임 정도 또한 제품이나 서비스에 관심이 많으면 자연스럽게 권한에 대해 전권을 위임하지 않고, 최종 구매시점 중간에도 어느 정도 권한을 행사할 것이다. 요컨대 관심 정도, 관련 지식, 권한 위임 정도는 별개의 항목이라기보다 최종 의사결정권자의 특성을 기반으로 한 상호작용을 통해 형성된다고 볼 수 있다.

영업직군에서는 최종 의사결정권자가 해당 제품이나 서비스 혹은 프로젝트에 얼마만큼의 관심과 지식을 가지고 있으며, 해당 프로젝트에 대해 보고를 받는 주기는 어떠한지, 권한 위임의 정도는 어느 정도인지 등을 정확히 판단하는 것이 중요하다.

물론 해당 제품이나 서비스의 구매가격이나 중요도에 따라서 구매에 미치는 영향력이 다를 수 있으며, 고객사의 규모에 따라서도 최종 의사결정권자의 직급이 달라질 수 있다. 이러한 세부적인 측정항목들은 최종적으로 관심의 정도를 결정한다. 즉 관심 정도, 관련 지식, 권한 위임 정도는 구체적인 세부 항목으로 조금 더 자세히 측정할 수 있으며, 이러한 항목은 영업직군 스스로 지속적으로 발굴하고 보완해 나가면서 자사의 측정지표로 만들어야 한다.

최종 의사결정권자에 대한 정의 또한 다양하게 내릴 수 있다. 단순히 접근하면 CEO가 최종 의사결정권자이다. 하지만 CEO의 권한을 전부 위임받은 임원이나 팀장이 있을 수 있다. 그뿐만 아니라 최종 의사결정권자는 한 개인이 아니라 특정 조직의 여러 이해관계자로 정의할 수도 있다. CEO가 특정 임원이나 팀장에게 구매에 관한 권한을 위임했다 하더라도 아주 무관심하지는 않을 거라는 가정을 한다면, 최종 의사결정권자는 CEO를 포함한 임원, 팀장이 될 것이기 때문이다. 이처럼 특정 대상에 대한 정의는 영업의 특성이나 상황에 맞게 변형할 수 있어야 하며, 그에 맞는 영업전략을 실행할 수 있어야 한다.

구매부서는 역할 범위, 관련 지식, 제품 차별화 정도 요소로 해석할 수 있다.

- 역할 범위: 높은 참여 역할일수록 구매영향력이 높다.
- 관련 지식: 관련 지식이 많을수록 구매영향력이 높다.
- 제품 차별화 정도: 차별화된 제품일수록 구매영향력이 낮다.

구매부서는 B2B 영업에서 실제 구매계약 행위가 발생하는 조직으로 매우 중요한 의미를 가진다. 구매부서와의 관계 형성을 통해 계약금액에 대한 협상 이전에 해당 제품이나 서비스를 수주하기 위한 가장 기본적인 정보를 획득할 수 있다.

구매부서의 역할이 단순 계약 활동만을 수행하는 것인지, 아니면 구매 전반의 평가에 참여하는 것인지에 따라 구매에 미치는 영향이 달라진다. 이때 구매행위에 참여하는 역할의 범위는 어떠한 제품이냐에 따라서 다를 수 있다. 예를 들어 병원에서 수술에 사용하는 특수한 장비의 경우, 구매부서의 역할은 제한적일 수밖에 없다. 대개 이러한 차별화된 제품은 직접적인 사용자가 제품 선택 사항을 결정하는 경우가 많다. 반면 일상적으로 기업에서 사용하는 공용용품이나 소모품은 구매부서에서 일괄적으로 구입하거나 시스템을 통해 사용자가 직접 구매한다. 이 경우에는 구매부서의 구매영향력이 높다고 할 수 있다. 비록 사용자가 구매시스템을 통해서 제품을 직접 구입할 경우에도 특정 업체의 제품을 구매시스템에 포함시킬 것인지에 대한 의사결정은 구매부서에서 담당하기 때문이다.

구매부서의 제품 관련 지식은 제품의 차별화 정도에 따라 다를 수 있으며, 구매부서의 존재 형태에 따라 달라질 수도 있다. 예를 들어 특정 제품이나 서비스의 중요도에 따라서 기존 구매부서 이외에 특정 시점에 TFT(Task Force Team) 형태의 구매부서가 별도로 꾸려질 수 있다. 이때 구매부서는 해당 분야의 전문가 집단으로 형성되기 때문에 구매에 대한 영향력이 상당히 높다고 볼 수 있다.

이처럼 구매부서의 구매영향력 또한 대부분의 요인이 상호작용을 통해 형성된다. 그렇기 때문에 구매부서의 구매영향력을 측정할 때는 복합적인 상호작용을 파악하는 것이 무엇보다 중요하다. 또한 구매부서는 B2B 영업에서 어떠한 형태로든 한 번 이상은 반드시 마주쳐야 하는 부서이므로 평소 관계 형성에 주의를 기울여야 한다. 구매부서와의 잘못된 관계 형성이 수주에 결정적인 영향을 미치지 않는다 하더라도, 구매결정 이후 가격 협상 시점에서 불이익을 당할 수 있다.

경쟁자를 포함한 경쟁강도*는 다음과 같은 요소로 구성된다.

- 사용 정도: 기존에 사용하고 있는 제품일수록 구매영향력이 높다. (전환비용)
- 산업 성장률: 산업 성장률이 낮아질수록 산업 내 경쟁강도가 높아진다.
- 고정비(과잉설비): 높은 고정비에 따른 과잉설비는 산업 내 경쟁을 격화시킨다.
- 제품 차별화: 제품의 차별화 정도가 약할수록 산업 내 경쟁강도가 높다.
- 그룹의 이해관계(경쟁기업의 동질성): 기존 경쟁기업이 동질적일수록 산업 내 경쟁강도가 높아진다.
- 철수장벽: 철수장벽이 높을수록 기존 산업 간 경쟁이 격화된다.

경쟁자 및 경쟁강도는 구매영향력에 있어 개별 제품이나 서비스뿐만 아니라 특정 제품이나 서비스의 산업에 영향을 미치는 요소이다. 그 때문에 경쟁자와 경쟁구조에 대한 이해는 개별 경쟁보

★ 경쟁강도는 마이클 포터의 '5 Forces 모델'의 경쟁에 관한 요인을 인용하였다.

다 더 큰 의미를 지닌다. 영업직군은 특정 제품이나 서비스가 지속적으로 경쟁에서 밀리는 최악의 현상이 발생하지 않도록 구매에 직간접적인 영향을 미치는 경쟁에 대해 필수적으로 분석해야 한다.

고객사에서 경쟁사의 제품을 기존에 사용하고 있을 경우는 그렇지 않은 상황에 비해 구매에 미치는 영향력이 크다고 할 수 있다. 기존에 사용하는 제품에 대해 별다른 이상이나 요구가 없다면 구매부서를 포함한 이해관계 집단에서 굳이 새로운 제품이나 서비스를 도입하려 들지 않기 때문이다. 특히 공공과 같은 특수 분야에서는 새로운 제품이나 신기술보다 안정성과 같은 요인을 더욱 중요시하는 경향이 있다. 또 기반시설(infrastructure)에 해당하는 영역의 제품이나 서비스 분야에서도 마찬가지다. 기존에 구축되어 있는 인프라를 변경하기 위해서는 연관된 여러 단위의 시스템과 기능까지 모조리 바꾸어야 하기 때문이다.

이러한 제품이나 서비스의 특성은 제품의 차별화 정도로 해석할 수 있다. 즉 차별화된 제품일수록 기존에 사용하고 있는 제품이나 서비스를 새롭게 구현하는 데 많은 위험요인과 비용이 발생하기 때문에 구매행위에 미치는 영향력이 높다고 할 수 있다. 이외에도 산업의 전반적인 성장률, 높은 고정비, 경쟁기업의 동질성, 철수장벽 등은 해당 제품이나 서비스를 판매하는 기업이 속한 산업의 경쟁에 영향을 미치는 요인들이다.

사용자는 전문성, 제품 차별화 정도, 사용자 범위와 같은 요소를 포함한다.

- 전문성: 사용자 집단의 전문성이 높을수록 구매영향력이 높다.
- 제품 차별화 정도: 차별화된 제품일수록 구매영향력이 높다.
- 사용자 범위: 제품에 대한 사용자 범위가 넓을수록 구매영향력이 낮다.

사용자 집단의 전문성은 구매영향력에 때로는 막대한 영향을 미친다. 병원의 의료장비와 같은 제품은 의사들의 전문성을 중심으로 구매행위가 결정된다고 해도 과언이 아니다. 반면에 사용자 집단이 특별한 기술이나 지식을 갖추지 않아도 되는 제품의 경우에는 구매행위에 대한 영향력이 거의 없다고 볼 수 있다. 예를 들어 기업에서 공동으로 구매하는 노트북이나 프린터 같은 장비는 사용자의 선호는 존재할지언정 구매행위에 커다란 영향력을 미치지 않는다.

또한 이러한 전문성은 제품의 차별화에도 동일한 맥락에서 영향을 미치며 상호작용을 한다. 전문가 집단이 사용하는 제품은 대부분 특수한 지식을 기반으로 하는 장비이며 차별화된 제품일 경우가 많다. 이처럼 차별화된 제품은 제품 사용의 복잡성을 고려해야 하기 때문에 사용자의 전문성에 기반을 둔 구매의사결정이 이루어진다.

사용자의 사용 범위는 위에서 언급한 전문성이나 제품 차별화 정도와도 연관성을 보인다. 사용자의 사용 범위가 넓다는 것은 대부분 제품이 차별화되지 않고 사용자의 전문성 또한 낮은 경우이다. 이러한 때에는 사용자 집단의 구매영향력이 낮게 나타난다.

기술지원부서는 다음과 같은 중요한 3가지 항목을 포함한다.

- 전문성: 기술지원부서의 전문성이 높을수록 구매영향력이 높다.
- 사용 범위: 제품에 대한 사용 범위가 넓을수록 구매영향력이 높다.
- 의존도: 기술지원부서에 대한 의존도가 높을수록 구매영향력이 높다.

기술지원부서는 전반적으로 일반 사용자 집단에 비해 특정 제품이나 서비스에 대한 전문성이 높기 때문에 구매영향력이 높은 집단적 특성을 지닌다. 이러한 이유로 영업직군에서는 특정 구매시점이 아닌 일상적인 상황에서도 기술지원부서 인력들과 빈번히 접촉하고 관계를 형성하는 경우가 많다.

기술지원부서는 다른 구매영향력 집단과 달리 거의 모든 제품이나 서비스의 구매에서 기술에 대한 평가를 담당한다. 가령 제품에 대한 사용 범위가 넓을 경우, 구매부서는 기술지원부서의 도움을 받아 해당 제품에 대한 몇 가지 구매 리스트를 작성하고 이를 사용자 집단에 전달해 최종적으로 구매하도록 한다. 이때 기술지원부서의 구매영향력이 높아지며, 구매행위에 대한 의존도도 상대적으로 높아진다.

요컨대 기술지원부서는 특정한 전문성이 필요한 제품이나 서비스를 구매하는 경우는 물론이고 일상적인 상황에서도 구매행위에 중요한 역할을 수행한다.

이상의 구성요인과 측정항목은 다음과 같은 형태로 정리할 수 있다. 해당 제품이나 서비스 혹은 프로젝트에 관여된 모든 고객을 분류하고, 각각의 고객이 소속된 집단을 나눈 후, 영향 강도를 측정하여 접근전략의 개략적 도표로 정리할 수 있다. 이때 영향 강도는 상·중·하와 같은 지표를 사용할 수 있으며, 5점·7점·10점 척도로 계산할 수도 있다. 또한 각각의 영향 강도에 대한 가중치를 설정해 좀 더 세밀하게 측정할 수도 있다.

[표 5-2] 고객별 구매영향력 평가표

제품/고객	소속	영향 강도	접근전략
XXX/한기술	기술지원부서	매우 높음	기술지원부서의 영향력 감소 전략
XXX/홍구매	구매부서	낮음	구매부서의 전문성 강화
……	……	……	……

표로 정리한 내용들을 아래와 같이 도형으로 나타내 한눈에 볼 수 있도록 하는 것도 많은 도움이 된다. [그림 5-3]에서 볼 수 있듯이 경쟁자, 최종 의사결정권자, 구매부서, 기술지원부서 및 사용자의 구매영향력을 분석한 후 현재 우리의 강점을 식별하고, 이를 통해 어떠한 영업전략을 수립하고 실행할 것인지 논의할 수 있다.

영업전략을 세울 때는 매번 우리의 약한 것을 강화하고 강한 것을 더욱 발전시키는 방향으로만 수립하지는 않는다. 때로는 경쟁사의 영업전략이나 상태에 따라 자사의 영업전략 또한 달라진다. 또 특정 시점이나 자사의 상황에 따라 변할 수도 있다.

예를 들어 [그림 5-3]에서 기술지원부서의 구매영향력에 대한 영업접근전략은, 구매영향력을 감소시키는 전략적 방향 이외에도 기술지원부서와의 관계를 강화시키는 쪽으로 취할 수도 있다. 또한 구매부서의 전문성을 강화하기보다는 구매부서를 통해서 경쟁자의 구매영향력을 약화시킬 수 있는 방안을 모색하는 영업접근전략을 수립할 수도 있다.

이처럼 구매영향력 분석은 자사의 상황과 경쟁사 및 고객사의 전반적인 상황을 통합적으로 파악하는 데 유용한 도구이다. 그리고 구매영향력 분석을 통해 도출한 자사의 영업접근전략은 여러 가지 전략적 대안을 동시에 고려했다는 점에서 큰 의미가 있다.

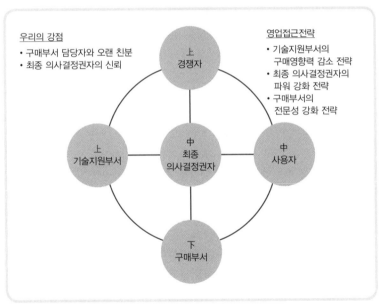

[그림 5-3] 구매영향력 구조 분석

◇◆◇ 구매영향력 구조를 알면 수주가 보인다!

영업전략을 수립한다는 것은 자사의 상황과 고객사의 상황, 그리고 경쟁사의 상황을 때로는 분석적으로, 때로는 감각적으로 판단해 무엇을 어떻게 할 것인지를 결정하는 행위라고 할 수 있다. 이 2가지가 하나의 맥락을 형성할 때 기대 이상의 성과를 거두기도 한다.

H사는 신규 고객관리 및 빌링(billing) 시스템을 도입하기 위해 국내 대형 SI사업자에 RFP를 발송하였다. 사업설명회를 마치고 제안서를 평가하기 위한 준비작업을 한창 진행하고 있을 때였다. 아직 제안서 제출이 5일 정도 남아 있기는 했으나, 그 정도 상황이면 해당 프로젝트는 참여하지 않는 것이 옳다고 판단했을 것이다. 하지만 감이란 게 참 이상한 것이 경쟁에 꼭 참여해 보고 싶다는 생각이 들었다. 그래서 H사를 찾아가 참여의사를 밝히기 전에 해당 프로젝트의 구매영향력 구조를 분석해 보았다. 물론 당시에는 지금처럼 구체적인 측정 요인을 통해서가 아니라 구매행위에 영향을 미치는 핵심 요인만을 분석하였다.

최종 의사결정권자인 CEO는 해당 프로젝트에 큰 관심이 없었으며, 예산을 절감하는 수준에 따라 프로젝트의 방향을 설정하는 정도였다. 이러한 이유로 최종 의사결정권자의 구매영향력은 하(下)로 평가하였다. 한편 사용자인 H사의 시스템 운영자들은 관련 시스템에 새로운 기능을 추가하거나 기존 방식에 크게 불편함이 없도록 하는 정도의 변화 의지를 보였기에 구매영향력은 중(中) 정도로 판단하였다. 경쟁자는 국내 최고 수준을 자랑하는 SI업체 세 곳이 참여하였기 때문에 상(上)으로 측정하였다.

그런데 기술지원부서와 구매부서를 분석하는 도중에 다른 경우와 차이점을 발견하였다. H사의 SI는 그룹 계열사인 H-SI사에서 총괄적으로 관리하고, 구매계약행위 또한 그곳에서 진행하는 형태였다. 즉 기술지원부서와 구매부서가 동일한 외부 계열사였으며, 소위 말하는 파워가 가장 강한 곳은 H-SI사로 파악되었다. 만약 이러한 구매영향력 구조를 파악하지 않았다면 곧바로 고객사인 H사에 찾아가 참여의사를 밝히는 실수를 범했을 것이다.

상황을 종합적으로 판단해 보니 우리의 강점이 보였다. 우선 경쟁자인 대형 SI업체들에 대해 기술지원부서와 구매부서의 반감이 존재했다. 대형 SI업체이다 보니 상대적으로 15억 원 정도의 소규모 프로젝트에서는 비용을 협의하기가 어려웠으며, 추가적 기능에 대한 조율 작업에도 통제력을 잃고 있었다. 대형 SI업체 입장에서는 프로젝트 규모가 크지 않기 때문에 고분고분 말을 듣기보다는 자사의 주장을 굽히지 않는 상황이 연출된 것이다. 또한 가격대비 성능에서도 우리의 강점이 존재했다. SI 관리비용을 줄인다면 가격경쟁력을 충분히 확보할 수 있었으며, 당시 중소기업이었기 때문에 대기업에서 진행하기 힘든 커스터마이징(customizing)을 쉽게 진행할 수 있는 강점도 존재했다.

이러한 분석결과를 토대로 영업전략을 수립하였다. 우선 H-SI사를 집중 공략하고, 가격경쟁력과 제품의 유연성을 통해 경쟁자를 압박하는 전략을 수립하였다. 예상대로 H-SI사에서 관심을 보였고, 추가적인 참여를 통해서 최종적으로 수주를 할 수 있었다.

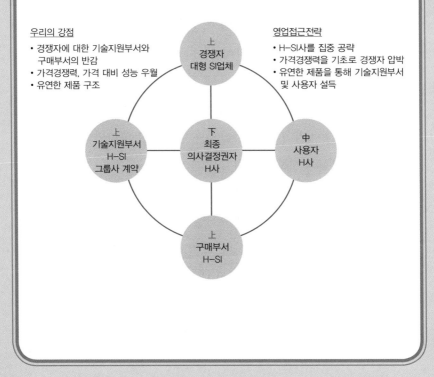

우리의 강점
• 경쟁자에 대한 기술지원부서와
  구매부서의 반감
• 가격경쟁력, 가격 대비 성능 우월
• 유연한 제품 구조

영업접근전략
• H-SI사를 집중 공략
• 가격경쟁력을 기초로 경쟁자 압박
• 유연한 제품을 통해 기술지원부서
  및 사용자 설득

上
경쟁자
대형 SI업체

下
최종
의사결정권자
H사

上
기술지원부서
H-SI
그룹사 계약

中
사용자
H사

上
구매부서
H-SI

대상 고객별 영업전략

처음 영업을 시작하는 사람에게 가장 큰 고민은 무엇일까? 바로 어디서부터 영업을 시작해야 하는지, 어떠한 활동을 해야 하는지, 어떻게 판매나 수주를 해야 하는지에 대한 자신만의 구체적인 아이디어와 전략이 없다는 점이다. 이러한 상황은 비단 신입사원에게만 해당되는 문제는 아니다. 경력이 어느 정도 되는 영업인에게도 매출은 오르지 않고, 어디서부터 어떻게 풀어 나가야 할지 아무런 생각이 나지 않는 막막한 순간이 찾아올 수 있다.

이런 현상은 크게 2가지 경우에 찾아온다. 하나는 시장환경의 변화이며, 다른 하나는 동기부여의 결여다. 시장환경의 변화는 신입과 경력의 차이가 일순간 사라지는 현상으로 나타난다. 오랜 시간 해 오던 방식이 시장에 먹히지 않게 되는 순간, 경력사원도 신입처럼 영업의 벽에 부딪히게 된다.

그렇다면 이때 우리는 무엇을 어떻게 해야 할까? 시장을 재정의하고 고객을 다시 분류해야 한다. 그리고 내가 할 수 있는 것과 잘하는 것을 정확히 인지한 뒤, 접근 대상 고객별로 새로운 영업전략을 수립해야 한다. 그렇게 하고 나면 내가 무엇을 해야 할지 명확해진다. 모든 고객에게 모든 제품과 서비스를 판매한다는 것은 심하게 말하면 영업을 하지 않겠다는 말과 똑같다. 목표가 없고 표적이 없으니 매출이 발생할 리 만무하다.

▌시장에 대한 거시적 전략

시장과 제품을 기준으로 신규 시장과 신규 제품, 기존 시장과 기존 제품에 대한 전략을 다룬 '앤소프 매트릭스(Ansoff matrix)'는 거시적 관점에서 영업직군의 전략뿐만 아니라 기업의 시장 진출 전략에 대한 직관적 방향을 제시한다. 1957년에 소개된 이 이론은 시장을 구분하고, 어느 시장에 어떠한 방식으로 접근해야 하는지 판단하는 도구로써 현재까지도 유용하게 활용되고 있다.

[표 5-3] 앤소프 매트릭스[*]

제품/시장	기존 시장	새로운 시장
기존 제품	시장 침투 전략 (market penetration)	신규 시장 개척 전략 (market development)
새로운 제품	신제품 개발 전략 (product development)	다각화 전략 (diversification)

　　시장 침투 전략은 기존 시장에서 기존 제품이나 서비스를 통해 더 많은 매출을 확보하는 전략이다. 매출 증가를 위해서 기존 고객에게 더 많은 구매행위를 할 수 있도록 영업 및 마케팅을 고도화

---

[*] Ansoff, H.L.(1957), Strategies for Diversification, *Harvard Business Review*, 25(5), pp. 113~125.

하는 방법이 있다. 예를 들어 VIP 고객을 선발해 추가적으로 프로모션을 하거나, 마일리지나 쿠폰 등을 통해 구매행위를 증가시키는 것이다.

B2B의 경우에는 정기적인 기술 콘퍼런스 개최나 점진적인 기능 추가 등을 통하여 기존 고객의 구매잠재력을 자극하는 방법을 들 수 있다. 또 다른 방법은 기존 고객을 세분화하고 대상 고객별로 새로운 구매니즈를 발견하게 하는 것이다. 세분화를 진행하는 과정에서 새로운 고객이나 제품을 개발할 수도 있다.

신제품 개발 전략은 기존 시장에서 새로운 기능이나 서비스를 통해 새로운 고객을 확보하는 것이다. 특정 제품이나 서비스에 대해 신제품을 지속적으로 출시하는 활동들이 이러한 신제품 개발 전략이라 할 수 있다.

신제품을 개발하는 방식에는 첫째 혁신적 제품을 출시하는 방식과, 둘째 점진적 개선 제품을 제공하는 방식이 있다. 혁신적 제품의 출시는 새로운 시장을 형성하게 하는 파괴적인 방식이 될 수 있는데, 대표적인 사례로 애플의 아이폰을 들 수 있다. 아이폰은 기존의 일반 휴대폰에 비해 월등히 혁신적인 기능을 갖춘 제품으로 새로운 스마트폰 시장을 형성하였다. 그리고 이후 점진적 개선 제품을 통해 기존 고객에게 신제품을 선보이는 활동이 계속되고 있는데, 이것이 두 번째 신제품 개발 전략이라 할 수 있다.

신규 시장 개척 전략은 기존 제품을 활용하여 새로운 지역, 판매시장을 개척하는 것이다. 국내 기업의 해외시장 진출이 이러한 전략의 대표적 예라고 할 수 있다. 신규 시장을 개척하려면 많은 비용이 든다. 또 제품이나 서비스 판매가 정상 궤도에 오르기까지 영업 및 마케팅 비용을 포함한 다양한 투자가 선행되어야 한다. 이러한 투자비용을 최소화하기 위해서 기업은 신규 시장에 존재하는 기존 기업과의 전략적 제휴(strategic alliance)나 인수합병(M&A, Merger and Acquisitions)을 추진하기도 한다.

다각화 전략은 기업이 새로운 성장동력을 모색하거나 기존 시장의 위험을 회피할 목적으로 신규 사업을 수행하는 전략적 방향을 말한다. 다각화는 크게 '관련 다각화(related diversification)'와 '비관련 다각화(non-related diversification)'로 분류할 수 있다.

관련 다각화는 기존 사업 영역과 관련된 신규 사업으로의 진출을 말한다. 예를 들어 자동차 회사가 자동차 부품을 만드는 사업에 진출하는 것은 관련 산업 내에서 기존 사업과의 시너지를 고려한 관련 다각화다. 반면에 비관련 다각화는 기존 산업과의 경계에서 벗어난 다각화 유형이다. 예를 들면 제과 및 음료 사업을 하는 기업이 영화 사업이나 항공 사업에 뛰어드는 경우가 이에 해당한다.

한편 다각화를 추진하기 전에는 '다각화 수행에 과연 신규 사업이 매력도가 있는가, 신규 사업이 투자비용을 초과하는 이익을 낼 수 있을 것인가?'와 같은 문제를 충분히 검토한 후 의사결정을 해야 한다. 사업 진출에 대한 확신과 분석이 없으면 다각화는 실패로 이어질 가능성이 높다.

지금까지 살펴본 시장과 제품에 대한 4가지 진출 전략은 영업직군의 단기간 수주나 매출에 직접적인 영향을 미치는 요인은 아니다. 그러나 거시적 관점에서 제품과 시장에 대한 기업 수준의 진출 방법을 개념적으로 이해하고, 이를 통해 일관된 방향성 아래 영업전략을 수립할 수 있다는 점에서 중요하다.

▌ 4P-STP 전략

1. 마케팅 4P

마케팅에서 다루는 제품(Product), 유통(Place or Distribution), 판매촉진(Promotion), 가격(Price)은 4가지 P를 중심으로 시장을 어떻게 세분화(Segmentation)하고, 표적(Targeting)을 어떻게 정리하고, 자사의 포지셔닝(Positioning)을 어떻게 결정할지에 대한 중요한 기준을 제공한다. 이를 '마케팅 4P 믹스'라고 하는데, 이러한 4P 즉 제품, 유통, 판매, 가격은 기업이 어떠한 전략을 수행하느냐에 따라 비차별적 전략, 집중적 전략, 차별적 전략으로 표적시장에 대한 전략적 방향을 결정할 수 있다.[*]

비차별적 전략은 하나의 마케팅 믹스의 개념을 통해 단일 표적시장에 대해 차별적이지 않은 마케팅을 실행한다. 집중적 전략에서는 표적시장을 다수로 하여 각각의 표적시장에 하나의 마케팅 믹스를 적용하며, 차별적 전략에서는 다수의 표적시장에 다수의

---

[*] 《마케팅 파운데이션*Marketing Foundations*》(William M. Pride, O. C. Ferrell 지음, 김도일 외 옮김, 2012).

마케팅 믹스를 적용하는 형태를 가진다. 이러한 마케팅 개념을 기초로 어떻게 STP(Segmentation, Target, Position)를 결정하느냐 하는 것은 기업이 보유하고 있는 역량과 자원을 선택적으로 집중하여 시장을 확보하는 중요한 방식이다.

기업은 때로는 시장을 통합하고, 때로는 제한된 시장을 확대하기도 하면서 끊임없이 변화한다. 이러한 과정에서 기업은 시장의 변화에 적절히 대응하기도 하고, 시장을 선도하기도 하는 전략을 구사할 수 있다. 영업직군에서는 시장에 대한 정확한 이해와 더불어 마케팅부서와의 협업을 통해 현재 구현하고 있는 조직 차원에서의 영업 및 마케팅 전략을 상호 이해해야 한다.

어떻게 고객을 분류할 것인가? 이는 고객을 어떻게 세분화할 것인가에 대한 문제다. 무작정 연령, 산업, 규모, 혹은 지역별로 고객을 나누어 놓는 세분화는 아무런 의미가 없다. 어떤 제품을, 어떤 유통 구조를 통해, 어떠한 판매전략으로, 어떠한 가격정책에 따라 판매할지에 대한 4P를 함께 고려해야 한다. 어느 것이 먼저가 아니라 동시에 고려해야 한다. 때로는 4P를 중심으로 고객의 유형이 달라지며, 때로는 고객의 유형별로 4P를 달리해야 할 때도 있다. 이러한 비차별적, 집중적, 차별적 전략은 기업이 현재 지니고 있는 속성이나 역량에 기반을 두어서 디자인해야 한다.

제품 전략은 다음과 같은 제품의 특성에 대한 기준을 수립하는 절차를 포함한다.

• 신제품 개발

- 기존 제품의 변화
- 디자인, 포장
- 보증, A/S 및 각종 서비스
- 상표 개발

제품 전략은 신제품 및 기존 제품이 시장에 어떠한 변화를 가져오게 할 것인가, 혹은 고객에게 어떤 이미지를 통해 인식되어야 하는가에 대한 개념을 담고 있다. 이는 누구를 대상으로 혹은 어떤 시장을 대상으로 제품이나 서비스를 설계하느냐에 따라 달라진다. 그뿐만 아니라 이러한 제품의 콘셉트를 디자인으로 어떻게 표현할 것인지에 대한 설계도 제품 전략에 포함된다. 무형의 서비스일 경우에도 어떠한 전략을 통해 고객에게 유형적인 모습으로 보이게 할 것인지를 개념적으로 디자인해야 한다.

영업직군이 제품이나 서비스의 특성을 넘어 제품이 지니고 있는 고유한 가치를 인식하는 것은 고객에게 제공해야 할 가치의 전달 차원에서 매우 중요한 일이다. 그러므로 본인이 다루는 제품이나 서비스의 개념적 가치가 경쟁사의 그것과 어떠한 차이점을 지니며, 어떠한 형태를 통해 전달될 때 고객에게 가장 큰 호응을 받을 수 있는지 학습해야 한다.

'개념적 제품(서비스) 가치 선언문'을 완성해 보는 것도 제품이나 서비스의 개념적 가치를 학습할 수 있는 좋은 방법이다. 자사의 제품이나 서비스의 개념적 가치를 하나의 문장으로 완성해 보면, 고객에게 제품이나 서비스의 가치와 특성을 강하게 전달할 수 있을 뿐만 아니라 기능적 차원을 넘어선 한 수준 높은 차원의 영업 마인드를 가질 수 있다.

"나에게 있어 (　　　　　)은 (　　　　　　　　　)입니다."

예를 들어 '나에게 있어 IT는 고객의 빠른 퇴근입니다.'라고 정의한다면, 고객의 빠른 퇴근을 위해 필요한 신속하고 정확한 IT서비스를 제공하겠다는 의지를 담을 수 있다.

유통 전략은 제품이나 서비스를 고객에게 전달하기 위한 일련의 활동을 담고 있다.

• 소매상 및 대리점 관리
• 유통경로 구축 및 관리
• 재고 관리
• 물적 유통(물류)

유통 전략은 판매에 대한 루트(route) 및 방법을 광범위하게 다룬다. 또한 재고 관리 및 물류에 대한 부분도 정의하게 된다. 이러한 유통 전략은 제품이나 서비스의 특성에 따라 상당한 차이를 가질 수 있다. 예를 들어 신선식품의 경우, 물류나 유통의 경쟁력은 곧바로 기업 전체의 경쟁력으로 이어질 수 있다. 자동차, 휴대폰, IT와 같은 산업에서도 완제품을 생산하기 위한 자재 및 재고 관리는 전체 생산공정을 결정짓는 중요한 활동이다. 또한 완제품을 어떻게 고객에게 유통시키고, 높은 수준의 품질을 유지한 채 얼마나 빨리 전달할 수 있을지에 관한 부분은 B2C 산업에서 매우 중요한 이슈이다. 고객은 자신이 주문한 제품에 대한 배송경로를 실시간으로 살펴보기 원하며, 언제쯤 상품이 도착할 것인지 정확하게 알기를 원한다. 이러한 전반적인 유통 전략은 단순히 고객에게 전달해야 하는 제품을 어떤 방식으로, 어떤 운송수단을 통해서 배송하느냐의 문제를 넘어서는 활동이다.

대규모 프로젝트를 진행해야 하는 B2B 산업에서도 유통 전략은 프로젝트의 성공을 결정짓는 중요한 요소이다. SI프로젝트를 가정해 보자. 기업의 특성에 따라 SI프로젝트는 몇 개월에서 수년에 걸쳐 대규모 프로젝트로 진행되며, 인력을 포함한 많은 컴퓨팅 장비가 소요된다. 이때 각각의 장비가 우선순위를 고려하여 제때 입고되지 않는다면 전체 프로젝트 일정에 큰 차질을 빚는다.

일차적으로는 프로젝트의 책임을 지고 있는 프로젝트 매니저 (PM)가 전체적인 관리를 담당하게 된다. 하지만 프로젝트를 진행하다 보면 영업직군이 개입해야 하는 경우가 많이 발생하게 된다. PM은 프로젝트 현장에서 수많은 협력사를 관리해야 하기 때문에 협력사 인력과 원만한 관계를 유지해야 한다. 또한 협력사의 물량은 협력사의 영업과 PM이 공동으로 담당하는 경우가 많다. 이러한 이유로 영업을 통해서 빠르게 문제를 해결할 수 있는 경우가 현실적으로 존재한다.

비단 IT 산업뿐만 아니라 제조에서도 이러한 물류, 유통에 관한 이슈는 빈번히 발생한다. B2B, B2C를 막론하고 복잡하고 다양한 공급망(supply chain)이 존재하기 때문에 이를 어떻게 설계하고 관리하느냐에 따라 기업의 경쟁력이 달라질 수 있다.

판매촉진 전략은 제품이나 서비스에 대한 개념적, 특성적 특징을 고객에게 인식시키는 일련의 활동을 통해 매출을 높이기 위한 다양한 기법을 포함한다.

- 광고 (TV, 눈, 신문, 잡지, 옥외 등)
- 인적 판매
- 각종 판촉활동
- 홍보 및 PR
- 상표 및 이미지관리

판매촉진을 위한 활동은 기업 차원에서 이루어지는 기업에 대한 브랜드 홍보 전략을 포함하여 사업부 단위의 제품이나 서비스를 위한 프로모션 전략을 포괄한다. 이러한 판매 촉진에 관한 활동은 영업직군이 자사의 브랜드에 관해 잘 알고 있는 고객에게 보다 더 쉽게 영업활동을 전개할 수 있는 밑거름이 된다. 판매하는 제품이나 서비스에 대해 고객이 잘 모르는 브랜드일 경우, 해당 제품이나 서비스에 대한 가치를 설명하기는 여간 어려운 일이 아니다. 이러한 측면에서 전사 차원의 홍보활동은 영업활동에도 커다란 기여를 하게 된다.

이때 영업직군은 고객을 최전방에서 접하기 때문에 실질적인 고객의 속내를 가장 잘 알고 있다. 고객이 겉으로 표현하는 제품이나 서비스에 대한 반응과 실제 내면의 상태는 차이가 많이 날 수 있기 때문에, 영업직군이 이를 공유하는 것이 무엇보다 중요하다. 영업직군과 마케팅 직군은 상호 견제해야 하는 대상이 아니라 상호 협력해야 하는 대상인 이유가 바로 여기에 있다. 시장의 반응을 적절히 반영하기 위해서는 두 조직 간의 긴밀한 협업이 필요하다.

우리가 흔히 접하는 TV 광고를 보자. 주유소에 방문한 고객의 차량을 향해 아름다운 모델이 인사를 하고, 밝은 미소로 최고 품질의 주유서비스를 제공해 준다. 하지만 현실은 어떠한가. 영업 일선에서 느끼는 현장의 분위기와 TV 화면에 보이는 이상적인 모습의 차이가 너무 크지 않은가. 그렇다고 현장을 그대로 촬영해서 내보낼 수는 없는 노릇이다. 그렇다면 최소한 현장 서비스 개선을 통해 무엇을 해야 하는지를 식별하고, 이를 TV 광고 콘셉트와 동일한 방향으로 유지함으로써 고객에게 설득력을 얻어야 할 것이다. 이제 고객은 너무 똑똑해졌다. TV 광고에서 이야기하는 것과 현장에서 행하는 것 사이에 개념적인 동질성을 느끼지 못할 경우, 고객은 일종의 배신감까지 느낄 수 있다.

가격 전략은 제품 및 서비스의 특성에 따라 다르게 형성될 수 있으며, 다음과 같은 4가지 상황적 요인을 통해 결정된다.

- 판매가격 결정
- 가격 변화
- 할인
- 이윤 극대화

가격을 결정하는 방식에는 크게 2가지가 있다. 첫 번째는 제품이나 서비스의 원가가 결정되면, 여기에 얼마만큼의 이익을 추구할 것인가를 결정하고 이 둘을 합산하여 판매가격을 결정하는 방식이다. 두 번째는 제품이나 서비스의 가격을 우선 결정한 후, 이윤을 극대화하기 위한 방안을 찾아 원가를 낮추는 방식이다.

두 가지 방식에서 모두 중요하게 다루어야 할 사항은 고객으로 하여금 가격 저항력이 발생하지 않도록 하는 것과, 경쟁자의 가격과 비교해서 상대적인 경쟁력을 지니는 것이다. 제품이 차별화되어 있는 경우에 가격 결정의 가장 큰 이슈는 이윤의 극대화다. 제공하는 제품이나 서비스의 시장지배력이 강할수록 가격 자체에 대한 것보다는 고객의 구매 의지의 한계점을 찾는 데 더 주의를 기울이게 된다.

예를 들어 명품 핸드백의 경우에는 대부분의 소비자가 원가를 전혀 알지 못하고 구매행위를 한다. 고객은 명품 핸드백에 대한 가격저항력보다는 구매를 할 수 있는가 없는가에 대한 결정을 하고, 언젠가 꼭 구매를 하고자 하는 열망 상태를 유지하게 된다. 가격이 저렴하다고 해서 판매되는 것이 아니라, 그 제품이나 서비스에 담긴 구매욕구에 상응하여 가격이 결정된다. 반대로 우리가 생활에서 자주 쓰는 일상제품의 구매를 살펴보자. 이 경우에는 다른 제품과 가격을 꼼꼼히 비교하고 품질에 크게 차이가 없다면 한 푼이라도 절약하는 방향으로 구입을 한다. 명품 핸드백을 구매하면서 몇백만 원을 지불하는 소비자가 마트에서 몇백 원 때문에 물건을 들었다 놓았다 한다.

B2B에서도 마찬가지 상황이 존재한다. 제품이 자사에 반드시 필요하고, 제품을 통해 추가로 얻는 이익의 차이가 클수록 가격보다는 성능이나 품질에 더 큰 관심을 보이게 된다. 반면 제품이나 서비스의 가격이 영업직군에게 때로는 극복하지 못하는 장벽으로 존재할 경우도 있다. 제품의 경쟁력이 동일한 상태에서 가격경쟁력은 영업 그 자체인 경우가 많다. 영업력도 동일하고 제품의 성능도 동일하다면, 고객에게 경쟁사 대비 강조할 수 있는 것은 가격밖에 남지 않는다.

그런데 이러한 때에도 영업직군이 간과해서는 안 되는 한 가지 분명한 사실이 존재한다. '제품이나 서비스의 가격이 정말로 수주에 결정적인 것인가?' 하는 물음이다. 결정적인 경우도 물론 존재한다. 그러나 결정적이지 않도록 상황을 만들고 더 높은 가격을 받을 수 있도록 만드는 것이 또한 영업의 역할이다. 최저가 입찰을 수행하는 고객들조차도 내부적인 평가항목으로는 기술, 안정성 등의 지표를 먼저 고려하는 경우가 대부분이다. 표면적으로는 가장 낮은 가격을 제시한 업체가 우선협상 대상자가 되어야 마땅하지만, 결코 상황은 그렇게 흘러가지 않는다. 최저가만을 고려한 구매행위에 대해서는 그 누구도 책임을 질 수 없다. 고객은 좋은 제품이나 서비스를 저렴하게 구매하기 원하지, 무조건 싼 제품이나 서비스를 원하지 않는다.

그러므로 영업직군은 상황을 만들어야 한다. 때로는 판매 불가의 위기에 봉착한다고 하더라도 자사의 제품가격을 터무니없이 낮추는 (혹은 높이는) 행위를 해서는 안 된다. 가격 전략은 고객을 어떻게 분류하고 각각의 고객그룹에게 경쟁력 있는 제품 및 서비스를 제공하느냐의 문제에 기반하는 것이지, 무조건 싸게 판매하는 행위는 결코 아니다.

영업직군은 제품의 품질이나 가치를 직접적으로 통제하고 관리하지 못한다. 가격에 대한 결정권도 때로는 없을 수 있다. 그렇다면 이러한 상황에서 어떠한 방식으로 고객에게 영업을 해야 할까? 끊임없이 이야기하는 것이지만, 고객을 리드하는 것이 가장 적절하고 효과적인 방법이다. 즉 B2C 기업은 지속적인 변화와 혁신활동을 통해 고객의 갈망상태를 유지해야 하며, B2B 기업은 컨설팅 수준의 분석역량을 통해서 고객이 알지 못하는 문제에 대해 정확한 해법을 제공해야 한다. 고객을 리드할 수 있는 길은 끊임없이 자신의 시야를 넓히고, 상황을 분석하고, 고객의 입장에 설 때 찾을 수 있다. 마음을 닫고 한숨만 쉬는 영업직군은 결코 이 길을 찾을 수 없다.

지금까지 알아본 마케팅 4P와 이제 살펴볼 STP를 상호연동하면 강력한 마케팅 및 영업 전략을 형성할 수 있다. STP 전략은 '시장이나 고객을 어떻게 세분화(Segmentation)할 것인가, 핵심 타깃(Target)은 어디로 할 것인가, 핵심 타깃에게 어떠한 포지션(Position)을 제공할 것인가?' 하는 문제에 대한 논의를 포함한다.

2. STP 전략

세분화 전략은 유사한 성향의 집단을 논리적으로 분류하여 묶는 작업을 말한다. 이는 한정된 자원을 가장 효율적이고 효과적으로 배분하여 경쟁우위를 확보하기 위한 전략이다. 이러한 세분화 전략은 모든 경우에 적합한 것은 아니다. 혁신적인 신상품의 경우, 너무 빠른 세분화는 오히려 수익성을 악화시킬 수 있다. 예를 들어 초창기 스마트폰과 같은 혁신적인 제품은 시장이나 고객을 세분화하지 않았다. 시장이 성숙단계에 이르게 되면 세분화를 통해 새로운 마켓과 고객을 창출할 수 있다. 스마트폰 시장 또한 거시적으로는 통신사와 제조사를 중심으로 요금제를 다양화하거나 단말기를 다양화하여 고객층을 세분화하게 된다. 초기 시장을 충분히 활용한 다음 세분화를 통해 또 다른 시장을 형성하는 것이다.

세분화 전략에서는 다음과 같은 기준을 통해 시장이나 고객을 나눌 수 있다.

- 규모
- 업종
- 지역
- 인구 통계
- 심리적 요인

'규모'는 대기업, 중견기업, 소기업과 같은 분류를 통해 나누는 방법과 거래 규모로 나누는 방법 등이 있다. 현재 거래를 중심으로 시장이나 고객을 분류하는 방법은 현시점을 중심으로 서비스나 영업을 어디에 집중할 것인지를 명확하게 해 준다. 또한 기업의 규모로 분류하는 방법은 현시점의 거래를 포함하여 향후 새로운 거래에 대한 기대를 통해 새로운 마케팅 및 영업 전략을 수립할 수 있게 해 준다. 기업의 매출 규모 및 거래량에 따른 분류는 자사의 역량과 보유한 자원을 활용하여 어느 곳에 중점을 두어야 하는지를 명확히 할 수 있는 공통분모를 제공해 준다.

B2B 영업과 마케팅에서 B2C 분야와 차별화된 또 하나의 세분화 기준은 '업종'에 따른 분류에 있다. 특정 기업이 거래하는 고객이나 시장을 중심으로 금융, 제조, 공공, 통신, 물류, 유통, IT, 해운, 컨설팅, 교육 등과 같은 업종에 따른 세분화가 가능하다. 이러한 업종에 따른 분류는 제공하는 제품이나 서비스가 특정 업종을 대상으로 하여 집중되는 경우에 유의미한 세분화가 될 수 있다. 컨설팅이나 IT 서비스를 제공하는 기업이라면 특정 업종의 컨설턴트를 채용해야 하고, 특정 업종에서 사용하는 전문용어나 문화적 차이를 고려해야 한다. 영업직군 또한 특정 분야의 전문가를 통한 기술 영업, 솔루션 영업을 수행해야 한다.

'지역적 특성'을 중심으로 한 분류는 B2B, B2C 분야에서 모두 중요한 세분화 방법이다. 협의적으로는 국내시장에 대한 지역적 특성을 감안한 분류가 있어야 하며, 광의적으로는 국제시장을 대상으로 할 것인지에 대한 논의를 다루어야 한다. 특히 글로벌 시장에 진출하고자 할 때는 국제 경영에 대한 별도의 경험과 지식을 확보해야 한다. 서울 지역만을 놓고 보더라도 대형마트나 백화점에 입점한 상품은 크게 차이를 보일 수 있다. 이는 지역별 소득까지를 연결하여 고려한 것이다. 일부 지역에서는 명품관이 별다른 의미를 갖지 못할 수 있고, 어떤 지역에서는 명품관을 반드시 입점해야 할 수도 있다. 이러한 지역적 특성은 인구 통계학적인 특성을 함께 연결하여 세분화를 진행해야 한다.

'인구 통계학적 특성'을 고려한 세분화는 연령, 성별, 인종, 소득, 교육, 사회계층 등의 변수를 기준으로 한 세분화를 말한다. 특히 인구 통계학적인 분류는 B2B 마켓보다는 B2C 마켓에서 더욱 의미 있는 세분화 방법이라 할 수 있다.

이외에도 '심리적 요인'들을 통한 시장의 세분화는 소비자의 개성 속성들, 구매에 대한 동기, 라이프스타일 등을 중심으로 한 분류가 있다.

[표 5-4] 세분화 기준 요인

구분	내용
규모	대기업, 중견 기업, 소기업 / 거래 규모(거래량)
업종	금융, 제조, 공공, 통신, 물류, 유통, IT, 해운, 컨설팅, 교육, 의료, 공공, 엔터테인먼트, 건설 등
지역	국내, 해외, 시장 밀도, 기후, 도시 규모, 군 규모, 도시, 교외, 시골 등
인구 통계	연령, 성별, 인종, 소득, 교육, 직업, 가족 형태, 종교, 사회 계층 등
심리적 요인	개성, 동기, 라이프스타일 등

표적시장 설정 전략은 시장을 세분화한 이후에 집중해야 하는 시장과 고객을 선별하는 과정을 포함한다. 이때 목표시장을 선정하기 위한 중요한 요인은 다음과 같다.

- 실행 가능성
- 자원 공유
- 가치 공유
- 비용
- 최종 의사결정권자의 의지

'실행 가능성'은 보유하고 있는 제품이나 서비스가 특정 시장이나 고객을 대상으로 일정 수준 이상의 수익을 보장하며 실행될 수 있는지에 대한 판단이다. 실행 가능한 인재가 있어야 하며, 실행 가능한 시스템과 절차가 있어야 한다. 또한 실행 가능성은 항상 경쟁자에 대한 경쟁우위를 기본으로 해야 한다. 실행 가능하기는 하지만 경쟁에서 우위를 선점하지 못하고 시장을 잠식당할 거라고 판단되면 과감하게 해당 제품이나 서비스를 런칭해서는 안 된다. 실행을 위한 체크리스트는 다음과 같다.

- 실행 조직
- 실행력을 극대화할 수 있는 인재
- 시스템
- 투자비용
- 적합한 제품 및 서비스
- 시장 및 고객

예를 들어 국내시장의 포화로 해외에 진출하고자 의사결정을 한다고 치자. 이때 해외 진출을 위한 조직과 해외사업 경험이 풍부한 인재가 부재하다면, 해외시장을 위한 세분화 이후 표적시장 진출의 시기는 추후로 미루어야 한다. 또한 물류·유통·판매·영업과 같은 해외영업에 대한 시스템과 초기 투자비용을 감안해야 하며, 국내시장에서 성공한 제품이나 서비스에 대한 해외시장 적중률에 대해서도 별도의 마케팅 및 영업 활동을 통해 실행 가능성을 확인하는 절차를 거쳐야 한다. 이때 시장이나 고객에 대한 장밋빛

청사진을 그리기보다는 최악의 상황에 대한 실행전략을 고려해야
한다.

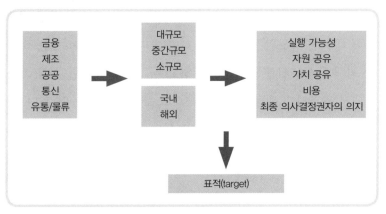

[그림 5-4] B2B 세분화 및 표적 선정

  '기업이 보유한 자원이나 가치를 공유하는 것'은 기존 제품이나
서비스의 확장 및 새로운 시장에 대한 적응력을 빠르게 한다. 그리
고 새로운 세분화 시장에 진출하는 데 있어 불확실성을 제거하는
중요한 요인으로 작용한다. 예를 들어 기존 제품이나 서비스가 서
울 지역 이삼십 대를 대상으로 한 것이었다면, 이를 수도권이나 지
방으로 확장할 때 기존의 노하우를 활용할 가능성이 높다. 노하우
를 활용한다는 것은 기존의 제품이나 서비스를 통해서 획득한 경
영 자원과 가치를 충분히 공유할 수 있음을 뜻한다. 하지만 이러한
자원이나 가치의 공유가 전혀 없는 새로운 세분화 시장에 진출할
경우에는 고려해야 하는 위험요인이 많을 수밖에 없다.

  B2B 시장에서 또한 마찬가지 현상이 발생한다. 특정 세분화 시
장에서 확보한 자원이나 가치를 새로운 세분화 시장에 확장 적용

할 경우, 새로운 세분화 시장에서 이를 충분히 활용하고 공유할 수 있도록 전략을 수립해야 한다. 대기업을 중심으로 한 기존의 시장을 중견기업이나 소규모 대상 시장에 적용할 경우, 구매고객에 대한 정의부터 새롭게 해야 하며 기존 대기업 시장에서 터득한 지식과 경험을 활용할 수 있는지 사전검토를 충분히 해야 한다.

기업이 보유하고 있는 자원이나 가치의 공유는 '비용' 요소로 곧바로 나타나기 마련이다. 새로운 세분화 시장에 대한 경험이 부재하고, 충분한 인적·물적 자원의 활용이 어려울 경우에는 많은 비용을 들여 이를 획득할 수밖에 없다. 특히 국내시장을 넘어 해외시장으로 진출할 시에는 더욱더 많은 비용을 투입해야 하기 때문에 충분한 사전검증을 거쳐야 한다. 해외에 대한 경험이 충분하지 않은 상태에서 새로운 글로벌 시장에 신제품을 런칭하는 것은 단순히 비용 증가의 문제에 그치지 않고 기업 생존을 위협하는 위험요인이 될 수 있다.

다만 이러한 모든 사항을 고려했다 하더라도 '최종 의사결정권자의 의지'가 가장 중요한 경우가 많다. 특히 최종 의사결정권자가 곧 오너인 한국 기업의 상황에서는 현실적으로 많은 위험요인이 존재하더라도 의사결정권자의 한마디가 실행력을 지닐 때가 많다. 이 상황에서 가장 위험한 요인은 최종 의사결정권자의 실행의지가 다른 모든 실행력 평가요인에 위배될 경우이다. 이러한 문제는 또 다른 조정의 이슈가 되며, 조직 전체의 문화와 최종 의사결정권자의 의견 수렴 정도와도 연관되기 때문에 해결하기가 쉽지 않다.

'그럼에도 불구하고 최종 의사결정권자와의 이견을 조율해 나가야 한다.'라는 교과서적인 해답은 실무 현장에서 볼 때 다소 불편한 진실일 수밖에 없다. 때로는 최종 의사결정권자의 의지에 반하는 의견을 제시할 수도, 그렇다고 전폭적으로 지지할 수도 없는 상황이 존재한다. 권력에 대한 불편한 도전과 결과에 대한 책임 소재로 인해 발생할 수 있는 불이익을 감당할 수 없기 때문이다. 하지만 생각을 달리해 접근해서 이러한 상황을 객관적인 분석과 자료를 통해 설명하고 공유할 수 있다면 문제를 점진적으로 호전시킬 수 있을 것이다. 이러한 문제 역시 영업직군과 마케터가 분석능력을 보유하고 길러야 하는 중요한 이유 중 하나다.

B2B 시장에서의 포지셔닝 전략은 B2C 시장과 다른 상황적 접근이 필요하다. B2B 시장의 포지셔닝 전략은 자사 제품이나 서비스의 단순한 홍보를 넘어 그것이 지닌 가치를 분석하고 대상고객에게 줄 수 있는 정성적·정략적 경제성을 함께 제시해야 한다. 이를 통해 자사의 포지셔닝을 고객에게 강조하고 알리는 것이 무엇보다 중요하다.

B2B 시장과 B2C 시장의 포지셔닝에는 다음과 같은 차별적 요인이 존재한다.

[표 5-5] B2C와 B2B의 포지셔닝

구분	B2C	B2B
기업의 홍보 방안	대중 마케팅 (mass marketing)	표적 마케팅 (target marketing)
영업직군의 역할 및 역량	판매·영업 스킬 중심	분석·컨설팅 역량 중심
제품이나 서비스	표준화- 기능 중심	차별화- 가치 중심
판매 대상	집단적 대중 고객	개별적 기업 고객

구매 구조 및 영향력	개인이 구매의사결정	복잡한 조직이 구매의사결정
포지셔닝 전략	판매자 중심- 제품/서비스 경쟁자 참조 특정 기간 마케팅을 통해 인지	구매자 중심- 솔루션/통찰 산업구조 참조 장기적 가치영업을 통해 인지

'홍보 방안'에 있어 B2C에서는 대중 마케팅을 통해 기업을 알리는 데 반해 B2B에서는 각각의 대상고객에게 자사를 알리기 위한 별도의 접근전략이 필요하다. 기술 세미나를 개최하여 고객을 초대하고 동질성이 강한 네트워크를 통해 고객 간에 교류의 장을 마련해 주는 것이 그 좋은 예다. 또한 특정 산업 내 학술모임에서 홍보를 하는 것도 적합한 방법이다. 이러한 표적 고객 집단을 대상으로 하는 홍보 마케팅과 더불어 세밀한 홍보 활동은 영업직군을 통해 이루어지게 된다. 영업직군의 지속적인 관계 형성을 통해 기업의 이미지를 형성할 수 있기 때문에, B2B에서의 포지셔닝에 있어서는 영업직군의 활동이 무엇보다 중요한 역할을 차지한다.

'영업직군의 역할 및 역량'에서도 차이가 있다. B2C에서는 개별 구매고객을 중심으로 제품이나 서비스의 판매가 이루어지기 때문에 영업스킬이 중요하다. 자동차나 보험서비스 같은 판매활동이 그 좋은 사례다. 자동차나 보험서비스 판매에서 영업직군의 역량은 고객에게 맞는 제품을 제공해 구매행위를 이끌어 내는 것으로, 영업직군의 네트워크의 크기 및 강도가 판매에 큰 영향을 미친다.

반면 B2B에서 영업직군의 역량은 분석 중심이며 컨설팅 수준의 작업이 필요할 때가 많다. 자사 제품에 대한 영향력을 정확히 파악하기 위해서는 산업이나 기술에 대한 분석능력이 필요하며,

분석결과에 대해 통찰력 있는 해석을 할 수 있는 컨설팅 기반의 표현능력 또한 갖추어야 한다. 이는 B2B의 경우 구매 규모가 크고 복잡하며, 구매 대상 제품이나 서비스가 기능 위주이기보다는 기업의 서비스를 위한 목적성이 강하기 때문이다. 또한 구매행위에 있어서도 여러 집단의 이해관계가 복잡하게 얽혀 있기 때문에 각 집단을 모두 만족시키기 위해서는 다양한 분석을 통해 솔루션을 제공해야 한다. 그리고 고객사를 중심으로 외부의 경쟁자 및 환경 변화에 대한 분석을 통해 가치 있는 제안을 해야 한다.

'제품이나 서비스'의 포지셔닝에 있어서도 B2C에서는 표준화 및 기능 중심의 접근이 강한 반면, B2B에서는 가치 중심의 차별화 전략을 통해 대상 고객별로 다르게 설정하고 접근해야 한다. 특정한 제품이나 서비스의 기본 골격이 존재하고, 이를 각각의 기업 상황에 맞게 커스터마이징하는 작업을 수행해야 한다. 예를 들어 SI 사업의 경우, 기본 S/W 패키지가 존재하고 이를 각각의 기업 고객별로 별도의 요구사항 정의서를 통해 해당 기업 고객의 프로세스를 반영하는 작업을 수행해야 한다. 즉 B2B의 제품이나 서비스는 언팩(unpack) 후 바로 사용하는 B2C의 제품이나 서비스에 비해 훨씬 복잡하고 고도화된 기술 구현을 요한다. 기업의 특성을 반영한 완제품으로 만드는 과정이 필수적인 것이다. 한편 영업직군은 이 과정에서 특정 제품이나 서비스가 해당 기업고객에게 어떠한 가치를 줄 수 있는지를 명확히 제시해야 한다.

'판매 대상'에 있어서 B2C의 경우는 다수의 집단적 일반 고객을 대상으로 한다. 반면 B2B에서는 표적집단 내의 개별 기업을 대상으로 한다. B2C와 B2B 모두 표적시장을 정하고, 해당 표적시장

내의 고객에게 자사의 제품이나 서비스를 판매하는 행위는 동일하다. 그러나 B2C에서는 불특정 다수를 판매대상으로 하며, B2B의 경우에는 표적집단 내에서 해당 기업이 대부분 식별된다는 특징을 지닌다. 동종 업계에 종사하는 영업직군이라면 B2B 기업의 리스트는 그리 어렵지 않게 확보할 수 있다. 다만, B2B 기업을 대상으로 하는 영업활동에서는 각 기업별 특성을 B2C에 비해 보다 면밀히 검토하고 전략을 수립하는 복잡한 과정을 거쳐야 한다.

'구매 구조 및 영향력'에 있어서도 B2C의 경우 개인 구매고객의 의사가 가장 중요한 구매영향력인데 반해, B2B에서는 복잡한 조직이 전체 구매 프로세스에 많은 영향을 미친다. 개인 구매고객은 특정한 제품이나 서비스를 구매할 때 주변의 평판이나 유용성 등을 기준으로 비교적 짧은 기간 내에 구매결정을 내린다. 반면 기업 고객은 구매하는 제품의 복잡성에 따라 차이가 있긴 하나 대부분의 제품에 관해 기술적·경제적 부분 등을 오랜 기간 분석하고 고려하여 구매결정을 내린다. 즉 구매 진행 단계에서 최종 의사결정권자, 구매부서, 사용자 집단, 기술지원부서 등 수많은 이해관계자들의 다양한 견해를 듣고 복합적인 절차를 걸쳐 최종 구매결정을 내리는 것이다. 이러한 과정에서 각각의 기업마다 구매 구조와 영향력이 상이하기 때문에 영업활동에 보다 큰 어려움이 따르며 영업직군의 전문성이 요구된다.

B2C와 B2B 시장에서의 '포지셔닝 전략'은 기본적으로 표적시장을 중심으로 행한다. 다만, 두 시장에서 고객이 제품이나 서비스를 구매하는 목적성 자체가 다르기 때문에 포지셔닝 전략을 중심으로 어떠한 활동을 할 것인가에 대한 방향도 다르게 설정해야 한

다. B2C의 포지셔닝 전략은 판매자 중심으로 진행되며, 경쟁자의 전략을 분석하고 자사에 맞는 전략을 수립하는 절차를 거친다. 마케팅 활동을 통해 자사 제품이나 서비스의 차별화 포인트 및 경쟁력을 고객에게 인지시키는 과정에서 특정한 브랜드 이미지를 각인시키기 위해 노력한다.

한편 B2B에서의 포지셔닝 전략은 판매자보다는 구매자 중심으로 이루어지며, 솔루션 및 가치 있는 통찰을 통해 고객사의 성장을 강조하는 전략을 제시하게 된다. 경쟁자의 전략을 단순히 참조하기보다는 해당 제품이나 서비스 혹은 고객사가 위치한 산업의 경쟁구조를 분석하여 고객사의 비즈니스 전략을 함께 고민하고 수립하는 활동을 진행하게 되는데, 이러한 장기적인 가치영업 활동 과정에서 고객사는 공급자에 대한 이미지를 인지하게 된다.

특히 B2B 시장에서의 포지셔닝은 개별 기업마다의 요구사항을 명확히 인식하고 접근하는 전략이 매우 중요하다. 동일한 제품이나 서비스라 하더라도 해당 기업에서 강조하는 요구사항이 매번 다르기 때문이다. 어떤 기업은 품질을 가장 중요하게 생각하고, 또 어떤 기업은 높은 가동율을 중시할 수도 있다. 또한 구매영향력에 따른 차이도 발생할 수 있다. 최종 의사결정권자에게 강조해야 하는 포지셔닝이 다르고 실무자에게 강조해야 하는 포지셔닝이 다르다. 최종 의사결정권자에게는 자사의 제품이나 서비스를 통해 얻을 수 있는 경제성을 알리고 지속적인 사업 전개가 가능한 파트너라는 인식을 심어 주는 것이 효과적이며, 실무자에게는 업무 효율성이 향상되는 정확한 수치를 제공해야 한다.

◇◆◇ 4P Mix 에서의 윤리적 이슈

마케팅 믹스는 미국의 매카시(J. E. McCarthy) 교수가 고안한 마케팅의 4가지 개념을 포함하고 있다. 제품(Product), 가격(Price), 유통(Place), 판매촉진(Promotion)이 바로 그것이다. 그렇다면 이러한 마케팅 4P 믹스에는 어떠한 윤리적 이슈가 존재할까?

[표 5-6] 마케팅에서의 윤리적 이슈

마케팅 4P	윤리적 이슈
제품	제품과 관련된 위험을 공개하지 않음 제품의 기능, 가치, 사용과 관련된 정보를 공개하지 않음 제품의 특성, 품질, 크기에 대하여 공개하지 않음
유통	특정 중간상 역할과 관련된 권한과 책임에 걸맞게 행동하지 못함 제품 구입 가능성을 조작함 중간상이 특정 방식으로 행동하도록 강압을 이용함
촉진	거짓 또는 오도하는 광고 조작적·기만적 판매촉진, 전술, 그리고 퍼블리시티(publicity) 인적 판매 상황에서 뇌물을 제공하거나 받음
가격	가격 담합 약탈적 가격 결정 총 구매가격을 공개하지 않음

자료: 《마케팅 파운데이션》 (William M. Pride, O. C. Ferrell 지음, 김도일 외 옮김, 2012).

제품의 위험을 포함해서 소비자가 반드시 알아야 하는 제품의 특성을 공개하지 않는 행위는, 법적인 의무를 떠나 소비자 보호 차원에서 다루어야 할 사항이기도 하다. 또한 제품 관련 정보를 정확히 명시하지 않아서 발생하는 이슈에 대한 책임은 결국 판매 회사에 고스란히 악영향을 미치게 된다.

유통 측면에서 발생하는 많은 문제는 복잡한 유통경로상에서 비롯된다. 본사와 판매대리점 사이에 끊이지 않는 비윤리적 행위들이 이러한 범주에 속한다. 이는 단순히 B2C 제품을 판매하는 기업뿐만 아니라, B2B 제품을 취급하는 경우에도 발생하는 문제다. 기업 간 거래에서 보면 특정 기업과 관계를 맺고 있는 수많은 협력업체가 존재하고, 이들 사이의 경쟁적 거래 상황에서도 이러한 윤리적 이슈가 존재한다. 또한 협력사−구매−영업−재무−경쟁사−최종 의사결정권자−

기술부서와 같은 복잡한 판매 승인 프로세스 아래에서도 유통에서 발생할 수 있는 다양한 형태의 이권이 개입할 수 있다.

촉진에서 발생하는 비윤리적 행위에는 특정 제품이나 서비스에 대한 기능 부풀리기, 과대광고 등이 있을 수 있다. 또한 기업 간 거래에서는 특정 장비에 대한 스펙을 조작하거나 시험성적을 위조하는 행위가 발생할 수 있다. 2011~2013년에 제약 업계는 쌍벌죄와 약가 인하 관련 이슈로 홍역을 치렀다. 특히 쌍벌죄의 경우는 판매촉진 과정에서의 뇌물 적용에 대한 강력한 제재로, 이러한 현상이 기존 판매촉진 과정에 존재했음을 반증하는 것이라 할 수 있다.

소비자에게 직접적인 영향을 주는 마케팅 영역에서의 대표적인 비윤리적 행위가 바로 가격담합이다. 2011년 금영, TJ 미디어는 노래방 기기 가격을 담합하여 공정위로부터 56억 원의 과징금을 부과받았다. 물론 가격담합을 통해 가장 큰 피해를 입은 것은 노래방을 이용하는 소비자였다. 또한 최근 일본의 미쓰비시 중공업 등 9개 자동차 부품사가 가격담합으로 미국에서 약 8천억 원의 벌금을 부과받았다. 이들의 가격담합 역시 소비자에게 고스란히 전가되어 자동차 가격의 상승 요인으로 작용하였다.

마케팅을 기준으로 한 윤리적 이슈는 사실상 마케팅을 담당하는 팀이나 개인에게만 해당되는 사항이 결코 아니다. 영업현장에서도 동일한 현상이 발생할 수 있다. 기술영업 사원이 특정 제품에 대한 기술적 한계를 인정하지 않고 고객에게 과장해 설명할 수도 있으며, 실제로 이런 문제가 많이 발생하기도 한다. 때로는 영업사원이 내뱉은 잘못된 말 한마디로 인해 법적 분쟁에 이르는 경우도 있다.

한편, 영업활동을 하는 과정에서 정말로 안타까운 행위들을 보게 될 때가 있다. 바로 제품이나 서비스의 가격을 부풀리거나 조작해서 영업윤리를 위반하는 것이다. 협력사와 결탁하여 제품의 가격을 부풀리고 이를 다시 돌려받는 행위를 하다가 적발되어 소중한 직장을 잃고, 협력사는 결국 업계에서 퇴출당하는 경우를 종종 접하게 된다. 손해는 고객에게 그리고 최종 소비자에게 돌아감은 물론이고, 어느 누구에게도 긍정적인 결과를 가져다주지 못한다.

이처럼 영업이나 마케팅 활동을 하다 보면 본의 아니게 윤리적 문제에 부딪히고 많은 유혹에 빠지게 된다. 결론적으로 윤리에 대한 이슈는 개개인의 가치기준에 따른 부분도 존재하지만, 각 기업의 행동강령(code of conducts) 또는 윤리강령(code of ethics)을 미리 재정하고 이를 준수하도록 지속적인 교육을 실시하는 것에서 해결방안을 찾을 수 있다. 그리고 반드시 이를 지켜 나갈 때 영업직군에 대한 지속적인 신뢰를 구축할 수 있다.

'왜 고객들이 영업사원에게만 유독 비윤리적인 이슈를 요구하는 것일까?' 이 질문을 영업직군 스스로 던져 보길 권한다. 아마도 대답은 각자의 마음속에 있을 것이다.

PART **6**

영업단계별 전략 분석

　B2B 영업에는 B2C 영업단계에서 볼 수 있는 고객 발굴 및 접근, 제안, 클로징(closing), 사후관리 및 재구매와 같은 전형적인 영업절차를 포함하여 B2B 영업활동에만 존재하는 단계가 있다. B2B 영업에서는 영업활동 자체에 대한 단계뿐만 아니라, 각 영업단계 내에서 사업팀 내부적으로 어떠한 활동을 통해 수주 가능성을 높여야 하는지를 다루게 된다.

　영업단계별 전략 분석을 시작하기에 앞서 기업의 조직 수준별 영업전략에 대해 이해해야 한다. B2B 영업은 단순히 영업사원 개인의 역량을 통해 수주가 발생하는 것이 아니라, 가장 상위조직인 CEO 및 최고경영자층의 전략적 방향에 영업활동이 많은 영향을 받는다. 따라서 조직 전체의 전략방향을 이해하고 이를 달성하기 위한 전략적 영업활동이 요구된다.

　B2C 영업에서는 기존에 자사가 취급하는 제품이나 서비스의 판매 확대가 최대 관심사가 될 것이다. 하지만 B2B 영업에서는 보다 더 복잡한 의사결정 과정을 통해 해당 사업에 대한 제안을 시작할지 말지를 결정해야 한다. 그러므로 영업직군에 있는 개인 또한 상위 팀이나 사업부 혹은 기업 전체의 전략적 방향과 가치를 고려해야 한다. 특정 영업팀이나 영업사원 개인이 아무리 좋은 프로젝트 정보를 획득했다 하더라도, 자사

의 전략적 방향과 맞지 않거나 자사에서 감당하기 힘든 경우라면 최고 의사결정권자의 승인을 득할 수 없는 경우가 발생한다.

　이러한 이유로 B2B 영역에서 활동하는 영업직군은 추가적인 내부 고객을 관리해야 하는 불편한 이슈도 존재한다. 외부에서 좋은 프로젝트나 제품 공급의 기회를 가져왔다 하더라도 수익률이나 위험요인과 같은 다양한 고려 사항을 윗선에 공개해야 하며, 이를 극복하기 위한 방안을 수립하고 설득해야 하는 경우가 허다하다. 그러다 보니 때로는 외부 고객보다 내부 고객 설득이 더 힘들다는 불평이 나오기도 한다.

　기업의 조직 수준은 크게 4가지 계층으로 분류할 수 있다. 기업 수준, 사업부 수준, 기능 수준, 운영 수준이 그것으로 각각의 수준별 영업전략은 상호연계성을 지닌다. 즉 최상위 수준인 기업 수준의 영업전략은 최하위 운영 수준의 영업전략에 영향을 미치며, 이는 전체 수준에 공유되고 상호 일치되어야 한다. 각각의 수준에서는 독립적인 영업전략을 수립하고 이를 구체화하기 위한 실행 단위의 행동을 취하게 된다.

조직 수준별 영업전략

▌기업 수준 영업전략

기업 수준에서 다루는 영업전략은 특정한 사업 영역 진출에 관한 의사결정과 같은 기업 전체의 방향에 대한 포괄적 전략이라 할 수 있다. 경영층은 기업 전체의 시각에서 자사가 보유하고 있는 수많은 역량과 리소스를 분석하고 조합하여 기업이 나아갈 방향에 대한 의미 있는 결정을 하게 된다. 기업 수준에서 내리는 의사결정이 잘못되었을 경우 기업의 생존까지도 위협받게 되므로 그만큼 고려해야 할 대상과 요인이 많고 복잡할 뿐만 아니라 지속적인 관리가 필요하다.

이러한 기업 수준의 영업전략은 다음과 같은 중요한 의사결정을 포함한다.

- 사업 진출에 관한 의사결정
- 보유 자원의 분배 및 투자 우선순위 결정
- 사업부 단위 전략의 평가 및 보상
- 중소기업: 기업 수준 영업전략 = 사업부 수준 영업전략

사업 진출에 관한 의사결정은 영업전략뿐만 아니라 기업의 전통적인 전략 측면에서도 의미 있는 의사결정이라 할 수 있다. 특정 사업 분야에 진출하기 위한 의사결정은 기업의 모든 경영시스템을 총동원해야 하는 복잡한 의사결정이다. 영업뿐만 아니라 마케팅, 재무, 물류, 유통, 생산, 인사 부서의 관리 책임자들을 포함하여 기업 외부의 이사회까지 참여하는 중요한 의사결정이라 할 수 있다. 이때 영업직군을 포함하여 기존에 보유하고 있는 기업 전반의 역량을 충분히 활용할 수 있는지 여부는 매우 중요한 결정요인 중에 하나다. 그러지 못할 경우 사실상 특정 사업 영역에 진출하는 일은 새로운 기업을 추가로 설립하는 것과 동일한 비용을 필요로 하는 작업이기 때문이다.

한편 진출하려는 사업이 어떤 영역인가에 따라서도 분명한 차이가 존재한다. 제품에 대한 복잡도가 크지 않다면 영업직군에게 큰 영향을 미치지 않을 수 있지만, 대개 B2B 사업 영역에서 다루는 제품이나 서비스는 그 복잡도가 매우 높은 편이다. 그 때문에 특히 기술영업 직군에서는 기존의 사업 영역에서 활동하던 인력들이 신규 진출한 영역에서 수주 성과를 내지 못하는 경우가 발생할 수 있다. 그러므로 새로운 사업 영역에 진출하기 전에는 관련된 영역으로의 다각화를 수행할 것인가, 아니면 비관련 다각화를 할 것인가에 대해 시간과 비용 등의 핵심적 요인을 포함하여 신중히 의사결정을 해야 한다.

보유 자원의 분배 및 투자 우선순위 결정은 기업 수준의 영업전략에서 중요한 역할 중의 하나다. 기업이나 영업 총괄 파트에서 보유하고 있는 인적·물적 자원은 한정적이기 때문에 어떠한 자원을 어디에 어느 시점에 분배하고, 그 우선순위를 어떻게 결정하는가에 따라 영업성과가 달라진다. 그뿐만 아니라 기업 전체에 있어서도 이러한 보유 자원의 분배 및 우선순위를 결정하는 과정에서 많은 이해관계의 충돌이 발생한다. 자칫 특정 조직이나 팀이 소외되거나 퇴출된다는 분위기가 발생할 수도 있기 때문이다.

영업현장에서 기업 수준의 영업 지원 정도는 매우 민감한 반응을 불러일으킬 수 있다. 특정 영업조직에는 영업비용을 포함한 차량 및 유류비 혹은 이동통신 비용 등을 사전에 전폭적으로 지원해 주고, 다른 팀에는 매출 발생에 따라 지원하겠다고 한다면 후자의 경우는 심각한 차별을 느끼게 된다. 아무리 조직을 우선시하는 한국적 특성을 감안한다 하더라도 개인의 발전이나 비전이 조직과 별개일 수는 없기 때문에, 이러한 문제에서 발생하는 영업직군 개별 인력의 동기 결여 현상은 심각한 문제가 된다.

기업 수준에서의 자원 배분에 대한 기준은 기업마다의 특성과 상황을 고려하는 경우가 많으나 결코 쉽게 그 기준을 설정하거나 확정하기 힘든 것이 사실이다. 즉 기업 수준에서 기업이 보유하고 있는 자원의 배분은 항상 유동적으로 변화해야 하며, 이를 늘 고심하고 관리하는 것 또한 최고경영자층의 역할이다. 그러므로 영업직군에서는 기업 수준의 자원 배분이 전체적이고 큰 틀에서 여러 상황을 고려하여 이루어진다는 사실을 인지하고 이를 적극적으로 이해하여 갈등이 유발되지 않도록 나름의 노력을 기울여야 할 것이다. 또한 최고경영자층은 하부 조직은 상대적으로 상부 조직의 결정에 따라야 하는 약자의 위치에 있다는 점을 감안하여,

자원 배분에 따른 갈등 요소를 하부 조직과 충분히 공유하고 개방할 수 있는 절차를 만들고 준수해야 한다.

기업 수준의 영업전략을 수립하고 실행할 때 사업부 단위 전략의 평가 및 보상은 하위 조직의 정량적·정성적 기준에 따라 실행하게 된다. 좀 더 확대해서 설명하자면, 계층 구조 전반에 걸쳐 상위 계층은 바로 아래 하위계층의 평가 및 보상에 대한 기준을 수립하고 실행한다. 기업 수준에서는 매년 각 사업부의 수주 및 매출목표를 수립하고 이를 평가하여 보상하며, 사업부에서는 하위계층인 팀 수준의 수주 및 매출실적을 기반으로 동일한 작업을 한다.

중소기업과 같이 단일 제품이나 서비스를 취급하는 조직 구조 아래에서는 기업 수준의 영업전략이 사업부 수준의 영업전략과 동일하다.

이러한 주요 활동 이외에도 기업 수준의 영업전략은 M&A 전략에서 영업의 역할과 역량에 기반을 둔 의사결정 참여, 진출 국가나 지역에 대한 영업환경 등을 고려하기 위한 역할을 수행한다. 즉 경영전략에서 다루는 일반적인 M&A나 진출 국가에 대한 선정 시, 다른 부서와 공동으로 참여하여 중요한 의사결정을 수행하는 독립된 객체로서의 전략적 방향을 제시하고 검토한다.

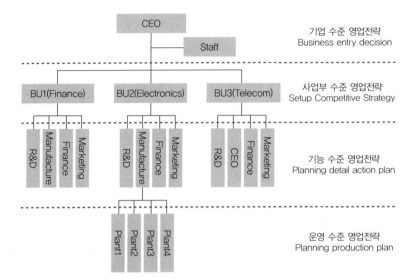

[그림 6-1] 영업전략 계층
자료: 《21세기를 위한 전략경영》(조동성, 2011)

▍사업부 수준 영업전략

사업부 수준 영업전략은 기업 수준에서 수립한 영업전략과 일치되는 선상에서 보다 더 구체적으로 사업 실천을 위한 전략을 세우는 것이다. 특정 사업을 추진하는 데 있어 영업 관점에서 어떠한 실행방안을 수립하고, 위험요인을 제거하고, 어떠한 환경을 만들어 나가야 할지에 대한 분석작업을 이 단계에서 수행한다. 이러한 사업부 수준의 영업전략은 상위 조직인 기업 수준 영업전략과의 일치가 매우 중요하다.

사업부 수준에서의 영업전략은 다음과 같은 사항을 포함한다.

- 사업의 실천적 전략 수립
- 내부역량 및 외부환경 분석
- 기업 수준의 전략과 일치가 중요
- 기능 수준의 영업전략을 조정

사업의 실천적 전략 수립이란 기업 수준의 영업전략에 따른 지침을 어떻게 실행에 옮김으로써 수주 활동을 전개해야 하는지 그 방향성에 대한 지침을 마련하는 것이라 할 수 있다. 이 과정에서 몇 가지 중요한 개념을 도입하고 이를 검토하고 관리해야 한다. 우선 정확한 목표를 수립하고 공유해야 한다. 사업부 수준에서 무엇을 해야 하고, 왜 해야 하는지에 대한 명분 또한 중요하다. 이는 비단 영업직군에만 해당되는 사항은 아니겠으나 영업직군에서의 목표는 기업의 매출과 직결되는 중요한 사안이다.

한편, 사업부 수준에서의 목표가 정해졌다고 하더라도 이를 어떠한 방식으로 수행할지에 대한 기준이 설정되지 않으면 목표를 달성하기란 여간 쉽지 않다. 이러한 목표를 달성하기 위해서는 자사의 내부 강점(strength)과 약점(weakness)을 파악하고 외부환경에 대한 기회요인(opportunities)과 위협요인(threats)을 분석하는 과정을 거쳐야 한다. 이를 통해 어떠한 역량을 지닌 영업인력을 어떠한 방향으로 활용할 것인지 전략을 수립해야 한다.

기업의 내부역량을 분석한다는 것은 실행력 검증(feasibility test)

기준을 설정한 뒤, 내부역량과 협력사 역량까지 포함하여 그것의 실행 가능성을 판단하는 과정이라 할 수 있다. 사업 분야나 진출하는 시장이 자사의 영역과 완벽히 겹치지 않을 경우에는 당연히 아무런 문제가 되지 않게 해당 사업을 포기하거나 진출하지 않으면 된다. 하지만 B2B 사업을 하다 보면 반드시 특정 기준이나 영역이 명확하게 구분되지 않는 경우가 존재하기 마련이다.

예를 들어 보자. 자사가 IT시스템을 제공하는 업체로서 국내시장에서 상당한 신뢰와 기술력을 인정받았는데, 어느 날 국내 대기업의 무역상사를 통해 해외 프로젝트를 함께 하자는 제안을 받았다. 이때 우리는 해외사업을 통해 판로를 확장할 것인지, 아니면 국내사업에 집중되어 있는 영업전략을 유지할 것인지를 사업부 수준에서 빠르게 판단해야 한다. 우선 실행 가능성을 확인하기 위한 기준을 수립해야 할 것이다. 또 내부 및 협력사 인력의 언어적 문제, 해외사업 경험 유무, 가용 인력, 향후 사업 확장 가능성 등을 고려해야 한다. 이외에도 해외사업에 따른 비용의 증가 및 프로젝트 기간에 따른 내부 인력의 가족 문제까지도 판단해야 한다.

다른 경우도 생각해 보자. 국내시장에서의 IT시스템 구축 사업이긴 하나 다른 시스템 영역이라면 어떻게 해야 할까? IT시스템은 그 수를 헤아릴 수 없을 정도로 많은 제품군을 형성하고 있다. 이때는 자사의 역량 이외의 시스템을 구축하고 운영할 수 있는 협력사를 확보할 수 있는지를 검토해야 한다. 또 협력사들과의 유기적이고 복잡한 상황을 조정하며 프로젝트를 이끌어 갈 수 있는지, 그 역할을 담당할 프로젝트 매니저(PM)가 있는지 등을 고려해야 한다.

이처럼 내부역량을 정확히 분석하는 일은 사업부 수준에서 목표를 달성하기 위한 중요한 실천전략을 수립하는 데 근간을 이루는 활동이라 할 수 있다.

영업조직 및 기업의 내부역량을 냉철히 분석·평가하는 것과 더불어 영업조직에 가장 큰 영향을 미치는 요소 중 하나가 바로 외부환경일 것이다. 전반적인 경기에 대한 체감온도를 비롯하여 경쟁자, 구매자, 공급자, 대체품, 잠재적 진입자 등과 같은 요인들이 산업의 구조를 형성하게 된다. 앞에서 마이클 포터의 5 Forces 분석을 통해서 산업의 매력도를 평가하는 방법을 자세히 설명하였는데, 외부의 환경 변화를 결정하는 중요한 지표인 기술, 경제, 문화, 인구 통계 및 정부에 대한 내용 또한 사업부 수준의 영업전략에서 다루게 된다.

이러한 내부역량 및 외부환경 분석을 통해 가격 전략, 제품 전략 등을 포함한 영업전략을 사업부 차원에서 수립하게 된다. 제품 및 가격 전략을 세울 때에는 경쟁자, 고객, 환경에 대한 분석을 통해 어떻게 차별화할 것인지를 결정한다. 나아가 영업활동을 수행하면서 이를 고객에게 어떻게 제안할 것인지 개념적이고 세부적인 기준을 마련한다. 사업부 수준의 영업전략은 기업 수준 영업전략과의 일관된 방향을 통해 강력한 동질성을 지니며, 이를 기능 수준의 영업전략과 매치시키는 작업을 통해 기업 전체의 영업전략을 같은 이미지와 색깔로 표현하고 실행에 일관성을 갖게 할 수 있다.

▌기능 및 운영 수준 영업전략

기능 및 운영 수준 영업전략은 영업직군이 포함된 개별 팀을 중심으로 세우는 구체적이고 실천적인 전략이다. 기능 및 운영 수준은 영업활동의 실질적인 단위가 되며, 치열한 경쟁이 발생하는 영업현장에 대한 전략이 적용된다고 할 수 있다.

이 수준에서의 전략방향은 다음과 같은 사항을 포함한다.

- 사업부 수준의 전략과 일치가 중요
- 세부적인 운영 및 실행을 위한 전략
- 운영 수준의 전략: 기능 수준의 실천을 위한 전략

기능 및 운영 수준 전략 또한 상위 수준과의 전략적 일관성을 유지하는 것이 중요하다. 또한 수립된 전략을 어떻게 실행하는가에 보다 더 역점을 두어 전략을 수립해야 한다. 개념적으로 혼란스러운 전략은 그 수준을 보다 더 구체화하여 영업직군 구성원들이 실행하고 운영할 수 있는 수준으로 표현해야 한다.

예를 들어 경쟁사 대비 고객만족활동을 강화하라는 사업부 수준의 공통 전략이 하달되었다고 가정해 보자. 이때는 '어떻게 고객을 만족시킬 것인가? 어떠한 방법으로 고객만족의 지표를 측정할 것인가? 영업직군에서는 무슨 활동을 전개해 나갈 것인가?' 등에 대해 상세한 실천계획을 나열해야 한다. 프로젝트 단위마다 시작 전과 종료 후에 고객만족에 대한 설문을 실시하고, 통계적 기법을 통해 그에 대한 효과를 분석하는 등 구체적인 실천 중심의 활동 계획이 있어야 한다. 그러지 않으면 계획은 계획대로 실행은 실행대로 어긋나 버리게 된다.

지금까지 조직 수준별 영업전략 수립에 대한 큰 그림을 설명하였다. 그렇다면 이제 어떻게 해야 전체 조직의 영업전략을 일관성 있게 유지하고, 이를 상위 수준에서 하위 수준까지 하나의 통일된 이미지로 고객에게 인식시킬 수 있을지에 관해 생각해 보아야 한다. 이를 효율적이고 효과적으로 영업단계에 접목하고 관리·평가할 수 있는 절차를 마련해야 한다.

B2B 영업단계별 전략

B2B 영업의 전체 프로세스를 따라가면서 영업전략을 어떻게 수립하고, 공유하며, 실행하는지 알아보기로 하자. 또 내부 및 외부의 환경 변화에 영업직군이 어떻게 대응해야 하는지도 살펴보자.

애석하게도 영업직군에 종사하는 많은 영업 인재들이 자신의 역할 범위에 대해 너무 협소한 관점을 지니고 있다. 고객을 발굴한 뒤 자사가 제공하는 제품이나 서비스를 판매하는 과정까지를 영업의 활동 영역으로 규정하고 있는 것이다. 그러나 이제 기존의 방식과 관념으로는 분명히 한계가 존재한다. 특히 B2B 영업에서 판매 시점을 곧 영업의 종료 시점으로 인식하는 것은 매우 위험한 생각이다. 영업이 아니라 고객을 중심으로 생각해 보면 답은 분명하다. 고객에게는 제품이나 서비스를 구매하는 시점이 아니라, 그 이후에 서비스가 구축되고 운영되는 시점부터가 영업의 시작이기 때문이다.

전략적으로 가치 있고 지속 가능한 B2B 영업을 위해 저자는 기존의 영업단계를 다음과 같이 5단계로 확장하였다. 여기서는 B2B 영업의 5단계를 살펴보고 각 단계에서 중요한 전략적 활동들을 정리하고자 한다.

1. 제안 및 수주 단계(Action Strategy)

2. 계약 및 마감 단계(Target Closing Strategy)

3. 프로젝트 실행 지원 단계(Implementation Supports)

4. 오픈 이슈 정리 단계(Open Issues F/U)

5. 차기 사업 수주 단계(Next Business Opportunities)

▌제안 및 수주 단계

제안 및 수주 단계는 영업의 출발점으로, 사실상 영업활동에서 가장 어려운 과정이라고 볼 수 있다. 처음 영업을 시작하는 경우에는 더더욱 그러하다. 도대체 어디서부터 고객을 찾아 나서야 하는 것인지, 어떻게 접근해야 하는 것인지 앞이 캄캄하기 마련이다. 이러한 과제를 풀기 위해서는 우선 제안 및 수주 단계의 세부적인 프로세스를 이해하는 과정이 필요하다. 그런 다음 각 단계에서의 전략을 세우고 유기적으로 진행해 나가야 한다.

제안 및 수주 단계는 고객 발굴 단계, 접근 단계, 제안 단계, 수주 확정 단계로 구분할 수 있다.

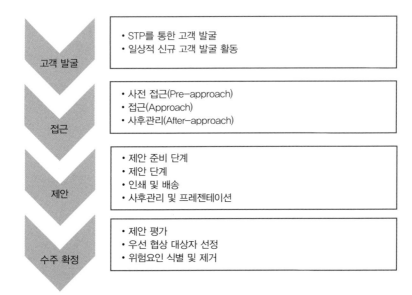

[그림 6-2] 제안 및 수주 단계

1. 고객 발굴 단계

B2B 영업에서 신규 고객 발굴은 여간 어려운 일이 아니다. 고객리스트를 발굴하는 활동 자체도 그러하거니와, 그렇게 만난 고객과 최종 계약을 체결하는 일은 단순히 영업활동 자체만으로 성사되지 않는다. B2B 고객들은 특정 시점에 자사가 필요로 하는 특정 제품이나 서비스를 구매하게 된다. 또 투자금액 자체가 B2C와는 비교되지 않을 정도로 크기 때문에 구매 검토에서 최종 계약에 이르기까지 많은 시간을 소요하게 된다. 이러한 과정이 짧게는 몇 개월에서 길게는 몇 년까지 걸리기도 하는데, 그동안에 전체 과정을 지속적으로 관리하고 유지해야 하는 것이 B2B 영업의 특징 중에 하나다.

B2B 영업에서 고객은 최초에 '잠재 상태'에 놓여 있다. 구매에 대한 적극적인 니즈나 투자에 대한 검토를 하지 않는 단계에 놓여 있는 고객들이기 때문에 경쟁강도에 따라 많은 경쟁자가 존재한다. 이러한 잠재 상태에 있는 고객의 리스트를 확보하는 것이 고객 발굴의 첫 단계다.

이후 영업직군에서는 잠재 상태에 있는 고객에게 어떠한 방식으로 접근할 것인가에 대한 전략을 수립하고 첫 대면을 시도하는데, 이러한 단계가 '접촉 상태'이다. 이 단계에서는 STP 및 4P Mix를 활용하여 고객을 분류하고, 각각의 고객에게 어떠한 요구와 잠재적 욕구가 있는지를 파악하고 접근해야 한다.

접촉 상태가 유지되면서 고객이 구매에 대한 검토를 요구하고 RFI(Request For Information) 등을 요구하게 되면 '가망 상태'에 놓이게 된다. 이때는 구매 구조에 대한 영향력 분석을 통해 집중적인 영업활동을 수행해야 한다. 이 단계에서는 대부분의 경쟁자에게 구매 검토에 대한 정보가 노출된 상태라고 볼 수 있다. 그 때문에 치열한 경쟁에서 차별화 요인을 지속적으로 발굴하고 유지해야 한다. 이러한 과정을 거쳐 구매에 대한 결정이 최종적으로 이루어지면 고객은 '계약 예정 상태'에 놓인다. 하지만 영업직군은 계약 완료 시점까지 긴장의 끈을 놓지 말고 구매 계약에 존재할 수 있는 잠재적 불확실성을 제거하고자 노력해야 한다.

크게 4가지로 분류한 고객 상태는 다음과 같이 정리할 수 있다.

[표 6-1] 고객 상태 분류

상태	중점 관리 항목
계약 예정 상태	잠재적 불확실성 제거
가망 상태	구매 구조 및 영향력 분석, 구매 영향력자(키맨) 접촉
접촉 상태	고객 분류, 고객의 요구 파악
잠재 상태	신규 고객 발굴

고객 발굴의 의미를 좀 더 확대해 보자. 고객을 발굴한다는 것은 새로운 판매 및 구매 행위를 발생시키는 일이다. 이런 의미에서 고객 발굴은 2가지로 나누어 생각해 볼 수 있다. 첫 번째, 기존에 거래 관계가 없는 잠재 상태에 있는 새로운 고객을 발굴하는 것이다. 두 번째, 기존 고객을 대상으로 새로운 거래 행위가 발생할 수 있도록 하는 것이다.

영업활동을 할 때 신규 고객과 기존 고객을 균형 있게 확보하고 관리하는 일은 매우 중요하다. 신규 고객 발굴에만 지나치게 집중하면, 단기적인 영업성과를 낼 수 없을 뿐만 아니라 시간과 비용을 많이 소비하게 된다. 반대로 기존 고객만을 활용하는 과정을 너무 오래 반복하다 보면, 중장기적인 성장동력을 상실하게 된다. 또한 기존 제품이나 서비스가 시장에서 매력을 잃을 경우, (영업활동을 아무리 잘한다 하더라도) 기존 고객을 유인할 수 있는 가치가 한순간에 사라질 수 있다.

그러므로 자신의 관리 역량과 시간 및 비용을 감안하여 고객 발굴에 적정 수준을 유지해야 한다. 새로운 고객 발굴에 자신이 있다면 50~60%를 할당하고, 기존 고객 관리와 서비스에 자신이 있을 때는 반대로 해야 한다. 또한 제품이나 서비스의 순환 주기가 빠르게 변화하는 경우에는 기존 고객의 유지 비율을 좀 더 높이는 것이 좋다. 즉 영업직군 개인의 역량과 기업이 제공하는 상품의 특성에 따라서 고객 발굴의 비중을 조절해야 한다.

이러한 원리를 산업 전체로 확대해 보자. 특정 산업 영역이 이제 막 태동되는 시점이거나, 사업이 성장 단계로 접어드는 시점에서는 신규 고객을 확보하는 일에 좀 더 많은 비중을 두어야 한다. 반면 성장기나 성숙기에 있는 산업에서는 거래 고객이 대부분 정해진 상태이기 때문에 기존 고객에게 새로운 가치를 제공함으로써 신규 거래를 활성화하는 쪽에 중점을 두어야 한다.

영업활동을 하다 보면 수주가 부진한 시점에서 무조건 새로운 고객을 발굴하도록 압력을 넣는 관리자가 있다. 하지만 새로운 고객을 발굴하기에 앞서 조직원 각각의 특성과 자사의 관리적 특성, 제품의 특성을 고려하여 이를 조정해 주는 작업이 필요하다.

[표 6-2] 고객 발굴 및 활용 결정 요인

특성 요인	새로운 고객 발굴	기존 고객 활용
개인 역량	관리 역량보다 활동 역량이 상대적으로 큰 경우	활동 역량보다 관리 역량이 상대적으로 큰 경우
가용 비용	영업 및 마케팅 비용을 집행할 여력이 있는 경우	영업 및 마케팅 비용을 최소화하려는 경우
제품 수명 주기	비교적 느린 경우	비교적 빠른 경우
시장 변동 주기	비교적 느린 경우	비교적 빠른 경우
사업 성장 단계	태동기나 성장기 초기의 경우	성장기나 성숙기의 경우

1) STP를 활용한 고객 발굴

앞에서 다룬 STP 전략은 자사의 상황과 고객의 유형을 일치시키는 중요한 작업이다. 이를 통해서 기존 고객을 새롭게 정의할 수 있으며, 신규 고객 발굴 시 중점을 두어야 할 고객 유형을 식별할 수 있다. 고객 발굴을 어디서부터 시작해야 할지 막막할 경우, 먼저 고객이나 시장을 세분화한 후 자사가 강점을 가지고 영업활동을 할 수 있는 타깃을 선정한다. 그런 다음 타깃 고객이나 시장을 대상으로 어떠한 가치를 전달할 수 있는지 다양한 각도의 포지셔닝 전략을 수립할 수 있다.

물론 이러한 과정이나 기준 없이 고객을 발굴하는 것도 가능하다. 그러나 이러한 영업활동이 지속 가능한지에 대해 스스로 점검해 보아야 한다. 명확한 기준 없이 고객을 발굴하고 영업활동을 수행하다 보면, 어느 순간에는 무엇에 집중을 해야 하고 어떤 강점을 고객에게 어필해야 하는지 혼란을 겪게 된다.

그렇다고 반드시 STP를 활용하여 고객을 분류하고 대상고객을 식별할 필요는 없다. 자신만의 기준으로 새로운 프레임워크를 만들 수도 있다. 자신이 처해 있는 영업의 특성을 고려해 작성하면 된다. 예를 들어 건설영업의 경우에는 시공사, 설계 사무소, 대리점 등에 따라 어디에 강점이 있는지를 식별하고 특정 분야를 중점적으로 공략하는 것도 좋은 방법이다. IT영업을 담당하는 경우라면 제품군을 기준으로 데이터베이스 솔루션, 웹 솔루션, 하드웨어 장비, 네트워크 장비와 같은 기준으로 접근할 수도 있다. 또는 자사의 제품을 기준으로 영역을 확장하면서 고객을 발굴하는 것도 하나의 방법일 수 있다.

중요한 것은 자신에게 적합하며 실행 가능한 기준을 수립하고, 이를 지속적으로 기록·관리하는 방안을 마련하는 것이다. 고객을 새롭게 추가하거나 분류할 수 있는 기준을 세우고, 고객에게 제공할 수 있는 가치를 더하거나 빼는 작업을 꾸준히 진행해야 한다. 시간이 흐르면 이러한 작업을 수행한 경우와 그러지 않았을 때에 엄청난 역량의 차이를 실감하게 된다.

2) 제품 및 산업 성장단계에 따른 고객 발굴

제품이나 산업의 성장단계는 학자마다 정의하는 방식에 차이가 있다. 기본적으로는 태동기-성장기-성숙기를 모두 포함하는데, 이러한 성장단계에 따라 고객발굴방식과 영업방식에 차이가 존재할 수 있다. 물론 각 단계를 정확히 구분할 수 있거나, 각 단계별로 반드시 해당하는 방식이 있다고 정의 내릴 수는 없다. 그렇다 하더라도 각 단계별 특성 요인을 이해하고 이를 활용한다는 측면에서 볼 때, 성장단계에 따른 구분 방식은 의미 있는 방법이 될 것이다. 각각의 성장단계에서 강조되는 요인들은 매 단계에서 중복적으로 나타날 수 있다. 다만 해당 단계에서 좀 더 신경 써서 관리해야 하는 것이라 이해하면 좋을 것이다.

[표 6-3] 성장단계별 고객 발굴 방법 및 영업 특성

성장 단계	고객 발굴 방법 및 영업 특성
태동기	Mass 홍보(세미나·고객 초대·학회), 기술 선점
성장기	제품 차별화, 공격적 판매, 관계 영업, 영업관리체계 수립
성숙기	원가우위 전략, 가치영업, 고객군 세분화(규모별·지역별·산업별)

제품이나 산업의 '태동기'는 시장이나 고객이 아직 완벽하게 형성되지 않은 단계로, 기술 선점을 통해 빠르게 시장을 형성하고 해당 산업에서 우위를 차지해야 한다. 이 단계에서 선두주자가 가지는 이점도 존재하지만 고객을 설득하고 확보하는 활동은 시장이 형성된 이후보다 훨씬 어렵다. 고객 또한 아직 사용해 보지 않은 제품에 대한 기술적 결함이나 위험요인을 감수해야 하기 때문이다. 그러므로 이 단계에서는 철저하고 공정한 데이터를 기반으로 고객에게 신뢰를 주는 것이 중요하다. 학회나 세미나, 고객 초청의 자리 등을 마련하여 자사 제품의 안정성과 신뢰성을 강조하는 노력이 필요하다.

기존의 레퍼런스가 없기 때문에 영업직군에서는 태동기의 제품이나 서비스에 대해 정확한 정보를 고객에게 전달해야 한다. 국내뿐만 아니라 해외의 사례를 포함하여 자사의 제품에 대해 명확한 이해를 가질 수 있도록 해야 한다. 또한 기존 제품의 연장선상에서 새로운 패러다임으로 출시되는 제품의 경우라면, 기존 제품 대비 어떠한 특성을 지니는지를 체계적으로 정리하여 전달해야 한다. 한편, 혁신적인 제품일 경우에는 기존 고객과의 관계를 충분히 활용하여 첫 번째 고객과 매출을 확보하는 것이 무엇보다 중요하다. 제품 출시 이후 몇 개월 만에 승부가 갈릴 수도 있는 상황이기 때문에 신규 고객 발굴에 많은 에너지와 비용을 사용해야 한다.

'성장기'는 시장이 형성되고 매출이 증가하며, 경쟁자가 다수 출현하는 단계다. 이 단계에서는 자사의 제품이나 서비스를 어떻게 차별화할 것인가에 대한 영업전략을 수립하고, 이를 고객과 매칭시키는 작업이 중요하다. 가능한 한 많은 수주 활동을 적극적으로 전개해야 한다. 영업역량을 고도화하고 제품에 대한 완벽한 이해와 준비가 선행되어야 한다.

제품의 가치는 이미 시장에서 어느 정도 인지된 상태이기 때문에 고객과의 관계 관리가 중요하다. 성장기에는 고객이 기하급수적으로 팽창하기 때문에 자칫 고객과의 관계를 소홀히 할 수 있다. 영업인력이 상대적으로 부족해지기 때문에 사전준비 없이 현장에 바로 투입하는 오류를 범할 수도 있다. 또한 시장의 수요가 급격히 증가하기 때문에 성장기 초반기에는 고객이 사소한 불만을 토로하는 정도로 인식되던 문제가 후반기에는 본격적인 고객 이탈로 이어질 수 있다. 그러므로 이러한 현상을 사전에 방지하기 위해 영업활동과 더불어 영업관리에 대한 체계를 수립하는 것이 중요하다.

시장이 '성숙기'에 접어들면 매출이 감소하고 정체 현상이 발생한다. 이때는 제품의 원가우위를 최대한 활용해야 하므로 판매 증대를 위해 경쟁사보다 저렴한 원가를 형성하는 가격 전략을 취할 수 있다. 일부에서는 원가우위 전략에 대해 불편한 감정을 드러내기도 한다. 자신들은 그렇게 가격으로 승부하지 않는다는 논리이다. 하지만 가격을 터무니없이 깎아 내리라는 말이 아니다. 원가를 분석하고 판관비를 분석하는 등의 노력을 통해서 고객에게 줄 수 있는 경제적 효용 가치를 높이라는 얘기다. 원가우위 전략은 사실상 많은 경우에 차별화 전략과 더불어 지속적으로 수행해야 한다. 원가를 낮추되 품질이 손실되지 않도록 해야 하며, 이를 통해 발생하는 이윤을 기업 경영활동에 투입해야 한다.

제품이나 서비스의 가격 결정은 항상 논란의 소지가 있다. 영업직군에게 가격경쟁력은 틀림없는 강점 요인 중에 하나다. 그러나 영업직군에서 가격을 직접 결정하지 못하기 때문에 항상 불만 요소로 대두된다. 반대 의견은 이렇다. 가격경쟁력이 있고, 제품이 좋으면 누가 영업을 못하느냐는 것이다. 전사 차원에서 결정된 가격을 기준으로 수주를 높이는 것이 영업의 역할이라는 주장이다. 결론적으로, 원가와 가격은 밀접한 상호 연관성을 지닌다. 원가든 가격이든 사실상 중요한 것은 고객이 체감하고 느끼는 제품이나 서비스에 대한 가치다.

특히 성숙기의 시장에서는 시장이 더 이상 확대되지 않으며 경쟁은 전쟁터를 방불케 할 만큼 치열한데, 이러한 상황 아래서 원가 우위도 없고 가치도 없는 영업활동은 지속성을 잃게 될 것이다. 성숙기에서의 영업전략에는 기업의 사활이 걸려 있기도 하다. 다시 새로운 성장동력을 확보하느냐 아니면 이대로 쇠퇴기로 접어드느냐의 갈림길이기 때문이다. 성숙기에는 새로운 제품이나 서비스를 통해 신규 시장을 확보하고 새로운 고객을 개척하는 전략과, 기존 시장이나 고객을 세분화하여 새로운 기회를 창출하는 전략을 함께 수행해야 한다. 즉 앞에서 설명한 STP전략을 충분히 검토해야 한다. 중요한 것은 성숙기에 있는 시장이나 고객이 쇠퇴기로 접어들어 더 이상 어떠한 영업전략도 취할 수 없게 두어서는 안 된다는 것이다. 영업직군은 자사의 상황과 시장에 대한 분위기를 전사 차원에서 지속적으로 공유하고 이를 극복하기 위한 전략 회의에 적극적으로 참여해야 한다.

지금까지 살펴본 제품 및 산업의 성장단계에 따른 고객 발굴 및 영업활동의 특징은 실무현장에서 직접적으로 활용하기 힘든 것이라고 받아들이기 쉽다. 하지만 결코 그렇지 않다. 영업에게 시장의 환경은 고객과 제품, 그리고 경쟁이 있는 실제 활동 무대다. 이러한 무대의 특성을 이해하고 경쟁에 참여하는 것과 그러지 않은 경우에는 엄청난 차이가 존재한다. B2B 영업이든 B2C 영업이든 고객은 엄청난 정보와 기술적 역량, 분석 역량까지 갖추고 있는 경우가 많다. 이제 고객은 영업보다 더 많은 것을 알고 있고 때로는 엔지니어보다 더 해박한 지식을 갖추고 있다. 이러한 상황 속에서 영업직군이 고객보다 한 수 위일 수 있는 것 중 하나가 소위 말해 시장이 돌아가는 형편을 꿰뚫는 것이다. 다양한 현장에서 여러 고객사를 방문하고, 여러 가지 현상을 체험하고, 수많은 과제를 수행하면서 체득한 실전적 경험이 바로 그것이다. 그리고 이러한 실전적 경험을 분석·정리하고 개선하는 역량을 키우기 위해서는 영업전략에 대한 올바른 이해와 이론적 지식의 습득이 선행되어야 한다.

3) 일상적 고객 발굴

신규 고객을 발굴하려면 다양한 채널을 활용하고 여러 가지 활동을 해야 한다. 일상에서 고객을 탐색하는 방법에는 공개된 자료를 참고하거나 영업 네트워크를 활용하는 것 등이 있다. 공개된 자료는 인터넷을 활용할 수 있는데, 주로 기업에 대한 기본적인 데이터를 포함하여 공공기관의 발주 정보 등을 이용하는 것이다.

[표 6-4] 일상적 고객 탐색 방법

방법	내용
공개 자료	인터넷, 기업 연감, 고객사 공시자료 등 코참비즈, 나라장터, 금융감독원, 한국기업데이터, 중소기업현황정보시스템 홈페이지 등
영업 네트워크	기존 거래처, RFI/RFP 요청업체, 전문가 모임, 세미나, 학회 등

공개 자료는 주로 인터넷이나 기업연감 등의 자료를 활용할 수 있다. 이는 누구에게나 공개되는 보편화된 자료이지만 기본적인 사항을 파악하는 데 도움이 된다. 영업 네트워크를 활용하면 때로 수주 면에서도 많은 도움을 받는다. 공개되지 않은 고객사의 내부 사정이나 발주 계획과 같은 핵심 정보를 획득할 수 있다. 영업활동을 시작한 지 얼마 되지 않은 경우에는 영업 네트워크를 활용하는 데 다소 한계가 있지만, 네트워크 영역을 넓히는 작업을 지속적으로 하면 어느 순간에는 내가 직접 영업을 하지 않아도 정보가 흘러 들어오게 된다. 영업 네트워크를 넓히기 위해서는 기존 고객사나 협력업체를 꾸준히 방문하고 관리해야 한다. 전문가 모임이나 해당 기술 관련 학회 혹은 콘퍼런스에도 주기적으로 참석하여 네트워크를 넓히는 것이 중요하다.

이처럼 고객을 발굴하는 활동은 많은 시간과 노력을 기울여야 하는 힘겨운 작업이다. 그렇기 때문에 무작정 새로운 고객을 발견하는 것보다는 기존의 고객을 충분히 활용하는 활동과 균형을 이루는 것이 중요하다. 즉 기존 영업활동과 신규 고객 발굴 활동의 균형을 유지해야 한다.

2. 접근 단계

어떠한 형태로든 고객을 발굴하고 난 후에는 반드시 직접적인 만남을 통해 관계 형성을 시작해야 한다. 고객과의 첫 만남에서 좋은 인상을 심어 주는 것은 그 고객이 어떠한 고객이든 매우 중요한 일이다. 그렇다면 어떻게 해야 좋은 인상을 남길 수 있을까? 참 난해하고 애매한 질문이다. 좋은 인상이라는 것에 대한 기준 자체가 그러하다.

이 애매한 질문에 대해 다시 한 번 생각해 보자. 조금 더 구체적인 질문을 통해 모호성을 제거해 볼 수 있다. 고객에게 접근하는 목적은 무엇인가? 그 목적을 달성하기 위해 무엇을 해야 하는가? 고객에게 접근하는 목적은 만남의 횟수와 상황에 따라 다르다. 처음 고객을 만나는 경우에도 상황에 따라 그 목적이 다르다. 영업활동을 위해 고객에게 먼저 연락을 취하는 경우와 고객사에서 제안이나 구매 의사를 가지고 연락해 오는 경우는 만남의 목적이 완전히 다르다. 전자는 고객에게 정말로 좋은 이미지를 남기거나 자사의 제품이나 서비스를 소개하는 정도의 자리가 될 것이다. 후자는 정확히 수주를 목적으로 한 만남이 될 것이다.

이제 만남의 목적을 달성하기 위해서 무엇을 해야 하는가에 대해 생각해 보자. 전자와 후자의 상황에서 영업은 무엇을 해야 할까? 혹은 무엇을 준비해 가야 할까? 어떠한 방식으로 이야기를 전개해 나가야 하는 것일까? 한마디로 요약해서 말할 수는 없지만 이것만은 확실하다. 2가지 상황 아래서 영업직군이 해야 하는 역할에는 많은 차이가 있다.

자, 이제 스스로에게 질문을 던져 보자. 나는 고객과의 만남을 위해서 혹은 고객에게 접근하기 위해서 무엇을 했는가? 이 질문의 요지는 이렇다. '고객 접근을 위한 당신의 영업전략은 무엇입니까?' 그렇다면 왜 이러한 질문을 해야 할까? 많은 영업사원들이 고객과의 만남에서 이러한 전략적 방향에 대해 고려하지 않기 때문이다. 설사 고려했다 하더라도 어렴풋한 생각 몇 개만을 가지고 고객을 찾아간다. 물론 이렇게 하더라도 큰 문제가 발생되지 않을 수 있다. 오랜 시간 관계를 형성하고 유지한 경우에 그러하다. 이때는 서로의 생각과 방식에 대해 사전 교류가 있기 때문에 문제가 되지 않는다. 또한 고객과 영업과의 만남에는 쌍방향 의사소통이 전제되기 때문이다. 다시 말해 그때그때 상황에 맞는 순발력을 발휘할 수 있다는 것이다.

그러나 '고객 접근전략'이 필요한 이유는 순발력 그 이상의 효과를 발휘하기 때문이다. 짧게는 몇 분의 생각 정리가 아주 효과적일 때도 있고, 때로는 몇 달씩 고객을 분석하고 접근해야 할 때도 있다. 소요되는 시간과 비용이 적다고 해서 전략을 수립하지 않아도 되는 것은 아니다. 잠깐이지만 고객과 무슨 얘기를 어떤 식으로 나누어야 하는지, 대화의 범위를 어디까지 해야 하는지 생각을 정리하는 것에서부터 접근전략은 시작되고 큰 차이를 만들어 낸다.

1) 사전 접근

사전 접근(pre-approach) 단계에서는 접근전략을 수립하고 준비물을 점검하는 등의 작업을 통해 접근 단계에서 무엇을 해야 할지 철저한 계획을 수립해야 한다.

접근전략 수립

- 접근 목표 점검

- Top, Middle, Down 접근

- 핵심 대화 내용 정리

- 조직에 대한 이해관계 파악

- 참석 인원 확정

- 장소 및 시간 확정

준비물

- 기초 자료: 회사소개서, 제안서

- 명함

- 기타(노트북, 필기구)

접근 목표 점검은 접근전략 수립의 출발점이다. 이는 접근 목표에 따라 준비물의 수준, 접근 레벨 등 모든 것이 달라지기 때문이다. 단순히 고객에게 인사를 하기 위한 방문이라면, 부담스럽지 않은 수준에서 만남을 진행해야 한다. 첫 방문에서 자사 제품에 대한 다소 무거운 주제를 다루거나, 실무자를 접견하는 정도의 자리에 임원을 배석하면 고객에게 부담을 줄 수도 있다.

고객 방문의 목적은 동반하는 자사의 인원들뿐만 아니라 고객과도 반드시 공유해야 한다. 그래야 고객 또한 만남 전에 사전준비를 하거나 필요한 경우 다른 인원을 배석시키는 등의 조치를 취할 수 있다. 아무리 가까운 고객의 경우라도 '어떤 일 때문에 오시나요?'라는 물음에 '가서 말씀드리겠습니다.'라고 답해서는 안 된다. 다시 한 번 강조하지만 고객의 마음은 그때그때 다를 수 있다. 똑같은 말이라도 어떤 때에는 기분 상해하지 않고, 또 어떤 때에는 무척 기분 나빠 할 수도 있다. 영업직군은 그래서 늘 긴장의 끈을 놓지 말아야 하며, 고객을 쉽게 대해서는 안 된다.

고객 방문을 위한 목표(목적)가 정해졌다면, 누구와 함께 방문할 것인지를 반드시 결정해야 한다. 또한 만남의 성격이나 목적 등을 방문 전에 반드시 공유·숙지하고 동행해야 한다. 충분한 시간이 없을 때에는 이동하는 동안에 이를 공유하고, 고객과의 만남에서 주의해야 할 점에 대해 반드시 이야기를 나눠야 한다.

가능하면 고객사 측의 미팅 참여 인원을 확정하고, 동일한 직급 레벨로 자사의 방문 인원을 결정해야 한다. 고객사의 임원을 방문하는데 대리나 과장급 인력이 찾아가는 것은 바람직하지 않다. 반대로 실무자를 방문하는 자리에 자사의 임원이 동행해 회의를 진행하거나 하면 고객이 부담을 느낄 수도 있다. 이런 경우라면 임원은 중요한 내용에 대해서만 관여하고, 이후 실무적인 상황에 대해서는 동일 레벨의 직원이 처리하도록 해야 한다.

물론 고객의 성향에 따라서 다르게 행동해야 할 필요도 있다. 고객이 권위형 성격이고 의전을 중요시한다면, 임원을 배석시킴으로써 고객 또한 동일한 레벨로 스스로를 인식할 수 있도록 해 주는 것도 필요하다. 그러므로 담당 영업사원은 고객의 유형이나 성격을 평소에 잘 파악해 두어야 한다. 윗사람에 대해 부담을 느끼는지, 아니면 갑의 위치에서 을은 항상 임원이 방문해야 한다고 생각하는지 등의 성향을 사전에 파악해서 방문 인력을 구성해야 한다.

핵심 대화 내용 정리 작업은 고객 방문 목적과 함께 동반한 인원들에 대한 역할과 책임 범위를 정하는 것을 포함한다. 각자가 맡은 역할과 책임 범위에 대해 어떤 흐름으로 대화를 진행할 것인지 중요한 포인트를 사전에 수립하는 것이 좋다. 물론 대화라는 것이 언제나 정해진 패턴으로 이어질 수는 없다. 그러나 어떤 이야기를 해야 하는지, 누가 해야 하는지 등에 대해 전반적인 그림을 그리고 방문하는 것과 그러지 않은 경우에는 큰 차이가 존재한다. 적어도 꼭 해야 하는 이야기를 하지 못하고 돌아오는 실수를 방지할 수는 있다.

또한 우왕좌왕하는 모습을 보이지 않고 잘 정돈된 시나리오를 기반으로 회의를 진행하면, 고객이 특정 주제에 대해서는 누구에게 질문을 해야 하고 누구에게 연락을 해야 하는지 예측할 수 있게 된다. 즉 고객이 추후에 궁금한 점이 발생했을 때 특정 인물을 바로 떠올릴 수 있는데, 이는 고객과의 관계에서 대단히 중요한 사항이다. 고객은 언제나 특정 사안에 대해 빠르게 일처리를 하고 싶어 한다. 이때 누구에게 물어볼지가 떠오르지 않는다면 영업대표에게 연락을 할 것이고, 문의사항을 받은 영업대표는 또다시 해당 사항을 담당 영업사원에게 물어봐야 한다. 이 과정에서 내용이 왜곡될 소지가 있고 시간적으로도 많은 손실이 발생하게 된다.

사실 이 부분은 아주 사소한 듯하지만 그 결과의 파장은 대단히 크다. 왜 영업사원이 해당 제품이나 서비스의 기술적인 부분까지 알아야 하는지와 연관해 생각해 보면 그 답은 명확해진다. 고객과의 만남 자리에서 기술적인 질문을 받았을 때, 영업사원이 곧바로 정확히 답변을 하는 것과 회사의 엔지니어에게 전화로 물어보는 것에는 엄청난 차이가 존재한다. 고객이 느끼는 영업에 대한 신뢰도는 순간적으로 결정되고, 이는 수주로 이어질 가능성에 큰 영향을 미친다.

고객은 영업이 기술을 모를 수도 있다고 결코 이해해 주지 않는다. 만약 영업이 전문적인 영역에 대한 지식이 부족하다면, 반드시 업무 전문가와 배석하고 이를 고객에게 인지시켜 주어야 한다. 고객이 궁금한 사항이 있을 때 전문가에게 문의할 수 있는 자리를 마련해 주어야 한다. 그런 다음 해당 사항들을 전문가와 영업이 공유하면 된다. 고객 지향적 영업활동은 말 그대로 고객을 중심으로 이루어져야 한다. 많은 영업이 자신을 고객과의 연결고리로 생각한다. 그런데 이러한 생각이 지나쳐 자신이 아닌 다른 누군가와 고객이 대화하는 것을 극도로 싫어하는 영업도 있는데, 이는 고객 중심적 사고가 아니라 지극히 자기중심적인 사고이다.

특히 B2B 영업에서는 특정 영업사원 한두 명이 대형 프로젝트를 수주하는 경우는 드물다. 관련되어 있는 팀 전체가 영업직군이 되어야 한다. 그러기 위해서는 각 팀의 구성원들이 역할과 책임을 명확히 하고 적극적으로 정보를 공유해야 한다. 누구에게 연락할 것인지를 고객에게 강요해서는 안 된다. 고객은 그 어느 누구와도 연락할 수 있다. 아마도 이 책을 읽는 독자들이라면 대부분 이 점을 당연한 거라고 생각할 것이다. 하지만 애석하게도 이처럼 당연한 사항이 현장에서 잘 지켜지지 않아 여러 문제가 발생하기도 한다.

◇◆◇ 대화의 시나리오 작성

영업을 시작한 지 얼마 되지 않았을 때 한 가지 고민이 생겼다. 친구들이나 동료들과 얘기할 때는 재미있게 잘하는데, 고객하고만 대화를 시작하면 머리가 하얗게 되어 자꾸 버벅거렸다. 대화가 끝나고 나면 늘 후회를 했다. '이 말은 하지 말걸, 이 말은 꼭 했어야 했는데……' 누구나 마음이 편안한 상대 앞에서는 생각이 명확해지고 말도 술술 나오는 데 반해 상대적으로 어려움을 느끼는 사람 앞에서는 긴장하기 마련이지만, 일에 직접적인 영향을 미친다는 점에서 큰 걱정이 아닐 수 없었다.

어떻게 해야 하나 고민하다가 고객과 만나거나 통화를 하기 전에 어떤 말을 해야 할지 글로 옮겨 쓴 뒤 그것을 수없이 읽으며 연습했다. 키워드에는 밑줄을 그어 가며 되뇌었다. 그렇게 하다 보니 고객과의 대화에 조금씩 자신이 생겼다. 문제는 갑작스런 대화에서는 여전히 동일한 현상이 발생한다는 점이었다. 틀림없이 알고 있는 내용인데도 말의 논리성이 급격히 떨어졌다. 어쩔 수 없이 고객 한 명, 한 명에 대해 내가 어떤 면에서 긴장하는지를 판단하고, 나의 생각과 논리를 최대한 정리해서 가상의 대화 시나리오를 작성해 연습했다. 그렇게 반복하다 보니 신기하게도 대화에 대한 거부감이 사라지고 갑작스런 상황에서도 자연스레 행동할 수 있었다.

특히 해외영업을 할 때는 영어로 통화를 해야 하는 상황이 많았으므로 어떤 이야기를 할지 대화의 전체적인 시나리오를 구성하고, 이를 사전에 영작한 뒤 해당 문장을 참고하면서 대화를 시도하였다. 이런 방법을 통해 긴장감을 완화하고 내가 꼭 해야 하는 말을 빠뜨리지 않을 수 있었다.

대화 시나리오를 사전에 작성하는 습관이 들자 고객과의 소통이 원활해졌으며 그 횟수도 자연히 증가하게 되었다. 물론 이러한 행위 자체가 수주 성과에 얼마나 큰 영향을 미쳤는지를 정확하게 식별할 수는 없다. 하지만 긍정적인 영향을 미친 것은 틀림없는 사실이다. 고객과의 대화에서 긴장하지 않고 자주 연락을 취하자 고객 또한 나를 자주 찾게 되었고, 자연히 지속적인 관계를 형성하게 되었다.

조직에 대한 이해관계를 파악하는 것은 여러 가지로 중요한 의미가 있다. 첫 번째, (구매 구조 분석을 통해 이미 설명한 바와 같이) 구매영향력에 대한 지배 구조를 파악하는 데 많은 도움이 된다. 두 번째, 조직 내에 존재하는 긍정적·부정적 관계에 대한 사전정보를 파악하고 접근전략을 수립할 수 있다. 세 번째, 특정 이해집단이나 개인이 소외되지 않도록 하여 방해자 역할을 하지 않게 사전에 조치를 취할 수 있다.

조직이라는 거창한 용어를 사용하지 않더라도 회사 내에서 개인 간 팀 간 갈등의 문제는 항상 존재하며, 사이가 좋은 사람과 나쁜 사람, 관계가 좋은 팀과 나쁜 팀이 있기 마련이다. 그런데 이러한 이해관계는 고객과의 초기 접근 단계에서는 파악하기가 거의 불가능하다. 그럼에도 불구하고 가능한 한 많은 인적 네트워크를 동원해 접근하고자 하는 고객이나 고객사의 정보를 사전에 수집하는 것이 좋다. 만약 이러한 사전정보 습득 과정에 시간을 할애할 수 없는 경우라면, 고객 방문 시 말실수를 하지 않도록 주의를 기울여야 한다.

다음의 예를 살펴보자. 영업사원 S는 A라는 고객을 오후 2시에 방문하기로 하였다. 여느 때처럼 접근전략을 수립하고 준비물도 완벽히 챙겼다. A고객이 근무하는 회사에는 S가 오래전부터 친하게 지내던 지인도 다니고 있었다. A고객을 만나 이런저런 이야기를 나누던 중 S는 지인에 대한 이야기를 꺼냈다. A고객과 좀 더 빠른 시간 내에 친근감을 형성하기 위해 지인인 B차장과의 친분을 과시한 것이다.

그런데 영업사원 S는 여기서 두 가지 실수를 범했다. 어떤 것일까? 첫째, 지인을 알고 있었다면 고객을 만나기 전에 지인에게 연락을 취하고 사전정보를 얻어야 했다. 둘째, 지인과 사전 연락을 취하지 못한 상태라면 굳이 지인에 대한 이야기를 하지 말았어야 했다. 만약 지인과 A고객이 호의적 관계이거나 아예 모르는 사이라면 다행히 큰 문제가 되지 않는다. 하지만 지인과 A고객의 사이가 좋지 않거나 갈등을 겪고 있다면 부정적인 선입견만 생기게 할 것이다. 영업사원 S는 친밀감을 형성하기 위해 꺼낸 말이지만 A고객은 속으로 이렇게 생각할 것이다. '그렇게 되먹지 못한 사람과 친분이 있다니 이 사람도 뻔하겠군.'

이처럼 굳이 확인되지 않은 이해관계를 강조함으로써 위험을 감수할 필요는 없다. 확률이 50%라면 나중에 천천히 지인과 고객과의 사이를 확인하고 접근해도 결코 늦지 않다. 요컨대 고객사의 갈등 구조나 이해관계를 사전에 파악하고 이에 적절히 대처하는 것은, 업무적 관계를 시작하기 전에 발생할 수 있는 감정적 오해와 편견을 제거할 수 있는 중요한 과정이다.

참석 인원 또한 고객과의 만남의 목적에 맞게 결정해야 한다. 최초 접근 단계에 너무 많은 인원이 방문하는 것은 고객에게 부담 요인이 될 수 있다. 반대로 영업사원 혼자 방문한다면 자칫 고객이 자신이나 자신이 속한 회사를 별로 중요하지 않게 생각하는 것 아니냐는 의문을 가질 수도 있다. 정답은 없다. 하지만 경험상 최초 방문 시에는 2명 정도가 적당하다. 3명이 방문하면 대화의 포인트가 너무 넓어지고 고객이 영업사원을 일일이 챙기기가 힘들다.

고객 방문의 목적이 업무 미팅이라면, 각 업무 영역에 따라 적정 수준의 인력과 동반하는 것이 좋다. 이때 주의해야 할 사항은 업무 미팅에 반드시 참석해야 할 인력이 불참하는 일이 발생하지 않도록 하는 것이다. 고객이 반드시 참석을 기대하는 인력이 어느 업무 영역의 구성원인지 사전에 파악하고, 반드시 참석할 수 있도록 일정을 조정해야 한다.

그럼에도 불구하고 해당 인력이 도저히 참석하지 못할 상황이 발생하기도 한다. 이때는 고객에게 어떻게 양해를 구해야 할까. 먼저 고객의 성향을 파악하는 것이 중요하다. 가령 다른 고객사의 지원 때문에 참석하기 어렵다는 내용으로 양해를 구했을 때 고객이 자신을 무시한다는 생각을 하게 된다면, 결코 좋은 분위기에서 업무 미팅을 진행할 수 없다. 반면에 고객이 이러한 상황에 관대한 경우라면, 업무 미팅을 원활히 진행할 수 있는 다른 인력을 확보해야 한다. 그렇지 않은 경우라면 미팅 일정을 조정하는 것이 현명하다. 고객에게 어설픈 핑계를 대다가 서로 간의 신뢰에 금이 갈 수 있다. 힘들게 쌓아 온 신뢰가 깨지는 것보다는 다른 고객사 지원 때문에 참석이 어렵다는 사실을 솔직히 알리고 다시 일정을 잡는 편이 바람직하다. 그 순간 고객의 기분이 상하고 좋지 않은 말을 들을 수 있지만, 향후 신뢰에 부정적 영향을 미치는 것보다는 훨씬 낫다.

현장에서 보면 경험이 많은 영업사원과 신입 영업사원은 이러한 상황이 발생했을 때 확연한 차이를 드러낸다. 노련한 영업사원은 사실상 이러한 문제가 발생되기 전에 핵심 참여인력의 일정을 사전에 확인해 둔다. 그런 다음 고객과의 일정을 하나만 잡는 것이 아니라 가능한 날로 두세 개 정도 잡은 뒤 차후에 조율한다.

관련하여 발생할 수 있는 또 하나의 상황에 대해 생각해 보자. 모든 조치를 취했음에도 불구하고 핵심 인력이 참석하지 못하는 상황이 갑자기 발생할 수도 있다. 예를 들면 다른 고객사인 B사의 시스템에 장애가 발생하여 부득이 참석이 어려울 수 있다. 이때 영업사원은 어떠한 의사결정을 내려야 할까?

조금 더 구체적인 상황을 가정해 보자. 예정된 A고객사와의 업무 미팅을 잘 수행하면 100억 예산의 프로젝트를 수주할 가능성이 있다. 하지만 장애가 발생한 B고객사는 이미 프로젝트를 마친 뒤 운영을 하고 있는 시스템이다. 향후 고도화 작업으로 10억 원 정도의 예산이 책정되어 있다. B고객사의 장애를 해결할 수 있는 인력은 A고객사와의 미팅에 반드시 참석해야 하는 사람이다. 이 상황에서 어떠한 의사결정을 하겠는가?

이는 영업사원 개인의 가치관을 넘어서 회사의 상황, 더 나아가 최종 의사결정권자의 결정기준에 따라 달라질 수 있는 문제다. A고객사의 미팅에 참석하는 방향으로 결정을 내렸다면, 단기적 성과에 집중한 의사결정이며 고객사보다는 자사의 이익에 중점을 두었다고 볼 수 있다. 반대로 B고객사의 장애를 우선적으로 처리하도록 결정했다면, 자사의 우선적 이익보다 고객사의 이익에 중점을 둔 의사결정이라 볼 수 있다. 다행인 것은 현실적으로 이러한 가정 상황은 발생하지 않는다. 대부분의 경우 핵심 인력이 A사와의 미팅에 참석하고 대체 인력이 B사의 장애를 해결한다. 그럼에도 불구하고 이러한 질문을 던진 이유는 '의사결정을 할 때 누구를 기준으로 할 것인가?'라는 문제를 제기하고자 한 것이다.

이러한 문제에 직면했을 때 나의 이익보다는 고객의 손실비용을 계산하는 편이 바람직하다. 영업은 수익을 창출해야 하는 집단이다. 그렇기에 자신을 기준으로 의사결정을 하는 경우가 많다. 이러한 행동이 틀린 것은 아니다. 다만, 그 이전에 영업은 고객이 있어야 존재할 수 있는 집단이라는 사실을 잊지 말아야 한다. 고객을 기준으로 의사결정을 한다는 것은, 즉 고객과 내가 이익을 공유한다는 것이다. 시스템에 장애가 발생한 B고객사는 결국 자신들이 인력을 지원받지 못한 사실을 알아차릴 테고, 이러한 일이 반복되면 불신이 쌓여 관계가 깨지고 만다. 고객을 중심으로 의사결정을 하는 것은 결코 쉬운 일이 아니지만, 그러므로 더욱 신중해야 한다. 남들이 하지 못하는 것을 했을 때 비범한 성과와 가치를 이루어 낼 수 있다.

장소와 시간에 대한 문제도 사소하게 볼 수 있지만 매우 중요한 고려 요인 중 하나다. 특히 임원급을 대상으로 고객과의 미팅을 잡을 때는 더욱 중요하다. 기업의 임원은 워낙 많은 일정을 하루에 소화해야 하기 때문에, 시간이나 장소를 사전에 파악하지 못하면 미팅 일정 확정이 계속 지연될 수도 있다. 임원은 일반 직원들보다 출장이나 외부 일정이 상대적으로 많다. 이 때문에 사전에 미팅 장소를 잘 조율해야 한다. 또한 외부 활동이 많다고 하더라도 임원의 성향에 따라 미팅은 반드시 회사 내에서 하려는 경우가 있으니 이러한 점도 주의 깊게 파악해야 한다.

임원과의 미팅은 상대의 일정에 가능한 한 최대한 맞추어야 하며, 다음 일정 등을 사전에 확인하여야 한다. 다음 일정이 어디에서 진행되는지에 따라 이동시간 등을 고려해 미팅을 준비해야 한다. 최소한의 배려가 될 수 있는 이러한 부분을 사전에 확인하지 않으면, 정작 중요한 내용이나 자료를 전달하지 못할 수도 있다.

미팅 장소가 외부이고 식사시간을 피하지 못할 경우라면 식사에 대한 의중을 사전에 파악하는 일도 중요하다. 또한 주변인을 통해서든 본인을 통해서든 선호하는 음식을 파악하고, 별도의 미팅이 가능한 복잡하지 않은 공간을 사전에 예약하는 것도 잊어서는 안 된다. 어느 누구라 할지라도 본인이 대접받고 있으며 배려받는다는 느낌을 받는 것은 기분 좋은 일이다. 의전이라는 거창한 말을 사용하지 않더라도 고객이 불편함을 느끼지 않도록 미팅 환경을 준비하는 일은 기본 중의 기본이다.

그런데 이러한 아주 상식적이고 기본적인 일들 때문에 고객이 불쾌함을 느끼게 되는 경우가 있다. 겉으로 표현하지 않지만 고객의 성격에 따라서는 매우 민감하게 받아들이기도 한다. 앉는 자리부터 시작해 심지어 식사를 준비해 주는 종업원 때문에 불쾌함을 느끼는 경우도 있다. 요컨대 고객과의 만남은 지극히 고객 중심으로 계획하고 준비해야 한다. 많은 영업사원들이 실수하는 일 중에 하나가 고객의 취향을 잘 모른다고 자신들이 잘 아는 명소로 무리하게 고객을 이끄는 경우이다. 하지만 아무리 좋은 곳이라도 고객의 상황을 고려하지 않으면 안 된다. 가격이나 이동거리 등이 부담을 줄 수 있기 때문이다. 또 상대적으로 하위 직급의 고객과 식사를 할 때는 해당 장소에 고객의 상급자들이 자주 오는 건 아닌지도 파악해야 한다. 이처럼 고객과의 미팅 장소와 시간을 정하기 전에는 상대방의 부담 요인을 꼼꼼히 확인해야 한다.

사전 접근 단계에서 가장 기본적으로 체크해야 할 것은 준비물이다. 월요일 오후에 고객과의 미팅이 잡혀 있다면, 금요일 오후에는 준비물을 미리 챙겨 두어야 한다. 특히 명함과 같이 아주 기본적인 것을 놓치지 않도록 주의해야 한다. 월요일에는 직장인들이 옷을 바꿔 입고 나오면서 소지품을 두고 나오기 쉽다. 이때 명함을 빠뜨리기 쉬운데, 이러한 웃지 못할 일이 발생하지 않도록 여러 곳에 명함을 놓아 두는 것도 좋은 방법이다.

준비물 확인은 리스트를 적어서 꼼꼼히 해야 한다. 준비물을 확인하지 않는 것은 중요한 시험에서 답안을 밀려 쓰는 행위와 같다. 열심히 시험 준비를 했고 완벽하게 문제를 풀었지만, 답안을 확인하지 않고 제출하는 것과 마찬가지다. 고객에게 전달해야 하는 답안은 반드시 사전에 검토를 마쳐야 한다.

2) 접근

사전 접근 단계가 고객과의 만남을 준비하는 과정이라면, 접근 단계는 고객과의 실질적인 만남이 이루어지는 과정이다. 이 단계에서는 결과적으로 고객이 얼마만큼의 흥미를 보였으며, 어떠한 사항에 관심을 보였는지가 중요하다.

그렇다면 어떻게 해야 미팅 과정에서 고객의 흥미를 이끌어 내고 관심을 북돋을 수 있을까? 다음의 S.E.A.R.C.H 요인을 중심으로 알아보자.

- 시나리오(Scenario)
- 가치 전달(Express Value)

- 분위기(Atmosphere)

- 반응(Reaction)

- 이슈 확인(Confirm Open Issues)

- 향후 미팅 일정 확정(Have a next meeting)

시나리오는 미팅 과정에서 발생할 수 있는 여러 가지 상황에 대한 흐름이라고 볼 수 있다. 즉 사전 접근 단계에서 수립한 미팅의 목적을 어떤 흐름으로 전개해 나갈 것인가에 대한 '가상의 연출'이다. 시나리오는 미팅의 큰 줄기를 형성하며, 세부적으로 예상치 못한 상황에 대해서는 순발력 있게 대응해야 한다. 시나리오가 중요한 이유는 고객을 나의 의도대로 유도할 수 있는 스토리가 담겨 있기 때문이다. 물론 대부분의 미팅에서 고객은 나의 시나리오를 그대로 수용하지 않는다. 그러나 시나리오가 짜여 있다면 새로운 상황에도 적절히 대응한 후 다음 이야기를 전개해 나갈 수 있지만, 그렇지 않다면 대화의 새로운 시작점을 찾다가 방향을 잃기 쉽다.

한편 시나리오에는 역할과 책임이 존재한다. 전체적인 미팅을 주관하는 팀장에게는 시나리오가 미팅의 본래 목적에서 벗어나지 않도록 조율해야 하는 책임이 있다. 또한 특정 분야에 대해 전문적인 이야기를 나눌 때는 해당 분야의 지식을 갖춘 인력이 자신의 역할을 감당해야 한다. 이러한 역할과 책임이 상황에 따라 적절히 조화를 이루게 되면, 고객은 미팅에 대한 체계를 이해하고 전체적인 진행을 넘겨주게 된다. 반면에 이러한 시나리오가 적절히 운영되지 않으면, 고객은 미팅에 흥미를 잃고 자사의 이야기를 꺼내 놓지 않거나 일방적으로 통보해 버린다.

대개의 경우 시나리오가 제대로 작동되지 않으면, 핵심 사항을 충분히 다루지 못한 채 미팅을 마치게 된다. 고객은 무한정 시간을 허락해 주지 않는다. 정해진 시간 동안 그날의 미팅 목적을 명확히 전달할 수 있도록 시나리오를 점검하고 이를 잘 운영해야 한다. 미팅을 진행하다 보면 시나리오의 흐름과 더불어 중요한 사항이 바로 '시간 관리'다. 고객이 충분히 의견을 전개할 수 있도록 하고 경청하되, 시간이 여의치 않을 때는 오픈 이슈로 나머지 항목을 확정하고 다음 미팅 일정을 잡아 우리 측 설명을 보충하는 것이 현명한 방법이다.

한편 고객에게 자사의 제품이나 서비스를 어필하려다 보니 시간에 대한 고려 없이 지루하게 설명을 늘어놓는 경우가 있다. 특히 직급이 높은 임원이 이런 실수를 하면 고객도 예의를 지키기 위해 선뜻 말을 자를 수 없어 큰 낭패가 될 수 있다. 아무리 직위가 높은 경우라도 고객보다 높지는 않다. 그러므로 이야기를 독점하는 상황을 절제할 수 있는 구성원 간에 신호를 시나리오 점검 단계에서 마련해야 한다.

가치 전달은 고객과의 미팅에서 가장 중요하게 다루어야 할 핵심 사항이다. 고객에게 어떻게 가치를 전달하느냐는 목적을 달성하기 위한 기본임과 동시에 가장 어려운 과정 중에 하나다. 작게는 고객이 중요하게 생각하는 부분을 만족시킬 수 있는 방법을 찾아 미팅에서 전달하는 것에서부터, 크게는 고객이 달성하고자 하는 가치를 완성시킬 수 있는 방법을 제공하는 것을 일컫는다.

고객이 추구하는 가치를 찾는 작업은 고객이 어떤 상황에 있으며, 어떤 고민이 있는지를 파악하는 일에서 시작된다. 이때 '가치'라는 의미를 어디에 두느냐에 따라, 혹은 어떻게 해석하느냐에 따라 구체화된 가치의 모습이 달라진다. 때로는 경제적 이익이 곧 고객의 가치가 되고, 때로는 정성적 만족감이나 신뢰가 고객의 가치가 된다. 가치의 기준이나 의미는 워낙 광범위하고 상황에 따라 다르게 나타나기 때문에 이를 찾아내고 구체화하여 고객에게 전달하는 일은 결코 쉬운 작업이 아니다.

가치 전달에서 한 가지 중요한 사실은 바로 '고객 중심의 가치'를 파악하고 '고객에게 의미 있는 가치'를 전달해야 한다는 점이다. 고객 접근의 초반에는 고객의 가치를 판단하기가 불가능하기 때문에 자사의 제품이나 서비스를 중심으로 한 보편적 가치를 전달할 수밖에 없다. 하지만 미팅을 통해 고객이 중요하게 생각하고 의미를 두는 것을 찾아낸 이후에는 고객 중심의 가치를 전달해야 한다. 물론 영업직군 입장에서는 자신이 제공해 줄 수 있는 가치를 강조하고 싶은 마음이 있다. 이는 잘못된 접근은 아니지만 결코 바람직한 접근은 아니다. 영업직군의 역할은 고객이 원하는 가치를 제공하고 전달하는 것이기 때문이다.

다시 말해, 영업직군의 가치는 고객의 가치를 달성하기 위해 존재하는 것이다. 고객의 가치가 이루어졌을 때 비로소 영업직군의 가치 또한 달성될 수 있다. 고객이 추구하고자 하는 가치가 영업직군의 가치와 일치되었을 때 수주로 이어진다. 반대로 두 편의 가치가 일치하지 않으면 갭(gap)이 발생하는데, 영업은 이러한 고객과 자신들의 가치의 차이를 식별하고 이를 메꾸는 역할을 해야 한다. 이 과정에서 인력이 추가 투입되고 비용도 더 발생될 수 있다. 수주로 이어지지 않는다면 고스란히 비용만 짊어지게 된다. 그렇다고 영업활동을 하지 않을 수는 없다. 가치의 차이에서 발생되는 비용을 최소화하기 위해서라도, 영업은 꾸준히 고객이 원하는 가치를 식별하고 이를 어떻게 해결해야 할지에 초점을 맞추어야 한다. 즉 고객이 원하는 바가 무엇이며, 이를 가장 효율적이고 효과적으로 해결할 수 있는 대안이 무엇인지를 고객 접근을 통해 고민해야 한다. 고객과의 관계 형성 초기 단계에서 가치의 차이가 적을수록 성과 발생 시점은 앞당겨지며, 그 시점에 따라 발생하는 비용도 현저히 줄어들게 된다.

요컨대 먼저 고객의 가치를 파악한 뒤, 그것을 달성하기 위한 영업직군의 가치를 확인하고, 그다음에 두 가치 사이에 발생할 수 있는 차이를 식별하여 이를 줄이는 것이야말로 지속적인 영업의 경쟁우위를 달성하는 지름길이다.

분위기는 고객과의 접근 시점이나 미팅 과정에서 느껴지는 정성적 요인이다. 이러한 분위기는 영업직군의 경험으로 찾아낼 수 있는 미묘한 것에서부터 겉으로 확연히 드러나는 감정의 표현에 이르기까지 다양하다. 때로는 감(感)으로 느끼기도 한다. 분위기를 구체적으로 감지하기 위해서는 다양한 상황에서 여러 가지 대상의 미묘한 변화에 관심을 기울여야 한다. '열 길 물속은 알아도 한 길 사람 속은 모른다.'는 속담에서도 알 수 있듯이 사람의 마음은 좀처럼 파악하기 어렵다. 다만 여러 가지 관찰을 통해서 어떤 분위기가 형성되어 있는지 실마리를 잡을 수 있을 뿐이다.

고객이 겉으로 드러날 만큼 명확하게 의사를 표현하는 경우에는 심리 상태나 의도를 쉽게 파악할 수 있다. 중요한 것은 고객이 무언가 불편한 상황에서 속내를 드러내지 않고 억누를 때 그것을 알아채는 것이다. 통화를 할 때는 표정을 읽을 수 없기 때문에 목소리의 떨림, 잦은 한숨, 단답형 대답과 같이 종합적인 상황을 통해 고객의 상태를 읽어 내야 한다.

이메일을 통해서도 고객과 의사소통을 많이 하는데 이때는 더더욱 숨겨진 감정을 파악하기가 쉽지 않다. 더구나 이메일은 감정을 조절한 상태에서 쓰거나, 작성하는 과정에서 감정이 자제되는 경우가 많으므로 주의를 기울여 읽어야 한다. 오히려 평소보다 공손한 말투를 쓴다거나 지나치게 사무적인 단어를 사용할 때는, 무언가 강한 메시지를 전달하고 싶은 경우가 많으므로 행간의 의미를 면밀히 해석해야 한다.

대화 시 고객이 눈을 마주치지 않으려 하거나, 머리를 긁적이거나, 손과 발을 차분히 두지 못할 때, 목소리 톤이 달라졌을 때 등도 주의를 기울여야 한다. 고객에게 어떠한 상황의 변화가 있는지 감지하고 빠르게 대응해야 한다. 이러한 때 고객은 구매결정을 취소하기로 마음먹거나 다른 경쟁업체에 호감을 느끼게 된 경우가 많기 때문이다. 한편 고객이 영업사원의 이야기를 경청하고 주변 지인들에게 소개시켜 주는 등 호의적인 반응을 보일 때는 그러한 분위기를 잘 활용해야 한다. 그때가 구매시점이라면 더더욱 클로징(closing) 기회로 활용해야 한다.

분위기는 특정 고객의 심리 상태를 포함하여 구매에 관여되어 있는 다양한 조직의 전반적인 상황을 설명하는 중요한 척도이다. 흔히 영업 진행 중에 "전반적인 분위기는 우리 쪽에 유리하게 흘러가고 있습니다.", "분위기 자체가 우리를 반기지 않는 것 같습니다.", "경쟁사 쪽 분위기는 거의 포기한 듯합니다."라는 말을 자주 듣게 된다. 이는 영업사원의 경험과 여러 고객들의 상태를 종합한 표현들이다. 고객이 불편함을 느끼는 사항이 무엇인지 정확히 파악했다면 다행이지만, 그렇지 못할 경우에는 질문을 통해 조심스럽게 알아내야 한다. 직설적으로 묻기 곤란할 때는 "혹시 제가 도움드릴 일이 있습니까?", "추가적으로 저희 쪽에서 지원해야 할 사항이 있으면 편하게 말씀해 주십시오." 하고 간접적인 질문을 통해 상황을 파악하는 것이 좋다.

고객의 반응은 위에서 설명한 분위기와 높은 연관성이 있다. 고객의 반응은 고객의 심리상태 및 영업 대상 기업의 선호도에 따라 다르게 나타난다. 즉 개인적인 부분과 조직적인 부분의 총합으로 표현된다. 단순히 특정 제품이나 서비스에 대한 구매 조직의 선호도 그 이상을 포함하는 것이다. B2B 영업에서 구매 조직은 단순히 한 개인이 아니라 여러 개인이 이룬 집단으로 구성되기 때문에 동일한 제품이나 서비스에 대해서도 각각 다른 반응을 보일 수 있다. 다만 호불호가 갈리는 상황에서 영업직군은 전반적인 반응을 선호 성향으로 개선하는 역할을 해야 하며, 이러한 작업을 어떻게 효율적으로 이끌어 갈지 방향성을 수립하는 것이 영업전략이다. 영업전략 수립은 앞에서 설명한 구매구조 분석과 다양한 분석기법을 활용하여 자신에게 맞는 방법론을 찾는 과정을 통해 가능하다.

접근 단계에서 고객의 반응을 살피는 작업은 다음과 같은 절차를 통해 관리할 수 있다. 모든 미팅에서 고객 반응에 대한 분석작업을 진행할 필요는 없다. 고객 반응을 무언가 구체적으로 설명하기 애매하다거나 중요한 부분을 빠뜨리지 않았는지 점검하기 위해서는 간단히 메모지를 활용해 정리해 보는 것도 좋다.

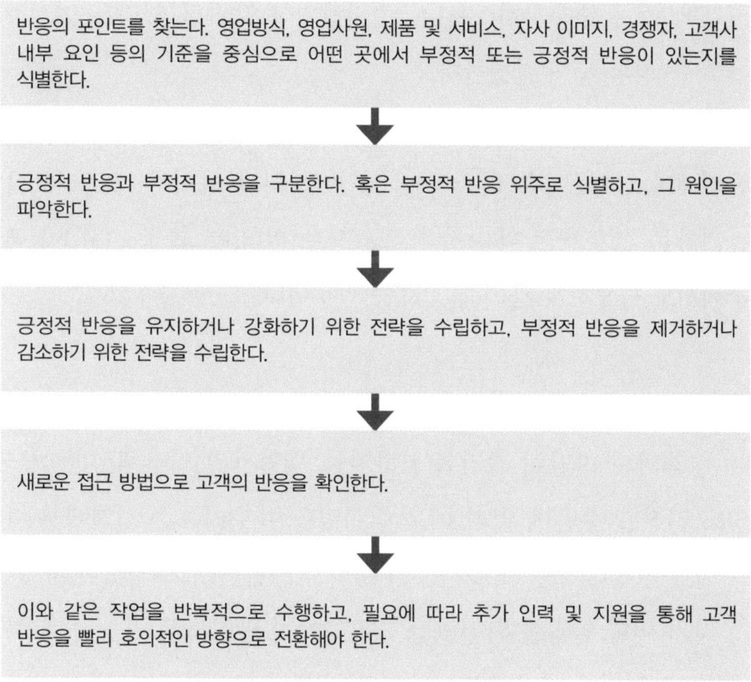

반응의 포인트를 찾는다. 영업방식, 영업사원, 제품 및 서비스, 자사 이미지, 경쟁자, 고객사 내부 요인 등의 기준을 중심으로 어떤 곳에서 부정적 또는 긍정적 반응이 있는지를 식별한다.

긍정적 반응과 부정적 반응을 구분한다. 혹은 부정적 반응 위주로 식별하고, 그 원인을 파악한다.

긍정적 반응을 유지하거나 강화하기 위한 전략을 수립하고, 부정적 반응을 제거하거나 감소하기 위한 전략을 수립한다.

새로운 접근 방법으로 고객의 반응을 확인한다.

이와 같은 작업을 반복적으로 수행하고, 필요에 따라 추가 인력 및 지원을 통해 고객 반응을 빨리 호의적인 방향으로 전환해야 한다.

[그림 6-3] 고객 반응 관리 프로세스

이슈 확인에서 가장 많이 실수하는 것 중에 하나가 바로 미팅 시에 발생한 이슈에 대해 까맣게 잊어버리는 것이다. 실제로 이런 어처구니없는 상황이 종종 일어난다. 또 평소에는 잘 관리하다가 결정적인 순간에 중요한 이슈를 놓쳐 큰 타격을 입기도 한다. 이처럼 큰 이슈가 잘 관리되지 않는 이유는 혼자 해결할 수 없고 여러 사람의 도움을 받아야 하기 때문이다. 혼자 해결할 수 있고 바로 지원이 가능한 이슈들은 그때그때 빠르게 처리할 수 있지만, 큰 이슈는 회의를 소집해야 하고 여러 사람의 의견이나 자료를 취합해야 한다. 이 과정에서 다른 업무가 생기면 타이밍을 놓치고, 결국 시간에 쫓겨 불충분한 자료를 준비하거나 약속한 일정을 연기해야 하는 상황 등이 발생한다.

이러한 실수를 범하지 않기 위해 반드시 이슈 리스트를 별도로 관리해야 한다. 이슈 리스트는 영업에서뿐만 아니라 프로젝트를 관리하는 프로젝트 매니저나 프로젝트 리더(PL, Project Leader) 직군에서도 중요하게 관리해야 하는 업무이다.

향후 미팅 일정 확정은 많은 영업사원이 놓치는 부분이기도 하다. 고객과의 만남이 즐거워야 하지만, 영업사원 입장에서는 어느 정도 긴장할 수밖에 없기 때문에 미팅을 마무리하는 시점에서 다음 일정을 정하지 못하고 서둘러 자리를 뜨는 경우가 발생한다.

차기 미팅 일정을 확정하는 것은 2가지 방법으로 가능하다. 하나는 미팅 전에 다음 미팅 이슈에 대해 점검하고 가일정을 잡아 두는 것이다. 다른 하나는 회의를 진행하는 과정에서 추가적으로 발생하는 이슈에 대해 다시 논의할 수 있도록 일정을 확정하는 것이다. 대개의 경우 사전에 차기 미팅 일정을 수립해 놓고 회의 과정에서 발생하는 이슈의 상황에 따라 순발력 있게 조정해야 한다.

차기 미팅 일정은 준비해야 하는 자료의 양이나 품질에 따라 판단해야 하며, 이는 참석 대상들의 일정과도 관계가 있다. 그러나 참석 대상 전원이 가능한 일정보다는 고객의 일정을 먼저 살피고 조율해야 한다. 차기 일정을 확정할 때는 고객에게 언제가 좋은지 막연하게 묻기보다는 몇 개의 날짜를 제시하고 그중에서 택하게 하는 것이 좋다.

3) 사후관리

사후관리는 고객과의 미팅이나 회의에서 도출된 결과 및 요청사항들을 정리하고 이를 관리하는 활동을 말한다. 사후관리 활동이야말로 고객에게 인정받을 수 있는 기회로 작용할 수 있다. 사후관리 활동의 질과 세심함이 전반적인 영업활동의 경쟁력이 될 수 있다. 단적으로 말하면, 고객과의 만남을 성사시키고 회의를 진행하는 일은 영업직군의 기본적 활동에 해당된다. 하지만 여기서 더 나아가 고객과의 회의 과정에서 식별된 문제점이나 요청사항을 어떻게 처리하고 지원할 것인가는 영업사원 개인의 차별화 요소이다.

다음의 사항은 미팅 직후 바로 진행하면 큰 노력 없이 고객에게 신뢰감을 줄 수 있고, 회의 결과에 대한 불일치를 제거할 수 있는 것이다.

- 팔로우업(follow-up) 사항 정리
- 미팅 내용에 대한 고객과의 의견 일치
- 미팅 결과 공유
- 차기 미팅 자료 준비

팔로우업 사항 정리 작업은 사소한 것까지 모두 포함해야 한다. 업무적 사항 및 비업무적 사항(고객 개인의 어려움이나 지원 사항 등)까지 정리하는 것이 중요하다. 각 사항의 담당자를 배정한 뒤 처리하기까지 소요되는 시간(기간)을 포함해서 정리하고, 내부적으로 지원이 필요한 요청 사항도 기술해야 한다.

영업 부서가 아닌 다른 부서의 인력이 담당자가 되어야 하는 경우에는, 고객과 미팅 내용을 공유하기 이전에 내부 협의를 통해서 담당자를 확정해야 한다. 처리해야 하는 사항에 대한 예정 종료일은 업무 경험을 기반으로 각 담당자에게 확인 후 기입해야 한다.

미팅 내용에 대해 고객과 의견 일치를 이루는 것은 매우 중요하다. 회의 종료 후에는 회의 과정에서 쟁점이 된 사항이나 고객이 요청한 자료 등을 중심으로 간단히 내용을 정리한 뒤, 이메일을 통해서 확인을 받아야 한다. 회의가 끝난 뒤 간혹 회의에 함께 참석한 인원들 사이에서도 의견이 불일치할 때가 있다. 이때는 자체적으로 추측해 결론을 내지 말고, 고객이 요청한 사항을 정리하여 제대로 이해했는지 문의하는 것이 바람직하다. 가급적 전화로 정중히 상황을 재점검하면서 의견 불일치를 없애기 위한 과정임을 밝히고, 고객이 원하는 것이 무엇인지를 확인해야 한다.

불행히도 고객이 원하는 방향과 다른 방향으로 자료를 작성해 가서 회의 자체가 진행되지 못하거나 고객에게 질책을 듣는 경우가 자주 발생한다. 고객은 이 과정에서 해당 업체를 불신하게 되는데, 이러한 난감한 상황을 들여다보면 특정한 요청사항에 대해 고객의 의도를 정확히 파악하지 못하고 자체적으로 추측하는 과정에서 목소리가 크거나 직급이 높은 사람의 판단에 따라 자료를 작성한 경우가 대부분이다.

미팅 결과에 대한 공유는 내부 관련 인원들과 회의에 대한 결과를 공유한다는 목적 및 이후 고객에게 지원해야 할 사항들에 대한 협조의 목적을 포함한다. 담당 영업대표는 미팅 직후 고객과 회의 참석자 사이에 특정 사안에 대한 의견 불일치가 없다고 판단되면, 미팅 결과를 반드시 공유해야 한다. 시간이 흐르면 회의에서 다룬 내용을 명확하게 정리하는 것이 쉽지 않다. 그 때문에 회의를 마친 직후 회의록 형태로 내부 관련자들과 그 결과를 공유해야 한다. 이후 내부적으로 이슈가 될 만한 사항들을 빠르게 리뷰하고, 특이사항이 없을 경우에는 고객과도 공유하는 것이 바람직하다.

또한 미팅 결과에 대한 공유는 혹시 발생할지도 모를 고객과의 마찰에 대비하여 문서로 기록해 놓는 것이 좋다. 물론 고객을 곤란하게 만들기 위한 근거자료로 활용해서는 안 된다. 당시 회의 시점에서 고객이 왜 그렇게 생각했고, 왜 그렇게 결정했는지 다시 한 번 검토해 볼 때 필요하다. 간혹 특정 시점에서 충분히 고려한 사항을 시간이 지나면서 고객이나 영업대표가 간과하고 새로운 의견이나 대안을 제시하는 경우가 있다. 이때 과거에 왜 그러한 결론에 도달했는지를 다시 살펴봄으로써 새로운 대안이 충분히 의미 있는 것인지, 위험요인까지를 고려했는지 파악할 수 있다. 아울러 회의 결과에 대한 공유는 비단 고객사와의 미팅에서만 중요한 것이 아니라 협력사와의 미팅에서도 중요하므로, 반드시 회의 결과를 상세히 작성하고 이를 공유해야 한다.

차기 미팅 자료 준비는 회의 이후 고객이 직접 요청한 자료와 직접적으로 요청하지는 않았으나 회의 도중 필요하다고 판단된 자료를 모두 포함한다. 대부분의 경우 고객이 직접 요청하지 않은 자료에 대해서는 민감하게 반응하지 않는다. 하지만 고객 입장에서 때로는 요청하기 미안한 자료들이 있기 마련이다. 이를 영업사원이 센스 있게 파악하고 먼저 언급해 준다면 고객은 감동하게 된다. 고객은 사소한 점까지 배려받고 있다는 느낌을 받으면 영업사원에게 쌓아 두었던 담벼락을 허물게 된다.

앞에서도 언급했듯이 자료 준비는 곧바로 작성 가능한 것도 있지만 많은 지원과 시간을 요하는 것도 있다. 그러므로 사전에 고객에게 약속한 기한을 넘기지 않도록 중간중간 확인해야 하며, 특히 외부 협력사의 협조를 받아야 할 경우에는 편집 시간을 줄이기 위해서라도 관련 문서의 양식을 공유해야 한다. 이제는 협력사를 더 이상 우리의 일을 돕기 위해 존재하는 을(乙)로 해석하면 안 된다. 협력사든 내부 인력이든 한 팀이라는 마음으로 영업직군에서 먼저 다가가면, 도움이 필요한 상황에서 그들 또한 조건 없이 손을 내밀기 마련이다.

자료 마감 시에는 한 사람이 전체 내용을 검토하고 문서의 형식이나 흐름에 이상이 없는지, 오탈자가 없는지 등을 꼼꼼히 확인한 뒤 전달해야 한다. 그리고 자료를 가지고 회의를 해야 하는 경우를 대비해서 특정 파트를 작성한 담당자가 미팅에 직접 참석할 것인지를 결정해야 한다. 만약 다음 미팅에서 해당 파트를 직접 설명해야 한다면 반드시 사전에 내용을 숙지해야 한다. 애석하게도 많은 영업직군에서 기술적인 특정 사실을 확인하지 않은 채 고객과의 미팅에 참석하는데, 이는 프로답지 못한 행동이다. 고객은 영업직군이든 기술직군이든 신경 쓰지 않는다. '영업직군이니 기술은 모르겠군.' 하고 이해해 주지 않는다. 특히 미팅 과정에서 기술적인 이슈를 다뤄야 할 때는 전문 엔지니어를 동반하거나 해당 분야에 대해 철저히 준비한 뒤 참석해야 한다.

[표 6-5] 고객 접근전략 수립 워크시트

고객 접근전략

고객사		
1. 사전준비 사항		2. 접근전략
목적	S. 시나리오 구성	
접근 대상	E. 가치 전달	
고객사 이해관계 특성	A. 분위기	
참석인원	R. 반응	
장소 및 시간	C. 이슈 확인	
준비물	H. 향후 미팅 일정 확정	
핵심 대화 내용		

3. 미팅 결과		
S. 시나리오 구성		
E. 가치 전달		
A. 분위기		
R. 반응		
C. 이슈 확인		
H. 향후 미팅 일정 확정		지원 요청 사항

향후 F/U 사항	F/U 담당자	종료 예정일
1.		
2.		
3.		
작성자		
작성일		
미팅일자		

3. 제안 단계

제안은 크게 2가지 의미로 해석할 수 있다. 하나는 고객과 최초 접점을 형성하고 영업활동을 진행하는 과정에서 꾸준히 제공한 각종 자료와 의견들이고, 또 다른 하나는 말 그대로 고객이 요청한 RFP를 기반으로 제안서를 작성하는 것이다. 평소 제출한 자료나 의견은 제안서를 작성할 때 자사의 강점으로 충분히 새롭게 수정해 반영해야 한다. 이를 자사만의 독특한 차별화 전략으로 제안서에 활용하기 위해서는 고객이 일상적으로 강조하고 요구했던 사항들을 잘 기록해 두어야 한다.

제안서를 작성하는 것은 산술적 의미로 볼 때 전체 영업단계 중 하나의 단계에 지나지 않지만, 의미론적인 관점에서 보면 접근 단계에서부터 제안서 작성 이전 단계에 이르기까지 고객과 함께 했던 모든 일상의 영업활동을 포함한다. 또한 자사의 역량 및 가치를 담아야 하는 중요한 활동이다. 그렇기 때문에 제안서 작성의 중요성은 영업활동 전반의 중요성과 동일하다고 볼 수 있다. 아무리 영업활동을 잘 수행했다 하더라도 이를 충분히 차별화하여 제안서에 담아내지 못하면, 결과적으로 아무런 활동도 하지 않은 것과 마찬가지가 된다.

여기서는 제안 단계별로 B2B 제안서 작성 과정에서 중요한 사항들을 간략히 설명하도록 하겠다. 제안 단계는 크게 4단계로 구분할 수 있다. 제안 준비 단계, 제안 단계, 인쇄 및 배송 단계, 사후 관리 및 프레젠테이션 단계다.

1) 제안 준비 단계

본격적인 제안서 작성을 위해 제안 준비 단계에서는 거의 완벽에 가까운 준비를 해야 한다. 사전준비가 미흡하면 제안서를 작성하는 과정에서 많은 혼란이 발생할 수 있다. 또한 제안서 작성 인력들이 작업에 완전히 몰입하지 못하게 되어 제안서의 전반적인 품질에 영향을 미치게 된다.

제안 준비 단계에서는 다음의 사항들을 유념해야 한다.

■ **PO의 역할이 가장 중요**   제안 작성 운영자(PO, Proposal Operator)는 제안 준비 단계에서부터 제안서가 작성되는 마지막 순간까지 모든 진행에 필요한 사항을 관리하고 지원하는 역할을 수행한다. 때에 따라서는 프로젝트에서 사업지원을 수행하게 되는 인력이 PO 역할을 담당한다. PO의 역할은 제안 PM보다도 더 중요하다고 말할 정도로 그 수행 범위가 넓고, 제안 관리 역량이 탁월해야 한다. 때로는 아주 허드렛일부터 시작해서 협력사 및 내부 인력의 관리, 제안 내용에 대한 전반적인 품질 관리까지 신경 써야 한다. 그렇기 때문에 PO는 제안서 작성 및 프로젝트 경험이 많은 관리자급에서 담당하는 것이 바람직하다. PO의 직급이 너무 낮은 경우 제안팀을 이끄는 데 문제가 발생할 수 있으며, 성공적인 제안 작업을 이루는 데 상당한 제약 조건이 될 수 있다.

■ **제안 일정 수립**   제안 일정은 가능한 한 모든 활동을 아주 작은 단위로 구분해서 수립해야 한다. 또한 최종 제안서 제출 일정을 역으로 계산하여 꼼꼼히 수립해야 한다. 제안 일정을 수립할 때

종종 문제가 생기는 이유는 중요하게 생각하지 않은 태스크(task)를 고려하지 않기 때문이다. 예를 들어, 인쇄소 일정이나 그래픽 디자이너의 일정 등을 사전에 확인하지 않는 것이다. 결론적으로 제안서 작성에서 중요하지 않은 활동은 아무것도 없다는 생각으로 일정을 수립해야 한다.

■ 제안 인력 구성   제안 인력을 구성하는 일은 제안서 작성 성공의 가장 기본이 되는 요소임과 동시에 가장 어려운 부분 중에 하나다. 이론적으로는 가장 적합한 제안 인력을 가장 적합한 타이밍에 투입해야 한다. 하지만 현실은 그렇지 못하다. 적합한 제안 인력은 프로젝트 참여 중이거나 다른 제안에 투입되어 있을 가능성이 높다. 그럼에도 불구하고 제안 인력의 참여 방법에 대한 1순위, 2순위, 3순위 정도의 자격 요건을 미리 정해 놓아야 한다. 가용 인력을 투입하는 것이 아니라, 가능하다면 업무 조정을 통해서라도 제안에 적합한 인력을 포함시키는 것이 중요하다. 제안 인력을 투입하는 과정에서 부서 간 소음도 발생할 수 있지만, 공동의 목표를 위해 서로 양보하고 배려하는 성숙된 조직 문화가 필요하다.

실제로 해당 산업 분야에서 Big3 안에 들어가는 기업들을 보면, 각 부서가 공동ㄴ의 목표를 충분히 공감하고 협조하는 문화를 찾아볼 수 있다. 중요한 것은 적절한 인력을 투입하는 과정에서 불협화음이 있었다 치더라도, 제안에 투입된 이상 해당 인력이 마음 편히 일에 몰입하여 제안서를 작성할 수 있도록 다른 업무는 철저히 제외시켜 주고 적합한 업무 환경을 지원해 주는 것이다.

■ 협력업체 제안 인력 구성　　　제안서 작성에서 협력업체 제안 인력은 전체 제안서의 50% 이상을 차지하는 경우도 있는 만큼 제안서 품질에 많은 영향을 미친다. 그 때문에 협력업체의 제안 인력 또한 동일한 팀이라는 인식으로 모든 것을 함께 공유해야 한다. 제안서를 작성하거나 프로젝트를 진행하는 과정에서는 협력업체를 더이상 갑을 관계로 대해서는 안 된다. 이는 제안서나 프로젝트를 망치는 지름길이다. 한 팀으로 동일한 목표를 달성하기 위해서 협력업체 또한 제안 참여인력에 대해 충분한 지원을 해 줘야 한다.

대기업에 비해 중소 협력업체는 인력 활용 면에서 제한적일 수밖에 없기 때문에 현실적으로 제안서 작성과 다른 업무를 병행해야 한다. 그러므로 무조건 제안 업무에만 몰입하라고 강요하기보다는 현실적인 대안을 찾아 제안 작업을 잘 마무리할 수 있도록 이끌어야 한다. 가끔 제안 작업을 하다 보면 일방적으로 다른 업무를 절대 보지 못하게 하거나, 반대로 제안 작업에 너무 소홀히 임하기도 하는데, 둘 다 바람직하지 못한 경우이다. 제안서 작성은 기간이 상대적으로 충분히 주어지지 않기 때문에 동기부여가 절대적인 작업이다. 어떤 경우에라도 제안팀의 동기부여에 우선순위를 두는 것이 현명하다.

■ 제안 환경 구성　　　제안 환경 구성의 주요 목적은 몰입과 휴식에 있다. 그러므로 제안 작성 인력들이 일에만 집중할 수 있는 독립된 공간과 휴식을 취할 수 있는 장소를 마련해 주어야 한다. 독립된 공간을 확보할 수 없을 때는 업무 공간과 최대한 분리해서 제안 환경을 마련해야 한다. 제안서를 작성하는 동안 해당 인력들의

신경이 몹시 날카로워지기 때문에 다른 것에 신경을 쓰지 않도록 배려해 주어야 한다. 외부에서 들려오는 업무 회의 소리, 전화 소리, 이야기 소리 등은 제안서 작성의 흐름을 깰 수 있다. 한편 복잡한 머리를 식히고 에너지를 충전할 수 있는 수면 공간 등을 마련해 주는 것도 좋다. 그러나 현실적으로 회사 내부에 이런 장소를 마련하기란 쉽지 않은데, 긴 소파나 편안한 의자를 마련해서라도 쉴 수 있도록 해야 한다.

아울러 제안서 작성 공간은 보안이 생명이므로 철저한 외부 통제가 필요하다. 검토된 자료들은 보안팀의 통제 아래 반드시 폐기 처리해야 하며, 퇴근 전에는 책상 위에 제안서를 작성한 흔적을 남겨서는 안 된다. 작은 실수가 제안 전략의 누설로 이어질 수 있기 때문에 각별한 주의가 필요하다. 특히, 개인 노트북과 파일서버의 보안을 철저히 해야 하며 외부로 연결되는 네트워크에 대한 승인 절차 등을 마련해 두어야 한다.

■ 제안서 템플릿 구성　　　제안서 작성을 위한 표준 제안서 템플릿은 제안 전에 반드시 준비하도록 하며, 협력업체를 포함해 제안에 참여하는 모든 인원에게 사전에 배포해야 한다. 표지, 내지, 가로세로 규격, A4, A3, 표, 그림, 이미지, 색상, 폰트 등의 표준안을 꼼꼼히 지정해야 한다. 표준양식만 맞추어도 제안서의 품질 수준을 어느 정도 유지할 수 있기 때문에 이 점에 유념해야 한다.

■ 제안서 목차 구성　　　목차는 제안서 전체 분량을 고려하여 예상 페이지 수까지 계산해 구성해야 한다. 또한 제안서 목차를 구성

할 때는 고객사에서 제공한 RFP의 목차를 충분히 활용하는 것이 좋다. 제안서 목차는 제안 경험이 풍부한 PO 및 제안 PM이 1차적으로 구성하고, 이후 각 제안 파트 담당자와 상의하여 수정하도록 한다.

제안서 목차는 제안의 전체적인 흐름을 알 수 있도록 해야 하며, 차별화 포인트가 잘 보일 수 있도록 강조해 순서를 정해야 한다. 간혹 제안서 목차와 본문의 목차 제목이 상이한 경우가 있다. 사소한 실수가 발생하지 않도록 제안서 작성 과정에서 본문 내 목차 제목을 변경해야 할 경우에는 해당 사항을 전체 목차에 반드시 반영해야 한다.

■ 제안 인력 배정(제안 R&R)　　　제안 인력의 역할과 책임(Role & Responsibility)을 배정할 때는 우선 제안서 목차를 기준으로 작성 담당자를 지정해야 한다. 그리고 제안서 목차 이외에도 준비해야 할 서류 등을 미리 파악하여 담당자를 지정해야 한다. 예를 들어, 고객사에서 요청한 프로젝트 실적 자료 등과 같은 경우는 제안서 목차에서 제외되기 때문에 자칫 누락될 수 있다.

또한 제안서 작성 과정에서 간접적으로 해야 할 일에 대한 배분도 중요하다. 회의실 예약, 인쇄, 야식 준비 등등 아무리 사소한 것이라도 제안의 전체 범위에서 빼놓을 수 없는 중요한 업무로 인식하고 담당자를 배정해야 한다. 그러지 않으면 제안 이외의 모든 업무를 PO가 처리해야 한다. PO가 얼마나 부지런히 움직이느냐에 따라서 제안팀의 전체적인 분위기가 달라지기도 한다.

■ 파일 서버 및 형상 관리 표준 수립　　파일 서버는 별도의 제안용 PC를 할당받아 사용할 수 있으며, 제안 PO의 노트북을 활용할 수도 있다. 다만 PO의 노트북을 활용할 경우에는 네트워크 연결이 끊기지 않도록 주의를 기울여야 한다.

형상 관리 표준 수립은 제안서 파일의 이름 및 날짜, 문서의 버전 관리 등을 사전에 수립하여 협력사를 포함한 제안 인력에게 설명해 주어야 한다. PO는 이러한 형상 관리 표준에 자료의 백업 일정 및 디렉터리(directory) 관리에 대한 기준도 명시하고 관리해야 한다.

■ PO 인력 배정 이전까지 영업이 담당　　PO 인력은 제안의 성공을 좌지우지하는 중요한 역할을 담당한다. 그렇기 때문에 빠른 인력 배치도 중요하지만 적임자를 찾는 것 또한 중요하다. PO 인력이 배치되기 전까지는 담당 영업이나 사업부의 인력이 PO의 역할을 대신해 주어야 한다. 그동안 고객사의 현장을 가장 잘 아는 영업대표가 제안 전략 등을 정리해서 공유해 주어야 한다. 이러한 절차가 없을 경우에는 아까운 제안 작업 시간을 낭비하기 때문에 주의를 기울여야 한다.

■ 협력업체 초기 접촉은 영업이 담당　　제안서 작성을 위한 협력업체 인력에 대한 지원은 영업이 협력업체 측 영업대표와 상의하여 인력을 파견할 수 있도록 조율해 주는 것이 바람직하다. 물론 가장 좋은 방법은 제안 PM이나 PO가 협력업체와의 기존 성공 경험을 바탕으로 제안 인력을 직접 선발하는 것이다. 만약 협력업체에 대

한 정보가 부족할 경우에는 협력업체의 현황을 가장 많이 알고 있는 영업대표가 인력 지원에 적극적으로 동참해 주어야 한다.

대기업이나 중견기업의 경우에는 협력업체의 제안 경쟁력 강화를 위해 제안서 작성 교육 프로그램을 공유하고 수강할 수 있도록 지원해 주는 것이 좋다. 물론 제안 교육을 수강한 협력업체가 경쟁사와 협업을 하는 등의 우려 사항이 발생할 수 있다. 하지만 협력업체의 전반적인 역량을 높이는 것은 장기적으로 볼 때 자사의 역량 수준도 한 단계 높일 수 있는 기회가 될 것이다.

■ 영업대표는 고객사의 상황을 제안팀과 공유　　　제안팀이 구성된 이후에는 영업대표가 반드시 고객사의 상황을 팀원들과 공유해야 한다. 본 프로젝트를 왜 검토하게 되었으며, 어떤 과정으로 영업을 해 왔고, 어떤 부분에 고객이 중점을 두는지를 정리해서 설명해 주어야 한다. 가능하면 구두로 고객사의 분위기를 공유하는 것이 문서를 통하는 것보다 제안팀의 동기부여와 몰입에 도움이 된다.

RFP에 나타나 있지 않지만 중요한 차별화된 정보는 평소 영업대표와 고객사의 관계 속에 있기 때문에 반드시 상황 공유의 시간을 마련해야 한다. 아무리 사소한 정보라 할지라도 제안팀에게는 전략 수립의 중요한 근거가 될 수 있기 때문에 자의적인 판단을 배제하고 모든 정보를 공유한다는 생각으로 준비하는 것이 좋다.

2) 제안 단계

제안 단계는 제안 준비 단계에서 검토한 내용을 바탕으로 제안서를 작성하는 과정이다. 제안 단계에서는 다음과 같은 사항을 고려하여 제안서 제출 일정에 차질이 없도록 해야 한다.

■ RFP 분석　　　RFP(Request For Proposal)는 고객이 원하는 내용을 모두 기술한 일종의 고객 요구사항이라 할 수 있다. 제안 작업의 가장 근간이 되는 자료이므로 모든 내용을 꼼꼼히 검토하고 준비해야 한다. RFP 분석을 통해 제안의 방향과 전략을 식별하고, 이를 경쟁사와 차별화할 수 있는 방안을 모색하기 위한 중요한 과정으로 인식해야 한다. 제안 작업은 RFP에서 시작해 RFP로 끝난다고 해도 과언이 아닌 만큼 글자 하나하나에 의미를 두어 읽어야 한다. 또한 RFP를 분석하는 과정에서 의미가 애매하거나 궁금한 사항이 있으면 반드시 별도로 표기해 두었다가 고객에게 문의해야 한다.

■ 제안 전략 수립 및 공유　　　제안 전략 수립 및 공유는 제안서의 방향을 고객이 원하는 방향과 일치시키는 작업이라고 표현할 수 있다. 모든 것이 완벽하게 준비되어 있더라도 방향이 잘못되었다면 엉뚱한 결과를 초래할 수밖에 없다. 그러므로 고객이 원하는 사업의 방향을 이해하고, 고객이 추구하는 가치가 어떤 것인지를 파악해야 한다.

　때로는 고객의 가치를 넘어서서 고객의 고객까지 생각하고 제안해야 한다. 그러기 위해서는 고객사를 둘러싼 환경 및 산업의 구조까지 분석하고 전략방향을 수립해야 한다. 나아가 이러한 과정을 통해 수립한 전략적 방향이 맞는지 반드시 제안팀과 사업팀이 협업하여 공유하고 리뷰하는 과정을 거쳐야 한다.

■ **협력업체 관리가 중요**　　　협력업체 입장에서는 수주가 확실치 않은 단계에서 한정된 인력을 제안 작업에 장기간 투입해야 하는 현실적 어려움이 있다. 그렇기 때문에 협력업체 인력은 반드시 많은 배려와 관리를 통해서 동일한 팀워크와 제안 성과를 발휘할 수 있도록 이끌어야 한다. 협력업체는 대기업이나 중견기업에 비해 제안 프로세스 및 제안서 작성 역량에 차이를 보이는 경우가 있는데, 이를 질책하기보다는 품질 수준을 높일 수 있도록 독려해야 한다. 또한 인력 활용에 있어서도 다른 업무를 함께 수행해야 하는 어려움을 이해하고, 시간을 조율해서 제안 작업에 차질이 없도록 해야 한다. 특히 외국계 기업의 경우에는 글로벌 표준 제안서만을 제공하는 곳이 많기 때문에 이러한 부분에서 발생할 수 있는 갈등요인을 현명하게 조율해 나가야 한다.

제안의 목적과 성과에 대한 분명한 가이드라인을 제공하고 하나의 팀으로서 활동할 수 있도록 시스템을 마련해야 한다. 제안 과정에서 협력이 잘되지 않았다는 이유로 본 프로젝트에서 제외시킨다든지, 중간에 다른 협력사로 대체해 버리는 등의 불미스러운 일은 가급적 하지 말아야 한다. 고객에게만 신뢰가 중요한 것은 아니다. 협력업체에도 신뢰를 줄 수 있어야 한다. 상호 간의 신뢰가 확인되는 순간, 협력업체 또한 제안에 적극적으로 동참하게 된다.

■ 1~3차 제안 리뷰   제안서 리뷰는 시간이 허락되는 선에서 가능한 한 많이 해야 한다. 주로 제안서 작성 전략의 일관성, 작성 표준 및 품질 수준 등을 살펴야 한다. 제안서를 검토할 경우에는 반드시 사업팀과 함께 진행해야 한다. 또한 제안팀이나 사업팀 이외의 다른 조직에서 검토해 주는 과정도 필요하다. 아무래도 제안팀 자체적으로 검토 회의를 할 경우에는 객관성을 잃기 쉬우며, 자칫 제안 내용에 대한 다른 의견을 받아들이는 입장에서는 감정적인 오해의 소지를 불러일으킬 수도 있기 때문이다. 평소라면 크게 문제가 되지 않겠지만 제안 작업은 신경을 날카롭게 만드는 작업이기 때문에 서로 눈치를 보는 경우가 있다. 이러한 상황을 통제하기 위해서 사업팀이나 다른 조직의 도움을 받는 절차가 필요하다. 제안 검토 작업 이후 보완이 필요한 사항은 별도의 작업을 통해 제안서에 반영하면 된다.

■ Read and Red 작업   오탈자, 주어와 술부의 관계, 논리적 전개 등을 중심으로 최종 검토를 해야 한다. 눈에 잘 띌 수 있게 빨간색 펜을 주로 이용하는 관계로 Red라는 표현을 쓴다. 이 작업은 1차로 자기가 작성한 내용에 대해 자체적으로 검토를 진행한 다음, 다른 인력과 교차로 검토 작업을 해야 한다. 본인이 작성한 부분의 오탈자 및 문장 구성의 오류는 놓치는 부분이 있기 마련이므로 주의를 기울여야 한다.

Read 및 Red 작업이 끝나면 PO는 최종적으로 제안서의 전체적인 목차, 페이지, 부록, 간지 등 세밀한 부분을 점검해야 한다.

■ GD 작업　　　제안서는 내용도 중요하지만 고객에게 멋지게 보이는 것도 중요하다. 그러기 위해서는 그래픽 작업 전문가들의 손을 빌려야 한다. GD(Graphic Design) 작업을 하고 나면 제안서의 체계가 개선되고 이미지의 품질이 높아진다. 특히 PT를 위한 문서는 반드시 GD 작업을 거치는 것이 좋다. 마지막 마무리를 어설프게 해서 고객에게 버림받는 제안서가 되지 않도록 주의해야 한다.

■ 제안 요약본 및 PT 자료 동시 작성　　　제안서 작성이 마무리 단계로 접어들면서 제안 PM 및 PO는 제안 요약본과 PT 자료를 준비해야 한다. 제안 요약본은 고객사의 임원들을 위해 제출하는 경우가 많다. 방대한 제안서를 기술 부분까지 포함해서 제출하는 것보다는 요약본을 별도로 준비하는 것이 좋다. 제안 요약본은 고객사에서 RFP상에 요청할 때도 있지만, 그렇지 않을 경우에도 준비하는 것이 바람직하다. PT 자료는 프레젠테이션을 진행할 제안 PM이 각 제안 파트 담당자를 통해 작성하게 하고, 최종적으로 PT 시나리오를 수립하면서 수정 작업을 해야 한다. 제안서를 작성하는 데 몰입하여 시간에 쫓기지 않도록 준비해야 한다.

■ compliance table 작성　　　제안 항목 준수표는 고객이 요구한 RFP상의 모든 내용에 대해 제안서에서 제공 가능한지를 별도로 정리한 자료이다. 크게 수용/부분 수용/수용 불가 등으로 표기한다. 표를 작성할 때 정말로 위험요소가 있고 제공해 줄 수 없는 부분은 사업팀과 논의해 수용 불가 의사를 반드시 밝혀야 하며, 대안을 제시함으로써 다른 방안을 찾도록 유도해야 한다. 고객이 요청

한 사항이기 때문에 우선 전부 수용이라고 표기했다가는 나중에 계약 시점에서 큰 손실을 입을 수도 있다. 기술적으로 구현되지 않는 부분이나 프로젝트 기간 내에 제공하기 힘든 내용은 별도로 식별하고, 어떻게 대응할 것인가에 대한 전략을 수립해야 한다.

■ PT 예상질문 리스트 및 답변서 작성　　PT 자료 작성 과정에서는 반드시 예상질문 리스트 및 답변서를 별도로 작성하여 PT 자료 뒤쪽에 위치해 두어야 한다. 예상질문 중에서 질의가 이루어지면 해당 페이지를 열고 답변을 진행한다. PT 현장은 긴장감이 매우 높기 때문에 예상질문 리스트와 답변 자료를 만들지 않으면 당황해서 제대로 대답하지 못하는 경우가 발생한다.

■ 견적 및 서류 준비　　영업은 협력사를 포함하여 견적서를 준비해야 한다. 또한 품질보증서, 신용보증서, 인감도장, 사업자등록증, 프로젝트 수행 증명서 등의 고객이 요청한 자료를 꼼꼼히 살펴 제안서 제출 일정에 차질이 없도록 준비해야 한다. 견적서는 반드시 별도로 밀봉하여 제출해야 하며, 제안서 본문 안에 포함하는 실수를 해서는 안 된다.

3) 인쇄 및 배송 단계
인쇄 및 배송 단계에서는 인쇄업체의 일정을 사전에 확인하고, 인쇄에 소요되는 시간을 반영하여 제안서 제출에 차질이 없도록 준비해야 한다. 제안서 외관의 포장 상태 또한 점검해야 하며, 누락된 자료 및 서류가 없는지 최종 점검하는 것이 중요하다.

제안서 제출은 영업대표를 포함하여 제안 PM 및 PO가 직접 하도록 한다. 제안서의 분량이 많아 택배나 기타 운송수단을 이용 해서 고객사에 보낼 경우에는 미리 고객사로 이동하여 수령한 후, 고객에게는 직접 제안서를 전달하도록 한다.

인쇄 및 배송 단계에서는 다음의 사항들을 유념해야 한다.

- 반드시 지정된 시간 이내에 제안서 제출
- 인쇄업체 일정을 사전에 확인
- 외관 포장 상태 확인
- 인쇄 전 제출서류 최종 확인
- CD 표지 디자인 및 PDF 변환
- 제출자: 영업/PM/PO
- 견적서는 별도 밀봉
- 반드시 정장 차림에 말끔한 모습으로 고객사 방문

4) 사후관리 및 프레젠테이션 단계

제안서를 제출했다고 해서 모든 제안이 끝나는 것은 아니다. 고객 이 제안서를 검토하는 과정에서 추가적으로 요청하는 자료에 대한 지원 작업이 더 중요할 수도 있다. 추가적인 자료는 대부분 비용과 연계된 자료이거나 기술적으로 중요성이 강조되는 사항에 대한 설 명을 요청하는 경우이다. 이러한 이유로 제안팀은 제안서 제출과 동시에 바로 해체하지 말고 일정 수준의 인원을 상주시켜야 한다. 또 비상주 인원에 대해서도 추가 자료 요청이 있을 때에는 빠르게 대응할 수 있도록 비상연락망을 가동해 두어야 한다.

다음의 유의 사항을 참고하여 이후 절차에 차질이 없도록 해야 한다.

- 수많은 추가 요청이 발생함
- 추가 요청 자료가 더 중요할 수 있음
- 추가 요청 자료는 대개 비용이나 기술 수준에 대한 추가 검토 요청이 많음
- PT 준비: 자료, 발표자, 참석인원, 시간, 발표순서 확인
- PT 발표자 및 대체 인력 사전 확보 필요(예상치 못한 사고 대비)
- 이행 PM이 직접 PT를 진행할 것을 요구하는 경우가 많음
- 예상질문에 대한 답변자 사전 확정 필요

◇◆◇ 처음과 끝의 차이

"현장에서 고객과 접점을 이루는 우리로서는 답답함이 있습니다. 광고는 아주 예쁘고 멋진 모델이 하는데…… 고객들이 주유소에 들어서면서 보는 우리는 기름때 묻은 옷을 입은 칙칙한 모습이니까요. 광고에서는 고객이 만족할 때까지 서비스를 해 주고, 차도 닦아 주고, 환하게 마무리 인사까지 합니다. 그러나 현실은 전혀 다르죠. 인력도 그렇고 마케팅 비용도 그렇고 뭐 하나 광고에서 나온 데로 할 수 없는 것이지요."

TV광고에 나오는 주유소의 모습과 실제 주유를 하기 위해 방문한 주유소의 모습은 어렵게 비교하지 않아도 절로 그 차이가 그려진다. 멋진 모델도 없고, 환한 미소도 없고, 그냥 기름만 넣고 가면 그뿐이다. 아니, 정확히는 가격이 가장 싼 주유소를 찾아가기 마련이다. 고객들도 크게 기대를 하지 않는다. 왜 TV광고처럼 해 주지 않느냐고 항의하거나 마음 상해하지 않는다.

"우리는 품질 좋은 침대를 매장에서 고객 한 분 한 분께 어렵게 판매를 합니다. 그런데 정작 배송 과정에서 문제가 생겨 구매결정을 취소하는 고객들이 발생합니다. 매장에서는 최고의 서비스를 약속하며 판매를 하는데, 배송업체는 상황이 다릅니다. 밀려드는 배송 건수를 처리하다 보니 침대를 겹겹이 쌓고 밧줄로 묶어 버리죠. 결국 이런 상태를 보게 된 고객은 경악을 금치 못하고 구매 취소를 하게 됩니다. 한두 푼도 아니고 고객 입장에서는 이런 배송서비스에 만족할 수 없는 것이지요. 그뿐만 아니라 나중에 이렇게 배송된 매트리스를 보면 밧줄이 닿은 부분이 누렇게 변색됩니다. 어이없는 일이지요."

실제 판매현장과 배송현장에서도 이처럼 고객이 느끼는 차이가 존재한다. 고급 침대일 경우 배송차량에 1개의 물건만을 싣고 운반해야 한다. 또 절대 이물질이 닿으면 안 된다. 비닐커버를 씌우더라도 압력이 가해진 부분은 시간이 흐르면 변색이 된다. 이런 사실을 알면서도 배송업체에서는 비용을 줄이고 배송시간을 최소화하기 위해 많은 편법을 사용한다.

그런데 여기서 생각해 보아야 할 현상이 있다. 앞의 주유소의 사례와 침대의 사례는 약간 다르다. 주유소에서는 광고와 현실의 차이에 대해 고객들이 크게 인지하지 않는다. 반면 침대의 경우는 다르게 작용한다. 이는 고관여 제품일수록 고객들이 구매 시작 시점과 종료 시점의 서비스의 일치성에 대해 높게 생각하고 판단하기 때문이다. 이를 마케팅이 아닌 전략의 관점에서 해석해 보면, 원가우위 전략을 통해 판매하는 저가의 상품과 제품 차별화 전략을 통해 판매하는 고가의 상품이나 서비스의 경우가 해당된다. 이때 역시 후자의 경우에는 판매 시점의 서비스의 질과 구매행위가 종료되는 시점의 서비스의 질이 동일하거나 혹은 더 나아져야 한다.

예를 들어 개인이 100원짜리 사무용 볼펜을 구매할 때는 문구점의 분위기나 서비스가 만족스럽지 못하다고 해도 구매행위에 별다른 영향을 미치지 않는다. 반면 몇십 만원이 호가하는 명품 볼펜을 구매할 때는 상황이 다르다. 매장의 인테리어도 고급스러워야 하며 판매원 또한 장갑을 착용하고 볼펜을 아주 조심스럽게 다루어야 한다. 포장 또한 복잡하고 볼펜 크기의 몇 배에 달할 만큼 거창하다. 제품에 담긴 역사와 철학까지 함께 포장하기 때문이다.

기업에서 제공하는 제품이나 서비스는 정도의 차이가 있을 뿐 마케팅과 현실 사이에 차이가 존재한다. 그렇다고 광고를 지극히 현실적으로 하면 판매에 막대한 영향을 미치니 기업 또한 어쩔 수 없는 부분이 있다. 결국 광고와 현실의 차이를 좁히거나 제거하려는 노력을 통해 고객에게 양질의 서비스를 제공하고 신뢰를 얻을 수 있다. 겉만 화려하고 속은 텅 빈 제품이나 서비스에 고객은 결코 오래 속지 않는다.

많은 영업인들이 수주를 위해 제안서에 온갖 찬란한 형용사를 사용하고, 모든 문제를 해결해 줄 수 있을 것처럼 표현한다. 그러나 무엇보다 중요한 것은 그러한 표현이 결코 과장이 아님을 실제 현장에서 고객에게 인식시켜 주는 것이다. 정말로 훌륭한 최고의 전문가 집단이 제공하는 차별화된 제품과 서비스가 될 수 있도록 현장의 영업직군들은 노력해야 한다.

4. 수주 확정 단계

수주 확정 단계에서는 제출한 제안서를 바탕으로 고객사에서 자체적인 평가를 통해 최종적으로 1순위, 2순위 정도를 우선협상대상자로 지정한다. 1순위 협상 대상자와 계약을 위한 작업을 진행하다가 협상이 결렬되면 2순위 대상자와 다시 진행한다. 그러나 대개의 경우는 1순위 우선협상대상자가 최종수주대상자가 될 가능성이 크다.

이러한 수주 확정 단계에서 자체 평가가 진행되고 있는 중에도 영업은 네트워크를 최대한 활용하여 정보를 입수하고, 평가에 긍정적으로 작용할 수 있는 자사의 강점을 지속적으로 강조해야 한다. 평가 기간에는 외부와의 연락을 전부 차단하거나 외부 전문가를 통해 평가의 공정성을 기하기 때문에 영업활동에 많은 제약이 따른다. 그러므로 평가가 시작되기 직전까지 위험요소를 사전에 식별하고 대응해야 한다. 이후 평가가 시작된 뒤 고객사에서 영업활동을 제한해 줄 것을 공식적으로 요청하면 굳이 무리해서 영업을 진행하지 않는 것이 바람직하다.

1) 제안 평가

제안에 대한 평가는 기본적으로 '기술을 중심으로 한 평가'와 '최저가 입찰을 중심으로 한 평가'로 나눌 수 있다. 전자는 기술점수가 다른 점수에 비해 상대적으로 큰 비중을 차지하며, 후자의 경우에는 가격을 중심으로 가장 낮은 가격을 제출한 제안사를 우선협상대상자로 선정하게 된다.

그런데 현실적으로 보면 기술 평가를 중심으로 진행한다 하더라도 가격경쟁력이 있어야 하며, 가격을 기준으로 하더라도 기술 기준을 만족해야 한다. 제안 평가는 고객사마다 상이한 기준을 가지고 있지만 대부분 기술, 가격, 재무 안정성, 프로젝트 수행 경험, 인력의 우수성, 프로젝트 관리, 품질, 사후관리, 제안 경쟁력 등을 중심으로 평가를 진행한다.

2) 우선협상대상자 선정

우선협상대상자에 선정되면 영업에서는 협상을 위해 철저한 준비를 해야 한다. 가격협상은 곧 순이익에서 결정되는 부분이기 때문에 신중에 신중을 기해야 한다. 협상에 대한 교육이나 필요성은 영업직군에서 평소에 인지하고 준비해야 할 부분이다. 어떠한 프로세스를 통해 협상에서 우위를 확보할 수 있을지 대안을 수립하고, 협상가격에 대한 적정 범위를 설정하며, 원가 및 기타 조건에 대해 최적의 대안을 마련해야 한다. 또한 고객과의 대면과 상호 배려를 통해 서두르지 말고 진행해야 한다. 협상을 빨리 마무리 짓고 싶은 마음에 불리한 조건에서 급히 마감하거나 고객에게 무리한 행동을 범하지 않도록 주의해야 한다.

협상에 대해서는 참고자료가 시중에 많이 나와 있으니 반드시 필독하고, 교육을 통해 현장에서 충분히 활용할 수 있도록 몸에 익혀야 한다.

▌계약 및 마감 단계

B2B 영업의 1단계인 제안 및 수주 단계에서는 고객 발굴, 접근, 제안, 수주 확정 단계를 중심으로 영업전략에 대해 다루어 보았다. 많은 영업직군에서 수주 확정 단계까지를 사실상 영업의 마감 시점으로 생각한다. 하지만 돌다리도 두드려 보고 건너야 하는 것이 영업이다. 계약서에 도장을 찍기 전까지는 절대 방심해서는 안 된다.

영업 입장에서 보면 계약 및 마감 단계를 포함하여 프로젝트 실행 지원 단계, 오픈 이슈 정리 단계, 차기 사업 수주 단계는 앞에서 살펴본 제안 및 수주 단계에 비해 상대적으로 업무활동 강도 및 집중도가 크게 요구되지 않는 것처럼 보인다. 또 특별한 영업전략이 요구되지 않는 것이 현실이다. 그러나 본서에서는 2단계에서 5단계까지의 B2B 영업단계를 1단계와 동일한 수준으로 식별하고 기술하였다. 이는 비록 책의 분량 면에서나 영업직군이 인지하고 있는 영업활동 면에서나 미약한 부분이 있긴 하나, 그 중요성은 다른 모든 활동과 동일하거나 오히려 더욱 신경 써야 한다는 점을 강조하기 위해서다.

1. 식별되지 않은 위험요소 제거

계약 및 마감 단계에서는 식별되지 않은 위험요소를 판별하고 이를 제거하기 위한 대비책을 세워야 한다. 다음과 같은 요소들이 최종 계약 시점에서 가장 주의를 기울여야 하는 것들이다.

- 최고 의사결정권자의 변심
- 경쟁사 탑레벨(top-level) 영업
- 기술적·환경적·법적 위험

최고 의사결정권자의 변심은 크게 2가지 경우에 발생할 수 있다. 첫 번째는 내부적인 결재진행 과정에서 최종 의사결정권자가 갑자기 해당 계약 건에 관심을 집중하는 경우이다. 아이러니하게도 평소에 별다른 관심을 보이지 않다가 최종 의사결정 시점에 관심을 보이면서 재검토 의지를 보인다거나, 평소 자신이 알고 있는 지인에게 프로젝트를 넘기는 등의 돌발적 상황이 발생한다.

두 번째는 표면적으로 드러나지 않는 경쟁사의 탑레벨 영업활동에서 기인하는 경우이다. 결론적으로, 영업직군은 이러한 상황이 발생하지 않도록 최종 결정 시점에 최종 의사결정권자에게 다양하고 긍정적인 정보를 제공해야 한다. 한편으로는 이러한 상황이 발생할 경우를 대비하여 최종 의사결정권자에게 영향력을 미칠 수 있는 주변 인물을 사전에 확보하고 도움을 받을 수 있도록 준비해야 한다.

돌발적으로 나타날 수 있는 위험요인으로는 프로젝트를 진행하기 어려울 정도의 기술적 오류가 발생하는 경우를 들 수 있다. 이런 문제는 주로 새로운 기술을 적용하는 프로젝트에서 다양한 원인에 의해 발생한다. 사전에 기술적 검토를 충분히 했다고 해도 이는 프로토타입(prototype)이나 파일럿(pilot) 형태이며 현장에 적용하기 위해서는 많은 변수가 작용한다.

고도로 복잡한 기술을 요하는 프로젝트에서 기술적 우위가 공급자에게 있는 경우, 구매자는 상대적으로 공급자가 제공하는 자료에 의존해 판단하기 마련이다. 이러한 상황에서 결정적인 기술적 오류가 발생하거나, 문제가 되는 점에 대해 고객사에 좋지 않은 영향을 미칠 수 있는 자료를 경쟁사에서 제공하는 등의 경우가 발생할 수 있다. 물론 기술적으로 명확하게 오류가 예상되는 상황을 숨기는 것은 윤리적으로 이슈가 될 만큼 잘못된 행위이다. 그러므로 계약 시점에서 오해를 불러일으킬 수 있는 기술적 사항에 대해서는 제안 단계에서부터 고객사에 이를 오픈하고 충분히 인지시키는 것이 오히려 신뢰를 확보할 수 있는 길임을 잊지 말아야 한다.

또한 제안 단계에서 미처 생각하지 못한 자사의 기술적 오류 사항에 대해서는 대안을 마련하고 계약 시점이라 할지라도 고객사에 이를 알리는 것이 중요하다. 추후에 이러한 기술적 제약이 발생하여 프로젝트에 막대한 손실을 입히고 다른 사업에까지 영향을 미치지 않도록 해야 한다.

기술적 위험요인과 동일하게 법적인 규제 및 환경 규제에 따른 위험요인들도 사전에 식별하고 대비해야 한다. 일례로 해외에서 조달해야 하는 협력사 제품이 현지국의 환경 규제를 위반하여 핵심 장비가 입고되지 못하고 프로젝트에 큰 차질을 야기하는 경우가 있다. 이러한 문제를 방지하기 위해 가능하면 자사의 제품을 포함하여 협력사 제품의 환경규제 및 법적 규제에 대한 공인된 증명서를 고객사에 제출하는 것이 좋다.

2. 구축 일정 및 인력 계획 수립

계약 진행을 위한 위험요소를 제거하고 계약을 진행하는 과정에서는 본 프로젝트를 수행하기 위한 구축 일정을 점검하고 인력 계획을 수립해야 한다. 프로젝트를 성공적으로 실행하기 위해 필요한 주요 요소들은 수도 없이 많지만, 납기 준수(on time delivery)와 적합한 수행 인력은 그 초석이라고 할 수 있다. 프로젝트 시작 전에 수행 인력을 빠르게 배치하는 일만 성공적으로 이루어져도 프로젝트 전체 공정에서 납기를 줄이거나 보다 안정적으로 준수할 수 있다. 프로젝트 초반의 일주일은 후반부의 한 달보다 더 중요한 의미를 갖기 때문에 반드시 프로젝트 킥오프(kick-off) 전에 수행 인력을 확보하고 구축 일정 및 고려 사항들을 식별해야 한다.

3. Cost & Price 분석

CP 분석 단계는 프로젝트 전체 비용(견적 비용)에 대한 타당성을 검토하고, 프로젝트 진행을 위한 세부적 비용을 산정하는 단계다. 이 과정에서는 기본적으로 매출에 대한 매출원가를 분석하고 프로젝트 이익을 계산해야 한다. 매출원가에는 프로젝트 수행 비용에 대한 세부 사항이 포함된다. 인력에 대한 인건비, 외부 협력 인력에 대한 인건비, 프로젝트 제경비 등이 포함된다. 프로젝트 제경비에는 교육훈련, 통신비용, 인쇄비, 소모품비, 회의비, 공간 임차비, 복리후생비, 교통비, 광고비, 보험료, 잡비 등의 모든 제반 경비 항목이 포함된다. 또한 프로젝트 제경비에서 가장 놓치기 쉽고 중요한 항목은 예비비(contingency cost)이다. 프로젝트를 진행하다 보면 예상치 못한 상황에서 추가 비용이 발생할 수 있다. 이를 안정적으로 처리하기 위한 비용이 예비비 항목이다.

매출액에서 매출 원가를 제외한 프로젝트 수익에서 판관비를 제외하면 영업이익이 산출되며, 영업이익에서 영업외 비용을 제외한 것이 경상이익이다. 영업에서는 반드시 매출액, 영업이익, 경상이익의 목표치를 설정하고 최종적으로 프로젝트 매출액이 적정 수준으로 책정되었는지를 검토해야 한다. 단순히 매출액만을 생각하고 프로젝트를 진행하면 손실을 입을 수 있다.

또한 CP 분석에서 인건비 항목은 반드시 프로젝트에 연결해 산출해야 한다. 때로 이익을 보존하기 위해 공동 경비처럼 여겨지는 인건비를 프로젝트 비용에 반영하지 않는 경우가 있다. 인건비 중에서도 총무, 인사, 사업지원과 같은 지원 인력에 대한 항목에서 이 같은 실수를 많이 하는데, 결론적으로 프로젝트 경비를 산출할 때는 간접비 항목까지 포함시켜야 한다.

한편, 올바른 CP 분석을 위해 영업직군은 별도의 재무 및 회계 관련 교육을 반드시 이수해야 한다.

4. 이행 리스크 식별

이행 리스크 식별 단계는 프로젝트 수행 기간 동안 식별한 위험요인이 발생하지 않게 하거나 발생했을 경우를 대비하여 대책을 수립하는 중요한 과정이다. 이때 자사에서 위험요소를 식별할 뿐만 아니라, 협력사에도 예상되는 리스크를 식별해 줄 것을 요청하여 리스크 항목으로 구분하고 관리해야 한다.

이행 리스크 식별과 공유는 프로젝트 수행 이전에 이루어져야 한다. 그런데 불편한 시작을 회피하기 위해 이러한 작업을 하지 않아 프로젝트 전체 일정에 큰 차질을 일으키는 사례가 종종 발생한다. 사전에 식별한 위험요인은 적은 비용이나 시간으로 해결할 수 있지만, 프로젝트가 진행되는 시점에서는 얼마나 막대한 비용이 발생할지 예측하기 힘들다. 이러한 이유로 프로젝트팀과 영업팀은 열린 마음으로 프로젝트 수행에서 예측되는 위험요인을 상호 교환하고 대책을 마련해야 한다. 때에 따라서는 고객사의 이해와 협조가 필요한 사항에 대해 충분히 공유하고 위험요인을 함께 관리해야 한다.

지극히 교과서적인 이야기로 들릴지 모르는 이러한 위험요인에 대한 식별과 관리가 실제 프로젝트 현장에서 제대로 이루어지지 않아 낭패를 겪는 경우가 많다. 책임을 회피하기 위해서, 자사의 이익을 위해서, 추가 비용에 대한 부담을 지기 싫어서…… 뻔히 알고 있는 위험요인을 공유하지 않는 현상이 발생한다. 대개 프로젝트 경험이 풍부하지 않은 조직에서 이와 같은 실수를 한다. 프로젝트 경험이 많은 PM이나 조직은 위험요인을 적극적으로 식별하고, 이를 모든 이해관계자들과 사전에 공유하는 현명한 자세를 취한다.

▌프로젝트 실행 지원 단계

프로젝트가 시작되면 해당 고객사로 향하는 영업직군의 발걸음이 현저히 줄어든다. 물론 수주를 위한 활동 단계에서의 잦은 방문과 차이가 나는 것은 당연하다. 다만 대다수의 영업 담당이 프로젝트 이전까지를 영업활동으로 제한하여 생각하는 데 문제가 있다. 이는 틀린 것은 아니지만 옳다고 볼 수도 없다.

단 한 번의 수주로 해당 고객사와의 관계를 종료하는 경우가 아니고서야 영업은 프로젝트 진행 과정에서 발생하는 다양한 이슈에 적극적으로 협업하고 소통해야 한다. 이는 고객에게 지속적인 인지적 가치를 제공하는 것으로, 평소 영업활동을 수행할 때보다 훨씬 강한 신뢰를 안겨 줄 수 있다.

B2B 프로젝트를 진행하는 과정은 (각 산업 영역의 특성에 따라 다르겠지만) 제안서를 통해 제시한 요구사항들을 최종 확정하는 요구분석 단계, 요구분석을 통해 식별된 기능의 전체 형상을 확인하기 위한 설계 단계, 이를 실제 구축하는 단계, 구축 이후 단위 및 연동 시험을 진행하는 단계, 오픈 및 안정화(상용화) 단계를 거치게 된다. 즉 고객이 요구하는 사항을 올바르게 설계하고 구축하여 최적의 서비스가 이루어질 수 있도록 하는 일련의 활동으로 구성된다.

하지만 아무리 철저하게 요구사항을 분석했다 하더라도 프로젝트가 진행되는 동안에 추가적인 요구사항이 발생하거나 기존 요구사항이 변경될 소지가 충분히 존재한다. 이때 PM은 발생한 변경사항에 대해 관리하는 역할을 담당한다. 이 과정에서 추가적인 비용과 인력에 관한 문제가 발생할 수 있다. 엄밀히 말하면 이 또한 PM이 조정하고 관리해야 하는 것으로 업무 범위를 설정할 수 있다. 하지만 프로젝트가 종료되는 시점까지 PM은 고객사와 좋은 관계를 유지해야 한다. PM과 고객사의 프로젝트 담당자가 불편한 관계에 놓이는 것만큼 프로젝트 진행에 부정적인 영향을 미치는 것도 없기 때문이다.

특히 프로젝트 범위를 초과한 요구사항으로 발생하는 추가 비용이나 인력에 관해서는 영업에서 고객사와의 협상을 통해 해결해주는 것이 프로젝트에 최소한의 영향을 미칠 수 있다. 또한 향후 발생하는 모든 변경사항에 대해 자연스럽게 프로젝트와 별도로 논의할 수 있는 기반을 마련할 수 있다. 요구사항 분석 단계뿐만 아니라 프로젝트가 진행되는 모든 단계에서는 초기 요구사항 대비 변경사항이 발생할 수 있다. 이때 각각의 변경 요구사항을 식별하고 이를 PM, 영업대표, 고객사가 함께 논의하여 본 프로젝트에 포함시켜 진행할 것인지, 새로운 프로젝트를 추진할 것인지를 결정해야 한다. 만약 영업이 이러한 작업에 적극적으로 참여하지 않으면 PM이 짊어지는 부담이 증가하고 최악의 경우 프로젝트가 지연되거나 손실을 보게 된다.

고객은 항상 더 많은 것을 요구한다. 이러한 요구사항들이 프로젝트에 커다란 부담으로 작용하는 경우가 허다하다. 그 때문에 경험 많은 고객사의 담당자들은 자신들의 요구 변경이 프로젝트에 어떠한 영향을 미칠지를 스스로 판단하고 논의하기도 한다. 요컨대 요구사항의 변경이나 추가는 늘 발생하기 마련이기에, 중요한 것은 이를 관리하여 기존 프로젝트에 포함할지 아니면 새로운 프로젝트로 분류할지를 결정하는 일이다. 이때 영업이 적극적으로 개입해야 한다.

[그림 6-4]는 프로젝트 이행 단계에서 발생할 수 있는 중요한 이슈들을 식별한 것이다.

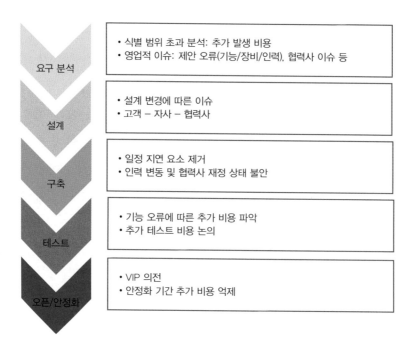

요구 분석
• 식별 범위 초과 분석: 추가 발생 비용
• 영업적 이슈: 제안 오류(기능/장비/인력), 협력사 이슈 등

설계
• 설계 변경에 따른 이슈
• 고객 – 자사 – 협력사

구축
• 일정 지연 요소 제거
• 인력 변동 및 협력사 재정 상태 불안

테스트
• 기능 오류에 따른 추가 비용 파악
• 추가 테스트 비용 논의

오픈/안정화
• VIP 의전
• 안정화 기간 추가 비용 억제

[그림 6-4] 프로젝트 이행 단계별 이슈 사항

◇◆◇ 부서 간 갈등과 CFT

개인의 직장생활은 물론이고 기업 차원에 이르기까지 갈등의 문제는 개인과 조직을 매우 힘들게 하는 요소이다. 그러나 갈등을 잘 극복하고 해결함으로써 개인은 충분한 동기부여를 통해 업무에 몰입할 수 있고, 기업은 경쟁력을 확보하는 기초를 탄탄히 다질 수 있다는 면에서 갈등의 문제는 긍정적 측면을 지니고, 갈등 조정의 성공은 기업의 성과에 긍정적 영향을 미칠 수 있다. 이러한 이유로 기업에서는 때로는 새로운 시스템을 구축하고, 때로는 조직 구성원의 감정에 호소하며 조직 내 갈등을 조정하기 위해 부단히 노력한다.

직장인들이 하는 우스갯소리에 '회의(會議)를 하고 나면 회의(懷疑)가 든다.', '회의 많은 조직치고 잘되는 회사 못 봤다.' 식의 말이 있다. 왜 이런 말이 생겨났을까? 경험에 비추어 그 이유를 생각해 보았다. 처음 회의를 시작할 때는 언제나 프로젝트의 목표에 맞춰 고객이 원하는 장소, 시간, 진행방식 등에 관한 이야기가 시작된다. 그러나 10여 분 정도의 시간이 흐르면 어느새 고객은 온데간데없이 사라지고, 각 부서가 편하고 좋은 방향으로 진행하자는 의견이 난무하게 된다. 프로젝트를 진행하다 보면 기술, 구매, 마케팅, 영업, 재무 부서를 포함해 협력사들과 수시로 회의를 하는데, 그때마다 같은 패턴이 반복되고 각 부서의 이해관계가 충돌하기 일쑤다.

실제로 부서 간의 갈등이 얼마나 심각한지 자료를 찾아보았다.
한국경제신문 2011년 조사 자료에 의하면, 갈등을 일으키는 부서 간 비율이 상당히 높게 나타났다. [그림 6-5]에서 볼 수 있듯이 마케팅과 영업직군이 20%, 마케팅과 인사·재무·기획이 18%, 개발과 영업직군이 16%, 개발과 경영직군이 16%, 개발과 마케팅이 12%, 개발과 제조가 12%, 기타 6%로 나타났다. 각 부서를 기준으로 합계를 내면, 마케팅직군이 타부서와 갈등을 겪는 비율이 50%, 영업직군의 경우는 36%, 개발직군의 경우는 56%로 가장 높았다. 경영직군의 경우도 34%이며, 제조부서가 12%로 가장 낮게 나타났다.
갈등 이유는 상대 부서의 일방적인 고집이 62%, 부족한 업무지식이 17%로 높게 나타났다. 갈등 해결방법은 터놓고 얘기한다가 41%로 가장 높았고, 각 부서 상사들끼리 해결하게 한다가 31%였으며, 그냥 참는다가 18%, 지지 않고 싸운다는 경우도 10%로 분석되었다.

갈등 주기는 한 달에 1~2회가 39%, 일주일에 1~2회가 29%로 나타났는데, 이러한 상황을 고려해 보면 68% 정도의 구성원들이 2주마다 한 번씩은 부서 간 갈등을 겪는다고 볼 수 있다. 부서 간 갈등을 매일 겪는다는 비율 또한 6% 정도로 나타났다.

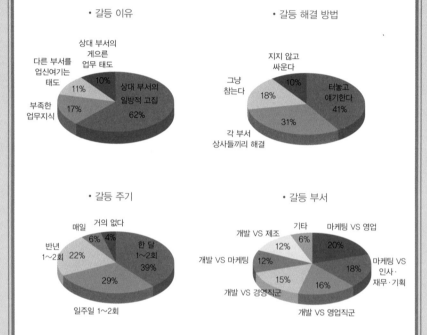

[그림 6-5] 부서 간 갈등★

이러한 부서 간 갈등은 동일 목적을 수행해야 하는 프로젝트에 엄청난 에너지 낭비 요인으로 작용할 수밖에 없다. 그러므로 특정 과업을 성공적으로 수행하기 위해서는 동일 프로젝트에 참석한 각 부서 간의 갈등구조를 해결해야 하는데, 그

★ 이 자료는 '40% 한 달에 1~2회 충돌… 마케팅팀 對 영업팀 앙숙'이라는 제목으로 〈한국경제〉에 실린 기사를 저자가 재편집한 것이다.

방안으로 CFT(Cross Function Team, 다기능팀)를 가동하는 것을 고려할 수 있다.

TFT(Task Force Team)이든 CFT이든 공통된 목표를 갖고 성공적인 업무 진행을 위해 조직된다는 공통점을 지닌다. 하지만 CFT는 단순히 각 분야의 전문가를 소집하여 구성한다는 집단적 성격만을 내포하지 않는다. TFT가 특정한 문제나 업무를 해결하기 위해 소집된 데 비해(문제해결을 위한 전문가의 역량에 초점), CFT는 TFT의 목적을 포함함과 동시에 다양한 시각에서 문제를 바라보고 의사결정을 하기 위한 목표 달성에 초점이 맞추어져 있다. CFT를 통해서 각 부서의 이해관계보다는 공유된 하나의 목표에 초점을 두고 의사결정을 진행한다면, 적어도 제품 개발이나 프로젝트 진행 과정에서 발생할 수 있는 부서 간 갈등을 현저히 줄일 수 있을 것이다.

갈등은 서로 다른 성향이나 가치관을 지닌 사람들, 서로 다른 방향을 보는 조직 사이에 발생할 빈도가 높다. 그러므로 제품개발이나 프로젝트를 진행할 때는 참여 조직과 구성원들이 공동의 목표를 달성하기 위한 의사결정에 참여함으로써 갈등의 빈도를 줄일 수 있지 않을까 생각해 본다. CFT가 결정적인 해결책은 아닐 수 있으나, 공동의 목표와 가치를 추구한다는 점에서 바람직한 개념이라 할 수 있다.

결론적으로 말하면 CFT이든 TFT이든 갈등이 없는 조직은 죽은 조직이다. 일이 있으니 갈등이 있고, 살아 있으니 갈등에 대해 힘들어 하고 이를 조정하려는 노력을 하는 것이다. 갈등을 바라보는 시각을 조금만 수정해 본다면 갈등은 충분히 극복할 수 있는 개념이고, 조직이나 우리가 살아 있음을 확인하는 수단이 될 수 있다.

▌오픈 이슈 정리 단계

오픈 이슈(Open Issues)는 특정 프로젝트를 진행하거나 영업활동을 수행하는 과정에서 해결하지 못한 일련의 문제라 할 수 있다. 대개 복잡한 이해관계자들이 함께 노력해서 풀어야 할 문제들이기 때문에, 무조건 골치 아픈 과제로 치부하기보다는 다양한 이해관계자들과 좋은 관계를 구축할 수 있는 기회로 인식하고 적극적으로 대응해야 한다.

오픈 이슈는 다양하게 발생할 수 있는데, 주요 사항을 꼽아 보면 다음과 같다.

- 일정 지연 및 변경
- 추가 비용 발생
- 스펙 및 요구사항 변경
- 제품 및 서비스 배송 지연
- 기술 오류
- 재무 상태
- 비용 지급
- 기타(인력, 윤리적 이슈, 내부 및 외부 갈등 등)

이상의 오픈 이슈는 대부분 어느 한 조직에서 생겨나는 문제가 아니라 고객사, 협력사, 자사, 경쟁사 간에 복잡한 관계에서 동시다발적으로 형성된다. 또한 각각의 오픈 이슈는 때로 상호 연계성을 갖기도 한다. 예를 들어 프로젝트를 진행하는 과정에서 스펙 및 요구사항의 변경은 추가 비용을 발생하게 하며, 제품 및 서비스의 납기를 지연시키는 요인으로 작용한다. 그뿐만 아니라 추가 인력이 필요할 수도 있으며, 이 과정에서 요구사항의 미반영으로 비용 지급이 지연되고 법적 분쟁이 발생하기도 한다.

이러한 상황에서 경쟁자는 언제든지 고객사 및 협력사의 불만을 해결하고 새로운 기회를 만들고자 틈을 찾게 된다. [그림 6-6]은 오픈 이슈와 연관된 이해관계자들의 구조를 도식화한 것이다. 오픈 이슈를 해결하기 위해서는 고객사의 구매 구조를 다시 한 번 점검해야 하며, 협력사 및 자사의 대표, PM, 영업 담당자들과 적극적으로 협업해야 한다.

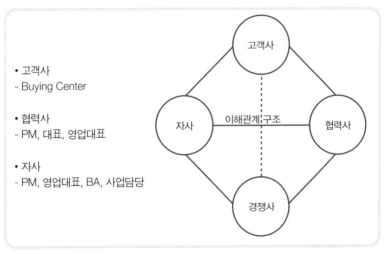

[그림 6-6] 오픈 이슈 이해관계 구조

오픈 이슈를 해결하려면 크게 4단계를 거쳐야 한다.

첫 번째, 식별 단계에서는 이슈 내용에 대한 현상을 기술하고 이해관계자 및 담당자를 식별한다. 또 단순 이슈인지 혹은 위험요소를 포함하고 있는지를 정의한다. 객관적인 입장에서 해결방안 및 추가적인 비용을 산출하고 해결에 소요되는 기간을 정리한다.

두 번째, 협상 단계에서는 모든 이해관계자들이 모여 특정 오픈 이슈를 무료로 진행할 것인지, 유지·보수 기간에 포함시켜 진행할 것인지, 아니면 별도의 비용을 발생시켜 신규 프로젝트로 추진할 것인지를 논의한다.

세 번째, 조치 단계에서는 분류한 오픈 이슈에 식별번호를 부여하고, 오픈 이슈가 해결되었을 때는 어떠한 과정을 거쳤는지를 관리한다. 이는 향후 동일한 이슈가 발생했을 때 보다 쉽고 빠르게 문제를 해결할 수 있는 참고자료로 삼기 위함이다.

마지막 고도화 단계에서는 추가적인 비용 발생을 통해 고도화해야 하는 프로젝트를 다시 정리하고 실행한다.

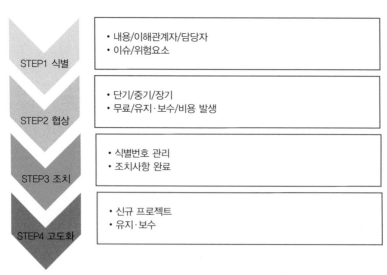

[그림 6-7] 오픈이슈 해결 단계

▎차기 사업 수주 단계

영업직군에서 프로젝트에 지원을 아끼지 않아야 하는 가장 큰 이유는 역시 차기 사업 수주를 위해서다. 많은 영업직군이 차기 사업 수주에 높은 기대치를 갖고 있지만 정작 그에 대해 적절히 대응하지 못하고 있다. 예를 들면 사업 기회가 발생한 이후에야 고객과의 관계를 시작하는데, 그때는 이미 경쟁이 치열하기 때문에 수주 기회를 잡기 쉽지 않다. 그러므로 프로젝트가 진행 중에 있을 때 적극적으로 새로운 사업 기회를 만들어야 한다.

[표 6-6] 차기 사업에 실패하는 이유 및 대응 방안

요인	원인	대응 방안	
자사 요인	프로젝트 진행 미숙	• CFT: 영업, PM, 협력사 오픈 이슈를 통합하여 새로운 사업화 기회 창출 • 전체 사업의 가치사슬을 이해하고 접근	• 단계별 구축 전략 • 고도화에 대한 구축 제안 • 차세대 제품 및 서비스에 대한 제안
	오픈 이슈의 소극적 대응		
	새로운 가치를 제공하지 못함		
외부 요인	경쟁자의 영향력: 영업, 신기술, 가격 등	• 기술상의 변화 감지 • 경쟁자에 대한 지속적인 모니터링	
	고객사의 상황 변화: 의사결정권자 변경, 투자 중단, 서비스 종료 등		
	기술환경 변화에 대한 대응 미흡		

[표 6-6]에서 볼 수 있듯이 차기 사업에 실패하는 이유는 크게 자사 요인과 외부 요인으로 구분할 수 있다. 차기 사업을 수주하기 위해서는 영업직군에서 선제안을 통해 고객에게 지속적인 사업의 방향을 제시하고 함께 고민하는 노력을 기울여야 한다. 특정 프로젝트에 대한 단계별 구축 전략을 수립하는 것도 방법이며, 프로젝트 종료 후에 필요한 추가적인 고도화 방안을 제시할 수도 있다. 또한 고도화를 넘어서 차세대 제품 및 서비스를 식별하고 이를 고객에게 제안하는 것도 의미 있는 활동일 수 있다. 다시 말해 오늘날 영업직군은 단순히 고객을 발굴하고 이를 사업화하는 업무를 넘어서서 고객을 리드할 수 있는 '컨설팅 기반 역량'을 갖추어야 한다.

◇◆◇ PRM에서의 휴먼에러

프로젝트를 진행하다 보면 수많은 협력사들과의 작업이 원활하게 이루어지지 못할 때가 있다. 특정 업무 영역을 중심으로 이해관계에 있는 파트너들을 어떻게 관리해야 하는가를 다루는 관리 기법을 파트너관계관리(PRM, Partner Relationship Management)*라 한다. 기업이 고객과의 관계에 중점을 두어 고객에 대한 정보를 자사의 마케팅에 적극적으로 활용하기 위한 방법론이나 소프트웨어를 고객관계관리(CRM, Customer Relationship Management)라고 하는데, PRM은 협력사와 이해관계 파트너와의 관계에 중점을 둔 이와 유사한 개념이다.

최근에는 이러한 PRM 체계가 IT시스템을 통해 구축된다. 협력사 및 대리점, 영업점 등의 정보가 자사와 연동되면서 하나의 공통된 업무 영역 내에서 시너지를 발휘할 수 있도록 구축되는 것이다. 이러한 IT시스템 구축을 통해 특정한 정보를 어느 한쪽이 독점하는 현상이 어느 정도 해소되었으며, 거래에 대한 투명성 역시 일정 부분 확보되었다. 그럼에도 불구하고 최근 파트너와의 관계 관리에서 불미스러운 윤리적 이슈가 대두되고 있는데, 이는 PRM에 대한 전반적인 진단이 필요하다는 일종의 경고로 받아들여야 할 것이다. 정보를 관리하고 체계화하는 인프라는 구축되어 있으되, 이를 입력하는 주체가 일종의 휴먼에러(human error)를 만드는 것이다.

대형 SI프로젝트에서 이러한 휴먼에러가 발생하는 주된 원인은 권력의 집중화 현상에 있다. 프로젝트를 총괄하는 PM의 권한이 워낙에 많다 보니 윤리적 이슈가 자주 발생한다. 이를 해결하기 위해 구매팀에 협력업체의 선발 과정을

★ 파트너관계관리란, 개별적으로 진행되던 협력사 간이나 영업본부·지점 간 마케팅 업무를 통합해 고객관계관리를 효과적으로 수행하기 위한 솔루션이다. 고객과 업체 사이의 긴밀한 관계를 유지하기 위해 중간 위치에 있는 영업소와 기업 내외부를 통일성 있게 관리하겠다는 것이다. 최근 기업들이 e비즈니스를 강화하면서 각 부서와 관계사, e마켓플레이스 등을 하나로 묶는 '비즈니스 커뮤니티'를 전략으로 내세우고 그 중요성이 증대되고 있다. 향후 부품 협력업체가 많은 자동차나 전자업체, 영업소가 많은 보험·카드·정유업에 속한 기업들에는 PRM이 e비즈니스 성공의 필수조건으로 자리 잡을 전망이다. (매경닷컴 참조)

이관하고, 회계팀에서 견적 작업을 검수하며, 품질팀에서 협력사에 대한 기술력 검토를 하게 되었다. 프로세스가 복잡해진 것이다. 물론 관리비용 또한 상승하게 되었다. PM 한 사람이 하던 업무에 구매팀, 회계팀, 품질팀이 참여하면서 프로젝트 견적비용이 올라가게 된 것이다. 이러한 구축비용의 상승은 사실상 고객에게로 그 부담이 넘겨진다. 공급사슬(supply chain) 전반에 걸쳐 비용 상승의 원인이 될 수 있는 구조가 생겨난 것이다.

비용 상승과 관리 체계의 복잡성을 감수하고 프로세스를 변경했음에도 불구하고 현실적으로 휴먼 에러는 간헐적으로 발생하고 있다. 협력사 선발 과정에서 특정 업체에 대한 평가 조작, 접대행위, 이면 계약서 작성, 리베이트 등과 같은 윤리적 이슈가 발생한다. 최근 모기업의 사업부장은 영업사원 2명과 결탁해 협력사들과 이면 계약을 통해 견적 내용을 조작하다가 기업 감사팀에 적발되었다. 그 결과 사업부장과 관련 직원들은 해고되었으며, 불공정 행위를 공조한 거래 기업들은 협력사 리스트에서 제외되었다. 결국 협력사들은 업계에서 외면당하고 파산하게 되었다. 협력업체에 종사했던 수많은 선의의 피해자들을 감안해 볼 때 너무 파장이 큰 휴먼에러가 발생한 것이다.

이는 마치 음주운전으로 소중한 타인에게 씻을 수 없는 피해를 주는 일과 같다. 음주 단속을 하는 시스템이나 프로세스가 잘못된 것이 아니다. 음주운전을 하는 운전자의 인식이 잘못된 것이다. 마찬가지다. 파트너를 관리하는 PRM 체계도 중요하지만 더더욱 중요한 것은 이러한 규정을 준수하고자 하는 사람들의 올바른 가치관이다. 이처럼 너무도 당연한 사항이 잘 지켜지지 않기 때문에 애꿎은 수많은 선의의 피해자가 발생하게 된다.

B2B 기업이든 B2C 기업이든 기업의 경영활동에는 다양한 파트너가 존재한다. 신뢰할 수 있는 든든한 파트너와의 관계는 기업이 경쟁우위를 확보하는 데 긍정적인 영향을 미친다. 반대로 그렇지 못한 파트너와의 관계는 기업뿐만 아니라 사회를 병들게 한다. 이제 특정 기업이 1등이 되기 위해서는 관련된 모든 파트너가 1등이 되어야 한다. 기업의 활동은 더하기가 아니라 곱하기이기 때문이다. 프로세스를 정립하고 그것을 구현할 수 있는 시스템을 구축하는 것, 시스템을 운영하는 과정에서 발생할 수 있는 휴먼에러를 제거하는 과정이 일류 기업과 일류 조직을 만드는 원천이 될 수 있다.

■ 부록

VCS 방법론

지금까지 살펴본 영업 및 마케팅 전략 도구들을 활용하여 실무에서 직접 이용 가능한 '가치 검토' 절차를 소개하고자 한다. 가치 창조 전략(VCS, Value Creating Strategy)은 제안 및 수주 단계부터 차기 사업 수주 단계까지 광범위한 단계에 걸쳐 의사결정을 위한 다양한 시각을 통합적으로 관리할 수 있는 전략적 방법론이다.

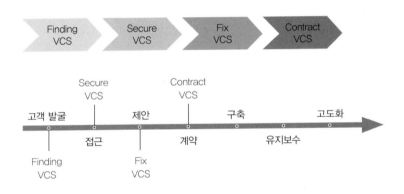

[그림 1] VCS 단계

각각의 영업활동 단계마다 VCS를 진행하여 고객에게 제공하고자 하는 가치를 확인하고, 사업에 대한 다양한 의사결정을 수행해야 한다. 각각의 단계마다 수행하는 VCS는 다음에 소개하는 양식을 통해 작성할 수 있다.

VCS는 자사의 상황에 맞게 적용 단계를 조정할 수 있다. 예를 들어 프로젝트 규모에 따라 최종계약 관련 VCS만 수행할 수도 있고, 규모가 큰 프로젝트의 경우 모든 VCS를 진행할 수도 있다. 또한 자사의 상황에 따라 각 양식의 내용을 얼마든지 수정할 수 있다. 무엇보다 중요한 점은 반드시 이러한 절차를 거치지 않더라도 자사만의 영업전략을 가장 효율적이고 효과적으로 달성할 수 있는 검토기구를 설립하는 것이다. 이 검토기구를 통해 위험을 최소화하고 수주 확률을 높일 수 있는 전략적 방향으로 의사결정을 진행해야 한다.

1. Finding VCS ~ Fix VCS

1. 사업일반

사업 Status : ☑사업확정   ☐ RFP초안 입수   ☐ RFP 공고

사업 명			
고객명		발주 처	
고객 예산		입찰 형태	
사업 기간		낙찰자 선정	
RFP 공고(예정)일		입찰(예정)일	
사업 구분	☑ 통합개발 ☐ 컨설팅 ☐ SM ☑ 솔루션	선행사업 수행경험	☐ 없음(신규사업) ☑ 있음(연속사업)
사업의 목적	1. 2. 3. 4. 5.		

2. 추진 조직/내부 분석

2.1. 추진 조직

담당 사업 분석가		협력 사업부	
제안 PM		영업 대표	

2.2. Biz History 및 Next 사업기회

사업경과 및 향후 일정	•	
사전 지원사항	☑ 사업계획서	☑ RFP
Next 사업 기회	•	

3. 사업 내용

사업 내용

4. 사업 추진 당위성

•

5. 고객 분석

5.1. 고객 조직도

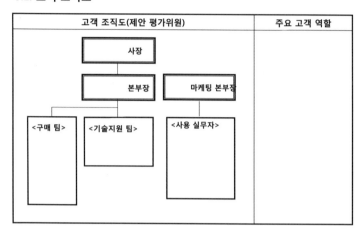

고객 조직도(제안 평가위원)	주요 고객 역할

5.2. 전략 고객 분석

평가 위원단	인물	성향	전략적 대안

6. 경쟁사 분석

업 체 명	장 점	단 점	전략적 대안

7. 수주 전략

8. 제안 전략(Fix VCS Only)

제안 PM / 이행 PM		제안 발표자		사업 분석가	

제안 전략	예상 RISK	해결 방안 및 지원요청 사항

2. Contract VCS

1. 사업 일반

사업 명	
고객명	
고객 예산	
사업 기간	
RFP 공고일	
사업 영역	
사업의 목적	

2. 추진 조직

담당 조직		협력 사업부	
이행 PM		영업 대표	

3. 사업 내용 및 현황

사업 내용 및 현황

4. 구축 일정

구축 일정	

5. 계약내용

1. 계 약 금 액 :
2. 구 축 기 간 :
3. 지체 상금 율 :
4. 하자이행보증금 :
5. 무상하자보증 :
6. 대 금 지 급 : 1차 :
2차 :
3차 :
7. 법 무 팀 검 토 의견 :

6. 이행 위험 요인

7. CP(Cost & Pricing) 분석

항　목	구분	상세	총합계	1년 차
매출				
매출 Total (VAT제외)				
매출원가				
영업이익				
(%)				
영업외비용				
경상이익				
(%)				

■ Epilogue

현재진행형 삶을 사는 영업인들에게

　이 책을 쓰기 시작하면서 이상한 버릇이 하나 생겼습니다. 지하철에서, 버스에서 혹은 길을 가면서 어깨에 서류가방을 매고 정장을 차려입고 바삐 움직이는 사람들을 보면 저분들은 고객을 만나러 가는 길일까, 고객을 만나고 오는 길일까 하는 생각을 떠올리게 된 것입니다. 때로는 몹시 지친 모습으로, 때로는 활기찬 표정으로 길에서 마주친 그들에게서 '영업사원이다!'라는 느낌을 받은 건 어떤 이유에서일까요? 휴대폰을 손에 들고 수시로 통화를 하는 그들의 모습 속에 환희, 실망, 마음을 새롭게 다지는 희망이 담겨 있었습니다. 그리고 B2B 영업을 하며 처음 수주를 했을 때의 나의 모습, 당연히 성사시킬 수 있을 것 같던 프로젝트를 수주하지 못했던 때의 모습도 엿볼 수 있었습니다.

　끝이 없는 제안과 수주, 계속되는 도전, 성공과 실패…… 영업은 제게 늘 현재진행형이었습니다. 수주의 기쁜 마음을 애써 억누르고 또 다른 영업을 시작하고, 실패의 쓰라림을 뒤로 하고 다시 고객 앞에서 환하게 웃어야 했습니다. 그런 제 모습이 가끔은 허탈하고 우스꽝스러워 속상해하기도 했습니다. 왜 내가 이 사람들 앞에서 고개를 숙이고, 영혼 없이 웃어야 하나 하는 생각이 들 때도 있었습니다.

　그러던 어느 날, 아이러니하게도 고객이 화를 내지 않는 것이 더 두려운 순간이 찾아왔습니다. 그때가 바로 영업이 무엇인지 조금 알게 되는 순간이었습니다. 고객은 영업사원에게 관심이 남아 있을 때, 이 사람을 믿고 함께 일을 진행할 수 있다는 생각이 들 때 화도 냅니다. 그 기대마저 사라지면 화조차 내지 않습니다. 고객들이 제게 화를 내고 나무라던 시간의 소중함을 깨닫게 되면서 영업인으로서 저는 더 이상 초라하지 않게 되었습니다. 고객과 함께하는 방법을 알게 된 것입니다.

아직도 경험해 보지 못한 영업의 수많은 분야들이 있건만, 이 책을 통해 영업을 이야기하는 것은 영업은 언제나 현재진행형이기 때문입니다. 모든 것을 경험한 후라면 영원히 침묵하는 것 말고는 아무것도 할 일이 없지 않은가요. 그렇기에 좁은 경험과 한정된 내용일지라도, 그것이 언제나 현재진행형이어야 하는 영업을 계속 지속할 수 있는 밑거름이 될 수 있다는 믿음 아래 용기를 내어 이 책을 쓰게 되었습니다.

영업은 특정 시점에 특정한 방법으로 해결할 수 있는 업무가 아닙니다. 변화하는 환경에 맞게 영업의 형태도 지속적으로 발전해 나가야 합니다. 그러기 위해서는 무엇보다 영업활동을 하는 우리의 역할이 가장 중요합니다. '새로운 것을 탐색하는 일'과 '기존의 역량을 활용하는 일'의 균형을 유지하면서 끊임없이 변화해야 합니다.

오늘날 고객은 점점 더 똑똑해지고 영업직군에게 점점 더 많은 것을 요구하고 있습니다. 기존의 영업스킬만으로는 더 이상 고객을 만족시킬 수 없습니다. 단순히 고객보다 많이 아는 것으로는 부족합니다. 이제 고객에게 필요한 방향을 설정하고 그들을 리드해야 합니다. 고객에게 제공해야 하는 가치를 영업직군 스스로 발굴하고, 그 가치를 통해 고객과 더불어 성장해 나가야 합니다. 그러기 위해서는 한발 더 먼저 움직여야 하고, 한숨 더 먼저 깨어야 합니다. 열심히 움직이는 것은 물론이고 현명하게 움직여야 합니다. 방향을 찾고, 목표를 설정하며, 그 목표를 훌륭하게 이루어야 합니다. 목표를 훌륭히 실행할 수 있는 '영업전략'을 수립한 뒤 행동해야 합니다.

영업인으로서 한 가지 바람이 있습니다. 그동안 영업은 기업의 핵심 활동임에도 불구하고 그 존재에 대해 너무 낮은 평가를 받아 왔습니다. 그러한 인식이 자리 잡게 된 데에는 영업인 스스로 단순 판매에 기반한 활동에 주력하고 역할에 선을 그어 버린 탓도 있습니다. 이제 영업인들은 스스로 뒷전에 미루어 두었던 '전문성'을 확보해야 합니다. 영업인 각자가 고객을 리드할 수 있는 자신만의 전문성을 갖출 때, 영업의 위상이 바로 서고 기업의 중심에 자리하게 될 것입니다.

오늘도 길 위에서 만나는 수많은 영업직군에게 마음속으로 응원과 인사를 건넵니다. 불가능할 것만 같았던 일을 해낸 뒤에도 잠시 쉴 틈도 없이 또 뛰어야 하는 그들에게 이 책을 바칩니다.

2014년 6월 연구실에서
구자원

■ INDEX